大成DENTONS

中国金融仲裁制度的构建

THE CONSTRUCTION OF CHINA'S FINANCIAL ARBITRATION SYSTEM

陈胜／著

本书由北京大成（上海）律师事务所赞助出版

法律出版社 LAW PRESS · CHINA

目　录

导　论

一、本书的研究背景与意义

伦敦政经大学 Joanne Braithwaite 博士的调查表明，英国法院在 1993 年至 2011 年 8 月关于国际掉期及衍生工具协会（International Swaps and Derivatives Association，ISDA）文件的裁决共计 78 件，其中 2009 年到 2011 年的裁决占 60%。总体而言，金融市场诉讼数量指数式的增长很大程度上归根于 2008 年的金融危机。

与此同时，为满足发展的需要，金融交易和金融市场在地理范围上不断延伸和扩张，在金融交易上不断地进行创新，金融产品的设计也更加多元化。以中国金融市场为例，无论是新三板市场的迅猛发展以及做市商制度的引进，还是信贷资产证券化以及互联网金融的风生水起，都是金融创新的产物。然而，所谓金融创新，在一定程度上可以说是对金融监管的绕行和突破，与现有法律法规的基本规定可能存在这样或那样的内在冲突，时常导致金融创新交易定性的困难，①随之而来的是金融纠纷性质的多元化和复杂化。

金融纠纷数量激增、数额巨大、性质多元且复杂，这些变化和特点也促使金融争议解决方式的革新。过去，金融合同的争议主要由法院审理，特别是全球金融中心的法院。例如，国际掉期及衍生工具协会主协议规定合同双方只能在纽约和英国法院中进行管辖选择。管辖法院的选择限制使法院对国际掉期及衍生工具协会主协议等行业标准合同的解释具有一致性和连贯性，有利于促进行业的统一，反过来也促进了市

① 北京仲裁委员会、北京国际仲裁中心编：《中国商事争议解决年度观察 2015》，中国法制出版社 2015 年版，第 189 页。

场的流动性。然而,近年来的判决以及实践发展表明,仅仅依赖金融中心法院审理金融争议已经不能充分解决现在多样化的纠纷。

首先,近年的案例显示,并非所有主要法院作出的判决都是一致的,这使由金融中心法院审理金融争议的初衷大打折扣。典型的例子是伦敦和纽约法院对主要条款的可执行性问题的不同判决。伦敦法院在 *Lomas v. JFB Firth Rixson Inc*①一案中支持了国际掉期及衍生工具协会主协议中第2(a)(iii)条的可执行性,然而纽约法院在 *Metavane*②一案中认为,该条款是不可执行的(或者说执行性具有一定的限制)。欧洲大陆法系国家,尤其是奥地利、克罗地亚、德国、匈牙利、意大利、芬兰、荷兰、葡萄牙和西班牙各审级的法院也都审理了各种衍生品交易和其他复杂金融产品交易引发的纠纷。审理的视角从合同法、刑法到行政法各有不同。

其次,行业地理范围的延伸,产品的多元以及整个买方市场的扩张都意味着仅仅由一两个法院集中管辖审理这些争议已经不合时宜。大量的金融交易不可避免地会将不同市场和司法管辖区更加紧密地联系起来,③呼吁更加灵活和完善的争议解决机制。

最后,结构性金融产品的复杂性也大大增加并伴随着不断的创新,④全球性的特点以及市场的创新性同样要求与之相适应的国际化和革新性的纠纷解决机制。

就金融交易特别是金融创新交易的纠纷处理而言,以仲裁方式解决争议具有明显的优势。双方当事人可以指定具有相关专业知识背景以及市场实践经验的人士为仲裁员,确保裁判人员对交易特性的准确理解和纠纷事实的客观认识。然而,适当的国际性对策不仅仅要求革新性,还需要协同性、精细化以及全面透彻的思考。

---

① [2010]EWHC 3372(Ch)[2012]EWCA Civ 419.

② In Re Lehman Brothers Holdings, No. 08 - 013555(JMP)(Banker, SDNY 15 September 2009). 见 Ross,"The Case for P. R. I. M. E. Finance",p. 246,Ross 在本文中讨论了判决不一致的案件及其重要性。

③ Ross,"The Case for P. R. I. M. E. Finance",p. 246.

④ M Kantor,"OTC Derivatives and Arbitration: Should Counterparties Embrace the Alternative",*Banking Law Journal* 177,2000 p. 408.

虽然国内外日益认可并重视金融仲裁，但是对于金融仲裁中存在的理论和实践问题尚缺乏充分、系统的研究和论证：

一是对“金融仲裁”的定义过于传统，一般是以概括加列举的方式进行定义，缺乏创新性；

二是对金融仲裁的可仲裁性缺乏深入的研讨，对其中必要性和可行性的研究缺乏实证支撑；

三是对于金融仲裁中仲裁员利益冲突问题尚未形成统一的意见；

四是仲裁程序尚不完善，如庭前程序令和临时措施的欠缺以及仲裁费用的安排与分担亦不合理；

五是在实践中已广泛展开的金融仲裁对其他类型仲裁的借鉴意义有待深化。

在这样的背景下，笔者认为有必要对上述问题展开系统的梳理和深入的思考。本书通过对金融仲裁相关制度的系统研究，力图揭示金融仲裁背后的理念，试图在分析比较的基础上提出国际金融仲裁的发展趋势，在解决金融仲裁制度“是什么”的基础上，研究探讨“为什么”与“何处去”的问题。本书的研究，希望能为我国金融仲裁提供理论支持，对金融仲裁程序的完善提出建议。

二、国内外研究综述

（一）国内研究状况及评价

我国现有对金融仲裁完整的介绍多数散见于某些证券法教程中的解决证券争议章节中。除由白映福、毛玉光主编的《金融争议多元化解决机制理论与实务》[①]一书外，鲜有其他独立论著。

对于金融仲裁中的具体问题，包括金融仲裁的特征与优势、金融仲裁的必要性以及金融仲裁的现状与局限，有不少学者在论文中表达了其观点。比如霍洪涛、[②]张晓玲[③]认为金融仲裁有利于和平解决纠纷；朱希

① 白映福、毛玉光主编：《金融争议多元化解决机制理论与实务》，法律出版社2011年版。

② 霍洪涛：《金融仲裁的独立化》，载《人民法院报》2005年7月18日，B03版。

③ 张晓玲：《发展我国证券仲裁的必要性与对策分析》，载《特区经济》2006年第4期。

嘉认为以金融仲裁的方式解决金融纠纷能有效规避管辖权冲突;[①]陈艳强调了金融仲裁的专业性、灵活性和保密性;[②]王祖军和陈勇指出金融仲裁的经济与迅捷性;[③]此外,邢会强教授针对金融纠纷中的金融消费纠纷,指出了四类(媒体途径、政治途径、司法建议和信访)解决该纠纷方式各自存在的问题,[④]因此,有必要开拓金融消费纠纷解决的新思路。

对比现有的国内各种资料,我们发现学者的论述大多集中在金融仲裁的必要性方面,而对金融仲裁必要性的论述仅停留在一般仲裁的优势和特点;对金融仲裁较为系统的研究则体现在证券仲裁上,对境外资料的分析也是集中在对美国证券仲裁的历史演变进行研究,而对外国金融仲裁全面的历史史貌却鲜有探究;对金融仲裁必要性问题的根源、金融仲裁的理论争议缺乏深入的探讨;对我国实践中金融仲裁的现状欠缺详细的数据支持;对最新的金融仲裁进展也语焉不详。

(二)国外研究状况及评价

美国在金融仲裁这一问题上的研究相对其他国家更为成熟,其学者在1999年和2000年就分别针对金融消费者纠纷和金融商事纠纷出版了专门的论著,即“Arbitration Clauses in Consumer Financial Services”[⑤]和“Resolving Commercial Financial Disputes: a Practical Guide”。[⑥] 除专著外,一些早期的论文也对金融仲裁的不同方面加以阐释,如 Arbitration in Banking and Finance[⑦] 一文对金融仲裁条款的起草,金融仲裁中导致其不确定性的五个问题展开了详细的探讨;除此之外,少数文章开始关注类型化的金融仲裁问题,例如,M. Kantor 在 OTC Derivatives and Arbitration:

① 朱希嘉:《以金融仲裁的方式解决金融纠纷之浅析》,载《仲裁研究》2008年第4期。

② 陈艳:《论国际金融仲裁的运用和发展》,载《国际商务研究》2003年第4期。

③ 王祖军、陈勇:《试论金融仲裁和金融风险的防范》,载《中国农业银行武汉培训学院学报》2013年第6期。

④ 邢会强:《处理金融消费纠纷的新思路》,载《现代法学》2009年第5期。

⑤ Julie Kline, Don Kinsley, *Arbitration Clauses in Consumer Financial Services: Samples, Strategies and Cases*. Florida, LRP Publications, 1999.

⑥ American Arbitration Association, *Resolving Commercial Financial Disputes: A Practical Guide.*, 2000.

⑦ Park, William W., “Arbitration in Banking and Finance”, *Annual Review of Banking Law* 17, 1998, pp. 213 - 286.

Should Counterparties Embrace the Alternative [①]一文中，针对场外衍生品争议是否应当采用仲裁方式进行了探讨。

2008年金融危机之后，由于金融争议数量的激增，使更多的学者关注到金融仲裁，且文章内容也更加具体翔实。一方面，对不同类型和不同机构金融仲裁的具体问题加以阐释，如John Biggins针对国际掉期及衍生工具协会和衍生品仲裁问题发表的Targeted Touchdown and Partial Liftoff：Post-Crisis Dispute Resolution in the OTC Derivatives Markets and the Challenges for ISDA[②]一文，以及Jonathan Ross针对P. R. I. M. E. Finance案件发表的The Case for P. R. I. M. E. Finance：P. R. I. M. E. Finance Cases[③]一文，等等；另一方面，针对不同国家面对金融仲裁的特别问题展开具体分析，如关于中国金融仲裁的文章Institutional Structure of Financial Regulation in China：Lessons form the Global Financial Crisis，[④]美国金融仲裁的文章Lessons for the US System of Financial Arbitration：A Responsive Empirical Exploration of Arbitration and Ombudsman Services，[⑤]以及关于伊斯兰金融仲裁的文章Arbitration of Islamic Financial Disputes。[⑥]

无疑，这些成果对于本书的研究都是非常珍贵的资料，使笔者在写作过程中能不断关注到国际上的最新动态和发展。然而这些研究基本上均局限于英美法，缺乏比较法研究，也缺少对金融仲裁全面和系统性

---

① M Kantor，"OTC Derivatives and Arbitration：Should Counterparties Embrace the Alternative"，*Banking Law Journal* 177，2000，pp. 408－421.

② John Biggins，"Targeted Touchdown and Partial Liftoff：Post-Crisis Dispute Resolution in the OTC Derivatives Markets and the Challenges for ISDA"，*German Law Journal*，Vol. 13，Issue 12，2012，pp. 1297－1328.

③ Jonathan Ross，"The Case for P. R. I. M. E. Finance：P. R. I. M. E. Finance Cases"，*Capital Markets Law Journal* 7，2012，pp. 221－270.

④ Huai Huang，"Insitutional Structure of Financial Regulation in China：Lessons form the Global Financial Crisis"，*Journal of Corporate Law Studies* Vol. 10，2010，pp. 219－254.

⑤ Shahla F. Ali，"Lessons for the US System of Financial Arbitration：A Responsive Empirical Exploration of Arbitration and Ombudsman Services"，*Frontiers of Law in China* Vol. 8，No. 4，2013，pp. 651－688.

⑥ Maita，Aida，"Arbitration of Islamic Financial Disputes"，*Annual Survey of International and Comparative Law*，Vol. 20，pp. 35－72.

的分析。如何使这些成果“洋为中用”则需要对我国实际情况进行准确而清晰地把握,对繁杂资料进行整合、分析、消化和吸收。

三、本书采用的研究方法

在研究方法方面,本书采用了历史考察法、文本分析法、实证归纳法、统计分析法等研究方法。

(一)历史考察法

不同的历史阶段酝酿不同的法律环境,不同的法律环境同样存在不同的经济关系、社会关系和社会认识,制度背后总有其生成的客观历史、政治、文化及经济环境。作为一个实践性很强的问题,金融仲裁制度本身也有一个历史进程。本书对中国及相关国家金融仲裁可仲裁性的态度及政策发展沿革进行了回顾和总结,并结合特定历史阶段的不同背景进行分析,以期理解其历史正当性与合理性,并对金融仲裁未来的发展趋势进行预测和展望。

(二)文本分析法

通过文本分析法,对仲裁及金融仲裁的有关成文法、国际条约、相关规则的文本和条款进行分析,阐明现代金融仲裁制度设计上的主要考虑,总结一些具有代表性国家如英国及荷兰金融仲裁制度的特点,分析其共性与个性,为我国金融仲裁制度的设计奠定基础。

(三)实证归纳法

中国是大陆法系国家,判例虽不是我国法律的主要表现形式,但作为实践中的做法,其观点对理论研究具有极为重要的意义。仲裁因私密性的要求,其裁决书一般不能予以公布,但这并没有阻碍笔者通过实证的方法进行研究。笔者通过各种资源收集各国案例并进行总结,在此基础上对仲裁员利益冲突认定的标准进行分析,得出金融仲裁员独立性并非必要条件的结论,并对我国相应规则的完善提出建议。同时,笔者从自己在国际商会仲裁院(International Chamber of Commerce, ICC)、香港国际仲裁中心(Hong Kong International Arbitration Centre, HKIAC)、贸仲及其上海分会、北仲裁决的案件中引用了部分实际案例对金融仲裁的独特优势进行了分析。运用实证归纳法对中国金融仲裁的相关问题进行归纳，得出了自己的结论。

(四)统计分析法

通过统计分析法，从笔者自己在贸仲、北仲、上海国际仲裁中心、深圳国际仲裁院、上海仲裁委、广州仲裁委及厦门仲裁委、廊坊仲裁委裁决过的案件中选取了100份裁决书进行了单变量描述分析及多变量关联分析。当然，由于样本数量较少，统计分析的结果可能存在偏倚，由其得到的结论的可推广性亦尚待推敲。

第一章　金融仲裁的基本问题概述

第一节　金融仲裁的界定

一、金融仲裁的传统界定

金融仲裁(Financial Arbitration),因在理论上存在一定争议,所以尚未形成权威的概念。学术界通常认为,金融仲裁是指“平等主体的公民、法人和其他组织之间在金融交易中发生的契约性和非契约性的合同纠纷和其他财产权益纠纷,当事人依据合同中的仲裁条款和事后达成的仲裁协议,将纠纷交付仲裁裁决的一种准司法制度”。[①] 该定义借用了《仲裁法》中的相关概念,但对于金融仲裁内涵和外延的概括则显得过于笼统,没有将金融仲裁与一般商事仲裁相区分。

而仲裁实践中,则通常习惯用金融仲裁之受案范围作为金融仲裁定义之中心。例如,上海金融仲裁院将金融仲裁定义为“平等主体的金融机构之间或金融机构、企事业法人、其他组织、自然人之间在金融交易、金融服务等活动中发生的商事纠纷,包括存款和贷款纠纷;保险纠纷;股票、债券、基金等证券交易纠纷;金融期货交易纠纷;票据、信用证、银行卡等支付结算纠纷;金融租赁纠纷;外汇、黄金交易纠纷;信托投资纠纷;金融衍生品交易纠纷;典当纠纷等”。[②] 中国国际经济贸易仲裁委员会(CIETAC)的《金融争议仲裁规则》并未直接对金融仲裁予以定义,而是

① 彭进:《论金融仲裁》,载《法制与社会》2007年第5期,第372~373页。

② 参见上海金融仲裁院官网:http://jr.accsh.org/index.php?m=content&c=index&a=lists&catid=11&menu=6-11-,2016年3月16日访问。

对金融交易进行了解释。《金融争议仲裁规则》第2条规定：中国国际经济贸易仲裁委员会(又名中国国际商会仲裁院)以仲裁的方式独立、公正地解决当事人之间因金融交易发生的或与此有关的争议。金融交易，是指金融机构之间以及金融机构与其他法人和自然人之间在货币市场、资本市场、外汇市场、黄金市场和保险市场上所发生的本外币资金融通、本外币各项金融工具和单据的转让、买卖等金融交易，包括但不限于下列交易：(1)贷款；(2)存单；(3)担保；(4)信用证；(5)票据；(6)基金交易和基金托管；(7)债券；(8)托收和外汇汇款；(9)保理；(10)银行间的偿付约定；(11)证券和期货。可见，《金融争议仲裁规则》将金融仲裁的当事人确定为金融机构同业以及金融机构与其机构及零售客户，并以概括加列举的方式对金融交易予以定义。

(一)金融仲裁传统界定的不足

无论是学术界还是仲裁实践者对于金融仲裁的界定仍存在一定的不足。

1. 主体分类的不足

学术界将金融仲裁的主体界定为“平等主体公民、法人和其他经济组织”，既包括了金融机构也包括了非金融机构，略显宽泛；而仲裁实践中则将其具体为“平等主体的金融机构之间或金融机构与其他法人自然人”。但两种定义均忽略了存在于金融交易或金融服务中某些情况下主体在事实上的“不平等性”。如在大型银团或者国际金融组织的贷款纠纷中，当事人面对的对手常常为国家或者政府。[①]

2. 金融纠纷分类的不足

传统上通常认为金融纠纷仅指由金融交易而产生的纠纷。而有学者将“金融交易”定义为金融机构之间以及金融机构与其他法人和自然人之间在货币市场、资本市场、外汇市场、黄金市场和保险市场上所发生的本外币资金融通、本外币各项金融工具和单据的转让、买卖等交融交易活动。[②] 该种采用枚举方式对金融交易进行定义，但事实上随着近年来金融行业的不断发展，新的金融交易方式不断产生，枚举法难以适应

① 胥洪擎：《金融仲裁制度研究》，华东政法大学2008年硕士学位论文，第5页。

② 霍洪涛：《金融仲裁的独立化》，载《人民法院报》2005年7月18日，B03版。

快速变化的现状,也缺乏了一定的前瞻性。而将这类枚举式的定义又直接援引入金融仲裁的定义中,也就在一定程度上人为地将一些新型金融纠纷排除在了金融仲裁机构仲裁的范围之外,显然并不可取。

（二）金融仲裁界定的几个要素

虽然传统金融仲裁的定义存在诸多问题,在学术与实践中亦存在一定差异,但几乎可以达成共识的是,金融仲裁是纠纷主体解决金融纠纷的一种争端解决方式。故而,金融仲裁界定的要素表现为以下三个方面:

1. 主体

对金融仲裁的传统界定均认可金融仲裁仅解决平等主体之间发生的纠纷,而此处的平等主体特指公民、法人、其他组织等私法上的主体,而不包括国家或者政府机构。但是,随着世界经济的发展以及争端解决机制的不断创新,这种界定出现了缺陷。其并未考虑到在解决投资争端解决中心(The International Center for Settlement of Investment Disputes, ICSID)制度之下,国家与投资者之间可以通过仲裁解决纠纷;在世界贸易组织或者其他多边贸易框架之下国家与国家之间亦可以通过仲裁解决争端。

2. 内容

金融仲裁的内容概括而言就是金融纠纷。而金融纠纷的内涵与外延才常常是金融仲裁争议的焦点。但较为普遍的观点认为,金融纠纷是指因金融交易而引起的纠纷。而金融交易则是发生在货币市场、资本市场、外汇市场、黄金市场和保险市场上的本外币资金融通、本外币各项金融工具和单据的转让、买卖等金融交易,包括但不限于贷款、存单、担保、信用证、票据、基金交易和基金托管、债券、托收和外汇汇款、保理、银行间的偿付约定。① 该定义虽然给金融交易的种类提供了一定拓展的可能性,但由于采用列举的方式过于具体,如此定义亦仍存在局限性。

3. 性质

有学者认为仲裁是一种"准司法制度",对此笔者不敢苟同。《仲裁法》明确确立了仲裁的民间性,②虽然目前中国仲裁机构的法律属性各

---

① 参见中国国际经济贸易仲裁委员会《金融争议仲裁规则》第2条。

② 王红松:《铸造公信力——王红松文集》,法律出版社2010年版,第59、179页。

异,但将仲裁同带有公法性质的司法制度相联系是不恰当的。事实上,部分仲裁机构因恐外界对其机构属性认识不够,或恐于不够权威,不受尊重,愿自我介绍或被人称呼为“准司法机构”。但笔者认为,无论司法实践如何,仲裁制度设立之初衷在于向社会提供一种更灵活、更简便、成熟且公允的民间性质的争端解决方式。

二、金融仲裁的重新界定

笔者认为,对金融仲裁要在我国目前金融行业的发展乃至世界金融发展的大背景下研究,应当对本书中所提及的金融仲裁进行一个重新界定。

传统上,中国的金融行业实行分业经营、分业监管,①金融机构可分为银行业、证券期货业及保险业。② 随着金融机构定义的不断扩展及其所提供服务的范围不断扩大,已无法就金融服务做一一列举。同时,金融服务与非金融服务的范畴也逐渐模糊,如互联网金融服务就很难从传统的角度去加以定义。故通过传统的枚举方式难以给金融仲裁作出明确的定义,同时也难以适应金融行业不断发展更新的现状。

为便于以下章节的论述,笔者倾向于将金融仲裁定义为:金融仲裁,又称金融交易或金融服务争议仲裁,是指金融机构之间,以及金融机构与其客户之间因金融交易、金融服务发生争议时,根据他们之间订立的仲裁协议,自愿将其争议提交由非司法机构的仲裁员组成的仲裁庭居中公断与裁决。这一界定包含了金融商事仲裁和金融消费仲裁。“金融消费者”这一概念虽然已被央行、银保监会在多个文件和场合中提及,但相关法律和文件对其内涵与外延尚无准确的界定。有学者将其界定为“为满足生活消费需要而购买、使用商品或接受服务的个体社会成员”。金

① 《证券法》第6条规定:证券业和银行业、信托业、保险业实行分业经营、分业管理,证券公司与银行、信托、保险业务机构分别设立。国家另有规定的除外。

② 例如,根据《银行业监督管理法》第2条规定,银行业金融机构是指在中华人民共和国境内设立的商业银行、城市信用合作社、农村信用合作社等吸收公众存款的金融机构以及政策性银行。对在中华人民共和国境内设立的金融资产管理公司、信托投资公司、财务公司、金融租赁公司以及经国务院银行业监督管理机构批准设立的其他金融机构的监督管理,适用本法对银行业金融机构监督管理的规定。但城市信用社已经不复存在,而中国银监会近年来批准设立了村镇银行、贷款公司/农村资金互助社及消费金融公司、货币经纪公司等新型金融机构。

融消费者以金融消费品为行为对象，而金融消费行为又往往以获利为目的。金融消费者如何定位？其主体是消费者还是投资者将直接影响对其的法律适用。虽然金融消费仲裁属于金融仲裁的一部分，但鉴于对金融消费仲裁界定标准仍有待研究，尚无定论，且受笔者研究能力和精力所限，本书重点以金融商事仲裁为研究对象。

此外，笔者还认为，金融仲裁应当既包括一般仲裁机构处理的金融交易及金融服务纠纷，又包括专业金融仲裁机构处理的金融纠纷。当然，金融仲裁也应包括临时仲裁，相关论述将在以后章节予以展开。

第二节　金融仲裁的必要性与可行性探析

一、金融仲裁的必要性分析

（一）金融法律规则供给不足与“筛选案件”

1. 法院审理商事纠纷的不足

现阶段，中国的各级人民法院存在大量“筛选案件”的现象，有学者将其原因归纳为五个方面：一是现实金融法律规则的供给不足；二是法院回应金融市场变化与发展的能力偏弱；三是转型市场经济体的背景因素；四是确保金融市场和社会生活安定性的政治考量；五是法院和法官的内在利益驱动。①

中国的金融立法是在20世纪90年代中期逐渐开始建立的，1995年被称为中国金融立法的元年：《中国人民银行法》《商业银行法》《担保法》《票据法》先后颁布。此后，《保险法》《证券法》《信托法》《证券投资基金法》依次颁布，随之而来的是行政法规、部门规章和规范性文件的大量颁布。大量的立法逐渐填补了相关空白，第十届全国人民代表大会也进一步宣告了社会主义法律体系的初步建成。但金融业的情况是大量的金融创新不断发生，既有的法律规则无法满足金融创新的需要。

《民事诉讼法》要求人民法院审理民事案件，必须以事实为根据，以法律为准绳，而且民事判决书应当写明认定的事实、适用的法律与作出

① 黄韬：《中国法院受理金融争议案件的筛选机制评析》，载《法学家》2011年第1期。

该判决的理由。[①]

2. 金融仲裁裁决商事争议的优势

与之不同的是,《仲裁法》仅要求仲裁裁决书写明争议事实、裁决理由和裁决结果。而且当事人协议不愿写明争议事实和裁决理由的,可以不写。[②]《仲裁法》并不要求将适用法律作为仲裁裁决必须载明的事项,这在一定程度上可以弥补金融立法之局限与不足。此外,一些仲裁机构的仲裁规则规定:仲裁庭应当根据事实和合同约定,依照法律规定,参考国际惯例,公平合理、独立公正地作出裁决。当事人对于案件实体适用法有约定的,从其约定。当事人没有约定或其约定与法律强制性规定相抵触的,由仲裁庭决定案件实体的法律适用。[③] 而另一些仲裁机构则更为开放,裁决书只要按照多数仲裁员的意见作出,写明争议事实和裁决理由等即可,且如果当事人另有约定或按照当事人的和解协议作出的裁决,可以不写明争议事实和裁决理由。[④] 由此可见,仲裁制度充分尊重当事人意思自治和仲裁庭的独立性。而关于仲裁裁决的撤销[⑤]和不予执行的情形中也没有"适用法律"方面的规定。[⑥]

---

① 参见《民事诉讼法》第7条和第152条。

② 参见《中华人民共和国仲裁法》第54条。

③ 参见《中国国际经济贸易仲裁委员会仲裁规则》(2012)第47条、《上海国际仲裁中心仲裁规则》(2015)第45条及《深圳国际仲裁院仲裁规则》(2012)第51条。

④ 参见《北京仲裁委员会仲裁规则》(2019)第49条。

⑤ 参见《中华人民共和国仲裁法》第58条。新的《民事诉讼法》关于不予执行国内仲裁裁决的理由与仲裁法关于撤销仲裁裁决的理由保持了高度一致,而关于不予执行涉外仲裁裁决的理由有所差异。

⑥ 《民事诉讼法》第237条第1～3款规定:对依法设立的仲裁机构的裁决,一方当事人不履行的,另一方当事人可以向有管辖权的人民法院申请执行。受申请的人民法院应当执行。被申请人提出证据证明仲裁裁决有下列情形之一的,经人民法院组成合议庭审查核实,裁定不予执行:(1)当事人在合同中没有订有仲裁条款或者事后没有达成书面仲裁协议的;(2)裁决的事项不属于仲裁协议的范围或者仲裁机构无权仲裁的;(3)仲裁庭的组成或者仲裁的程序违反法定程序的;(4)裁决所根据的证据是伪造的;(5)对方当事人向仲裁机构隐瞒了足以影响公正裁决的证据的;(6)仲裁员在仲裁该案时有贪污受贿,徇私舞弊,枉法裁决行为的。人民法院认定执行该裁决违背社会公共利益的,裁定不予执行。第274条规定:对中华人民共和国涉外仲裁机构作出的裁决被申请人提出证据证明仲裁裁决有下列情形之一的,经人民法院组成合议庭审查核实,裁定不予执行:(1)当事人在合同中没有订有仲裁条款或者事后没有达成书面仲裁协议的;(2)被申请人没有得到指定仲裁员或者进行仲裁程序的通知,或者由于其他不属于被申请人负责的原因未能陈述意见的;(3)仲裁庭的组成或者仲裁的程序与仲裁规则不符的;(4)裁决的事项不属于仲裁协议的范围或者仲裁机构无权仲裁的。人民法院认定执行该裁决违背社会公共利益的,裁定不予执行。

金融仲裁的特点恰恰可以弥补法院的筛选弊端，尤其是克服金融法律规则之不足。下面，以笔者参与审理的一起适用国际惯例弥补法律规定不足的仲裁案例来进一步阐述仲裁的优势。

(1)案件关键事实和主要争议。

申请人与被申请人签订买卖合同，约定由申请人于合同生效后10日内开出符合要求的信用证，由被申请人于合同生效后2个月内装货。然而，申请人直到合同生效后的第14日才将信用证开出，被申请人认为申请人未能按照合同约定按时开立信用证已构成根本违约，因此拒绝交付货物。申请人则认为自己的行为并不构成根本违约，而被申请人未能按照合同约定提供货物已构成根本违约，应当承担合同责任。

因此，本案的主要争议在于，是哪一方违反合同，造成了买卖合同未能实际履行的结果。

(2)适用《联合国国际货物销售合同公约》(以下简称《销售合同公约》)，结合本案当事人订立合同的目的，申请人逾期开立信用证不构成根本违反合同。

申请人逾期4日才将信用证开出，根据《销售合同公约》第53条、第54条的规定，已经构成违约。但根据《销售合同公约》第25条的规定，申请人的行为要构成根本违约必须根据具体案件，探究其行为是否会使被申请人无法实现合同目的。

唯一合理的解释，是被申请人在申请人于日期届满而仍未开出信用证之后，对于申请人的履行不抱希望，而把合同项下的该批木材转售给他人，从而使被申请人已经履行不能。因申请人的违约行为导致被申请人履行不能的，被申请人得以免除履行义务。根据《销售合同公约》第66条、第67条第1款的规定，申请人免除了对待给付义务，因而申请人的违约行为实际上剥夺了被申请人"有权期待得到的东西"，可以构成根本违约。然而，在本案中，并没有证据表明被申请人陷入了履行不能的境地，申请人的违约行为并不能构成根本违约。

因此，被申请人只能根据《销售合同公约》第61条第2款、第74条的规定，请求申请人承担因履行迟延而产生的损害赔偿责任。

(3)适用《销售合同公约》，结合本案当事人订立合同的目的，被申请人拒绝交货构成违反合同。

根据《销售合同公约》第80条的规定，在申请人未完全履行债务，即其未就造成的损害对被申请人进行赔偿之前，被申请人在其履行期限届满之时，可以拒绝履行其交货的义务。但根据《销售合同公约》第80条的精神，被申请人在期限届满时，仅能就与其要求申请人承担的迟延损害赔偿的价值相当的货物主张拒绝履行，而对余下的货物仍负有交付的义务，逾期不交付仍然成立履行迟延，构成违约行为。

故，被申请人逾期没有交货的行为，在扣除可以拒绝履行的部分货物的情况下，仍然构成了违约行为。

（二）“拒绝司法”现象的存在

笔者在后文分析了金融纠纷的可仲裁性问题，但由于篇幅所限，对证券虚假陈述索赔、金融机构破产、不良债权处置等问题没有涉及。按照通常的理解，上述金融纠纷人民法院是具有管辖权或者专属管辖权的。但人民法院在审理上述案件过程中却暴露了中国法院所独有的“拒绝司法”[①]现象。

当笔者看到人民法院“判决”和“裁定”上网公布这一令人欢喜的消息时，却无法获知有多少民商事纠纷无法立案，或者虽已立案却迟迟不能判决，或虽经过司法审判但却迟迟不能执行。当人们为证券监管部门重拳出击，严惩光大“乌龙指”相关责任人和机构，并期盼民事赔偿会紧跟其后时，突然发现其诉求无法进入司法程序。有学者指出，如果研究者只将某个法院每年审理的特定类型的案件作为考察样本，而无法统计该年被排除在法院大门的案件数量，尽管研究者以统计的客观量化指标为基础，但得出的关于这个法院的工作效率、独立性程度、法官素质等方面的实证研究结论就可能脱离现实。[②] 当然，与之相对应的是，有学者提

---

① ［英］奥本海：《奥本海国际法》（第1卷第1分册），王铁崖等译，中国大百科全书出版社1995年版，第423页。

其本意是指一个国家的法院或者其他适当的法庭拒绝受理关于救济一个外国人遭受损害的诉讼，或者诉讼受到不应有的迟延，或者在司法中有严重的缺陷，或者法院明显和有意错误地适用法律以致加害外国国家或其国民的行为。

② 黄韬：《中国法院受理金融争议案件的筛选机制评析》，载《法学家》2011年第1期。

出，什么样的纠纷进入法院表明谁在适用法院解决纠纷，而这些进入法院的当事人和纠纷的性质会影响法院的表现，甚至法院的组织形态。[①]

《民事诉讼法》和相关司法解释均规定了起诉的条件，案件的管辖权包括级别管辖、地域管辖和专属管辖。但现实情况是本应由法院受理的案件由于各种原因却不被受理。其中，"三中止"政策[②]是人民法院最为常见的"拒绝司法"表现。人民法院最早一次适用"三中止"措施见于最高人民法院于1995年12月21日发布的《关于中银信托投资公司作为被执行人的案件应中止执行的通知》。之后在中国农村发展信托投资公司、中创公司、中国投资银行、广东国际信托投资公司等问题金融机构的处置过程中、历次清理整顿城市信用社、信托公司以及2004年中国证监会启动的高风险券商综合治理工作中得到大规模运用。对于证券公司破产案件的受理，最高人民法院总共设置了八大先决条件。[③]

由此可见，该政策源于对问题金融机构的行政处置，但长期处于无法可依的状态。直到2006年《企业破产法》公布之后，其第134条规定金融监督管理机构依法对出现重大风险的金融机构采取接管、托管等措施的，可以向人民法院申请中止以该金融机构为被告或被执行人的民事诉讼程序或者执行程序。国务院法制办已经将《金融机构破产处置条例》列入2014年立法计划当中，上述措施将再次予以细化并明确具体的适用范围、启动程序、措施的终结等内容。

当破产包括金融机构的破产在中国尚不具有可仲裁性的前提下，讨论上述与破产相关的"拒绝司法"问题似乎与本文并不相关。银行业金融资产的转让却是部分仲裁机构的受理范畴，但中国关于不良资产转让

---

① 唐英茂著：《法院的表现：外部条件和法官的能动性》，法律出版社2009年版，第7页。

② "三中止"又称"三暂缓"，是指根据国务院的整体部署、金融监管机构或地方人民政府的请求，由最高人民法院或地方法院发布通知，对已经过金融行政处置阶段的金融机构为被告的民事案件，尚未受理的暂缓受理，已经受理的中止审理，对以这类金融机构为被执行人的案件则中止执行。

③ 参见2005年9月22日最高人民法院副院长奚晓明在审理证券公司破产案件座谈会上的讲话。这八项条件分别是：(1)须经国家证券监管机构的批准；(2)证券类资产处置完毕；(3)纳入《个人债权及客户证券交易结算资金收购意见》应当收购的债权收购完毕；(4)职工已经安置或有切实可行的职工安置方案；(5)在行政处置期间没有对债权人进行个别清偿的情况；(6)公安机关专案组收缴的资产、账簿要移交；(7)地方政府要有维护社会稳定的方案；(8)报经最高人民法院批准。

的问题却略显复杂。2005 年最高人民法院《关于人民法院是否受理金融资产管理公司与国有商业银行就政策性金融资产转让协议发生的纠纷问题的答复》,规定金融资产管理公司与国有商业银行就政策性金融资产转让协议发生纠纷起诉到人民法院的,人民法院不予受理。[①] 而在 2009 年最高人民法院印发的《关于审理涉及金融不良债权转让案件工作座谈会纪要》的通知中,将不予受理的案件范围扩展为七大类。[②]

商业银行信贷资产的不良率在近年来有所反弹。截至 2015 年底,商业银行的不良资产总额已达上万亿元,不良资产的转让必然会发生大量纠纷,而人民法院"拒绝司法"或"司法阻却"恰恰为金融仲裁的发展预留了无限空间。而在证券领域,法院"拒绝司法",进行案件筛选的例子更是层出不穷。

(三)地方保护主义之克服

仲裁不实行级别管辖和地域管辖,可以突破地方保护的消极影响。尤其是金融机构与地方政府就地方政府融资平台发生纠纷的时候,可以避免法院"拒绝司法"及"筛选案件"现象的发生。

在与地方政府有关部门发生纠纷时,人民法院往往会基于各种原因消极司法,例如,最高人民法院立案庭在关于再审申请人江西省林业厅与再审被申请人中国国营林场开发总公司借款合同纠纷一案给予北京市高级人民法院的答复(〔2002〕民二监字第 2521 号)便是典型的一例。[③]

---

① 答复是在中国银监会去函的基础上形成的,笔者曾经参与过此事的协调。

② 这七类案件分别是:(1)金融资产管理公司与国有银行就政策性金融资产转让协议发生纠纷起诉到人民法院的;(2)债权人向国家政策性关闭破产的国有企业债务人主张清偿债务的;(3)债权人向已列入经国务院批准的全国企业政策性关闭破产总体规划并拟实施关闭破产的国有企业债务人主张清偿债务的;(4)《纪要》发布前,受让人与国有企业债务人之间的债权债务关系已经履行完毕,优先购买权人或国有企业债务人提起不良债权转让合同无效诉讼的;(5)受让人自金融资产管理公司受让不良债权后,以不良债权存在瑕疵为由起诉原国有银行的;(6)国有银行或金融资产管理公司转让享受天然林资源保护工程政策的国有森工企业不良债权而引发受让人向森工企业主张债权的(具体详见《天然林资源保护区森工企业金融机构债务免除申请表》名录);(7)在不良债权转让合同无效之诉中,国有企业债务人不能提供相应担保或者优先购买权人放弃优先购买权的。

③ 该答复认为,涉案合同不是双方当事人平等协商,以设定民事权利义务为内容的协议,不是当事人自由意志的体现,而是依据国家经济政策签订的以落实国家经济计划为目标的特殊合同。因此,涉案合同纠纷不属于平等主体之间以民事权利义务为内容的争议,不属于人民法院受理民事诉讼的范围。

金融机构在危机期间及危机过后向地方政府及其所属的融资平台发放了大量的贷款。据审计署于2014年初公布的数据，各级地方政府截至2013年6月底负有偿还责任的债务10.89万亿元，仅2015年到期债务就高达1.86万亿元。中国银监会曾经为落实平台公司的担保，采取了一系列措施包括重签贷款合同等，但忽略了纠纷解决条款。虽然十八届三中全会关于司法改革相关的决定要求人民法院在省以下垂直设立，但因金融机构大部分为垂直设立，在股权关系上与地方政府没有交叉，在融资平台违约时很难公正司法，不排除“拒绝司法”现象的再次发生。

由上述分析可见，金融机构的某些融资合同尤其是地方政府融资平台贷款合同如选择仲裁的方式解决，突破级别管辖和地域管辖的限制，会为维护其债权奠定坚实的法律基础。一些地方金融机构已经认识到了金融仲裁的优势，开始了相关试点：

2009年1月中国工商银行厦门市分行《关于印发〈合同纠纷解决方式操作指引〉的通知》，明确要求全市各支行合同标的超过（含）人民币800万元的借款合同一律约定仲裁管辖，仲裁机构优先选定厦门仲裁委员会；合同标的少于人民币800万元的借款合同，可自行选择诉讼或仲裁管辖，但业务类型较新颖复杂的，一律约定仲裁管辖，仲裁机构优先选定厦门仲裁委员会。中国工商银行福建省分行于2009年9月印发《关于加大运用仲裁方式解决债权债务纠纷的指引》，要求全省各地市工商银行在签订以下合同时选择仲裁管辖：省分行营业部、泉州分行标的额在人民币800万元以上的业务，漳州、莆田、三明、南平、龙岩和宁德分行标的额在人民币500万元以上的业务。对于仲裁机构的确定，为就近便利，泉州、漳州、龙岩和三明分行可选择厦门仲裁委员会为仲裁机构，省分行营业部、宁德、莆田和南平分行可选择福州仲裁委员会为仲裁机构，必要时可以交叉选择。中国银行厦门市分行向全市分支机构下发《厦门市分行合同管理若干问题的指引》，要求各分支机构选择厦门仲裁委员会作为金融纠纷解决的优先机构。交通银行厦门市分行也发出了《关于采用仲裁方式解决借款合同纠纷的通知》，要求全市各行对于借款金额在人民币300万元以下的业务，采用仲裁方式作为争议解决方式，并选择提交厦门仲裁委员会仲裁。兴业银行、厦门银行、厦门农商银行等金融机构也在多次工作会议上要求下属金融机构选择厦门仲裁委员会并采用仲裁方式解决金融纠纷。①

银行为一方的金融纠纷,对纠纷解决的时效性有很高的要求。金融仲裁,可以大量节省金融纠纷快速解决的时间成本和资金成本。这方面的具体仲裁案例包括:

(1)莆田某支行与莆田市×科技发展有限公司、黄某超、黄某霞之间的借款合同纠纷,从申请仲裁到顺利收回全部不良贷款及其他费用,仅仅用了105天时间,充分体现了仲裁的高效性。

(2)泉州某支行与某时装有限公司的信用证合同纠纷案中,该公司的财产因为其他纠纷而被法院采取强制执行措施,为帮助该支行尽快在法院参与财产分配,仲裁庭运用先行裁决方式,于2010年12月29日针对简单清晰的出口发票融资部分合同纠纷先行下达裁决书,支持该支行82.78万美元的债权主张,保证该支行尽快据以向法院申请参与财产分配,充分体现了仲裁的灵活性。

(3)泉州某支行与某物流公司的船舶抵押案件中,该支行从申请立案到取得胜诉裁决仅用时40天,在本会的协调配合下,厦门海事法院在第一时间对船舶进行财产保全,不仅为今后抵押物的处置打下良好基础,更体现了本会以服务为本的思想。

(4)龙岩某支行的保理合同纠纷案件中,借款人将应收账款进行了质押。后借款人逾期未还款,经查询,应收账款池已有几百万元账款,但随时有被使用及转移的风险。为保证该支行能够顺利保全财产,保障其债权的实现,本会积极联系龙岩市中级人民法院,于上午10时到达该院进行协调,中午12时该院即作出财产保全裁定书,下午2时30分该院即对应收账款进行了保全。充分体现了金融仲裁进行财产保全措施的便捷性。

(5)三明某支行的借款合同纠纷案件中,借款人及担保人均在三明,为方便双方当事人顺利解决纠纷,保障该支行的债权快速实现。仲裁庭前

---

① 2011年和2012年,厦门仲裁委员会受理金融仲裁案件122件,受案标的达人民币17亿元。上述案件中,凡采用厦门仲裁委员会推荐的前述示范条款的,平均审理周期为45天;同时,据不完全统计,厦门仲裁委裁决的金融仲裁案件中近半案件能够在半年内全部或部分执结。

往三明市组织双方进行调解并进行开庭审理，并于庭后四天出具裁决书，帮助该支行顺利收回该笔不良贷款。充分体现了仲裁审理案件的灵活性。

二、金融仲裁的可行性分析

金融争议的可仲裁性问题十分重要，其与仲裁协议的效力、仲裁庭管辖权以及仲裁裁决的承认与执行都直接相关，也是解决金融仲裁可行性问题的前提和基础。若金融争议不具有可仲裁性，那么许多国家的国内法将认定仲裁协议无效，裁决作出后，当事人也可基于争议事项的不可仲裁性向法院申请撤销或者拒绝执行裁决，金融仲裁也就自然失去了其可行性。因此，笔者在本节重点论证金融争议的可仲裁性及各国对该问题的态度和转变。

（一）可仲裁性的定义

香港国际仲裁中心杨良宜先生认为，“仲裁协议下争议事项的可仲裁性（Arbitrability），是指一国法律禁止以仲裁解决某些争议或索赔，一事项不具有可仲裁性，则仲裁庭失去管辖……简而言之，可仲裁争议是一个国家允许去以仲裁解决的争议”。[①]《承认及执行外国仲裁裁决公约》（以下简称《纽约公约》）第 5 条第 2 款第 1 项规定：争执的事项，依照这个国家的法律不可以用仲裁的方式解决，被请求承认和执行仲裁裁决的国家的管辖当局可以拒绝承认和执行。此外，依照该仲裁协议作出的仲裁裁决有可能被相关国家的法院予以撤销。[②]《纽约公约》并未对可仲裁性作出明确界定，但明确可仲裁性的判断依据是一国的国内法。如果根据一国法律规定争议不属于可被仲裁解决范围，那么即使该纠纷已经经历完整的仲裁程序同时也已经作出裁决，该裁决也因争议的不可仲裁性而无法得到相关法院的承认和执行。

Alan Redfern Martin Hubter 教授指出：“可仲裁性指的是可以在各国公共政策所允许的范围内通过仲裁解决的争议界限。”[③]可见，国内公共

① 杨良宜、莫世杰、杨大明著：《仲裁法：从 1996 年英国仲裁法到国际商务仲裁》，法律出版社 2006 年版，第 513 页。

② 杜新丽著：《国际商事仲裁理论与实践专题研究》，中国政法大学出版社 2009 年版，第 1 页。

③ 赵晓文著：《国际商事仲裁及其使用法律研究》，北京大学出版社 2002 年版，第 56 页。

政策与社会公共利益的事项都不允许仲裁。一般而言,各国会根据本国的国情、历史、经济发展状况及司法传统等因素决定将解决某些争议的权力授予法院,而非仲裁机构。这体现的是国家以司法方式而不是以仲裁方式解决某些特别利益,该利益就是要求国家给予特别保护的社会公共利益。可仲裁性问题有三种界定方式,即从可仲裁事项由正面界定,从不可仲裁事项由负面排除,从特别仲裁事项进行排除性界定。①

(二)金融争议可仲裁性的历史发展

国际商事仲裁在发展上呈现出对争议事项可仲裁性的扩大化和认定宽松化的趋势。具体表现在两个方面:一是国家和各地区普遍采用有利于仲裁发展的方式解决争议事项的可仲裁性,使可仲裁性的范围正在经历着世界范围内的放开,其根本原因除了仲裁特别是国际仲裁在解决争议方面的独特优势之外,仲裁具有准司法性的契约本质,为此种发展态势奠定了基础。② 二是仲裁事项出现承认国家仲裁渐进式趋势。先承认一类事项具有国际可仲裁性,然后逐渐推演到国内事项也具有可仲裁性。典型的例子是 1968 年美国法院在 *American Safety Equipment Corp. vs. J. P. Magrire & Co.* 案件中就认定传统意义上的事项具有不可仲裁性,但是,在 1974 年 *Scherk vs. Alberto-culver Co.* 案件中改变了司法先例,确认了国际贸易中传统的非争议事项的可仲裁性,该趋势有着明显的从不可仲裁到国际仲裁、再到国内仲裁的经络,贯穿于以美国为代表的仲裁立场的转变。

1. 我国台湾地区的可仲裁性问题及金融消费评议制度

我国台湾地区"仲裁法"第 1 条(仲裁协议)规定:现在或将来之争议,当事人得订立仲裁协议。前项争议,以依法得和解者为限。所谓"依法得和解者",是指系争之财产法上权利或法律关系得由私人以自由意思加以处分者,至于亲属法上、继承法上之权利或法律关系,即使具有财产内容,如受扶养之权利,亦非属之。至于刑事案件,因涉及公益,自非

① 欧明生:《民商事纠纷可仲裁性问题研究》,浙江大学出版社 2013 年版,第 121 ~ 130 页。

② 欧明生:《民商事纠纷可仲裁性问题研究》,浙江大学出版社 2013 年版,第 33 页。

依法得和解。①

我国台湾地区初尝金融纠纷非诉解决机制源于对原有金融消费争议处理机制的反思。2008 年雷曼兄弟连动债造成众多台湾民众投资损失，在台湾当局意识到金融纠纷处理机制存在缺陷和不足后，启动了“金融消费者保护法”立法计划。2011 年 6 月 3 日台湾地区“立法院”通过了“金融消费者保护法”，根据该法设立了“财团法人金融消费评议中心”(Financial Ombudsman Institution，FOI)，以此构建全新的金融消费争议处理机制。该中心管辖范围包括了银行业、证券业、期货业、保险业、电子票证业及其他经主管机关公告的金融服务业，受理银行、保险、抵押、放款、信用卡、存款、投资等民事争议。

我国台湾地区成立的金融消费评议中心争议处理所遵循的模式是“申诉前置，调解优先”。其争议处理的具体程序如图 1－1 所示。

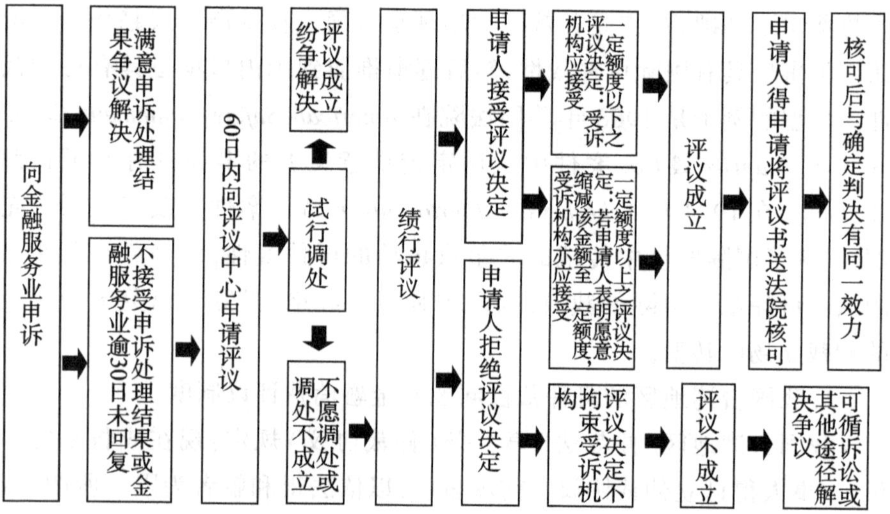

图 1－1　我国台湾地区金融消费评议中心争议处理程序

由图 1－1 可见，金融消费评议中心的程序有如下特点：

(1)申诉前置：申诉是评议的前置程序，未经申诉而申请评议的不予

① “中华民国仲裁协会”：《仲裁法判解要旨汇编》，2006 年版。

受理。当金融消费者不接受处理结果,或金融服务业逾30日不处理,可在收到处理结果或期限届满之日起60日内,向评议中心申请评议。

(2)预审:案件于进入评议委员会前,将先由三名以上委员进行预审及出具审查意见报告,提交评议委员会审议后评议决定。

(3)调解优先:评议当中优先调解,若不愿调解或调解不成,再继续做出评议决定。

(4)评议效力:金融消费者可申请将评议书送请法院核可。评议书经法院核可者,与确定判决有同一之效力,可强制执行。

(5)评议成立:评议决定在一定额度[1]内有效,评议结果在一定额度内或经申请人表明愿意缩减金额至额度内,评议成立,金融服务业应接受。申请人拒绝接受评议决定,或评议决定超过一定额度而金融服务业拒绝接受的,评议不成立,但申请人尚可依其他途径寻求救济。

(6)不予受理的情形:申请不合程序;非属金融消费争议;未先向金融服务业申诉;向金融服务业申诉后,金融服务业处理中尚未逾30日;申请已逾法定期限;当事人不适格;曾依本法申请评议而不成立;已经法院判决确定或已成立调处、评议、和解、调解或仲裁;其他主管机关规定之情形。

(7)存在的问题:一是消费者申请评议时,并无强制要求受诉机关参与程序的"片面强制管辖"。二是评议结果原则上必须"经双方当事人同意"才发生效力(在一定额度内金融服务业才应接受)。[2]

2. 美国的可仲裁性的判例

《美国联邦仲裁法案》第2条明确提出,只有海事和商事合同中的仲裁协议才是有效的。美国联邦最高法院已经放弃了联邦对于海事提单争议、[3]

① "一定额度"包括以下情形:投资型商品或服务的争议额度在新台币100万元以下;非投资型商品或服务之争议在新台币10万元以下之评议决定;保险业所提供之财产保险给付、人身保险给付及投资型保险商品或服务,其一定额度为新台币100万元;保险业提供多次给付型医疗保险金给付及非属保险给付争议类型,其一定额度为新台币10万元(出自"依据金融消费者保护法"第4条第2项规定所发布之令)。

② 黄国昌:《纷争解决机制之旧挑战与新视野——以英国Private Ombudsman对台湾地区"金融消费者保护法"之影响为例》,载《北大法律评论》2012年第1期,第93~126页。

③ See Vimar Segurosy Reaseguros. S. A. v. M/V Sky Reefer,515 U. S. 528(1995).

反垄断争议①等纠纷可仲裁性的限制。美国法院的另外一些判例显示其有时候不会支持某些雇佣协议中约定的仲裁条款，主要是出于对仲裁程序的公正性及仲裁条款的真实合意表示怀疑。② 如雇佣协议中存在的仲裁条款通常是由雇主的格式合同所确定的，对于劳动者而言可能并没有实质性的意思参与。美国法院已经通过判例否决了当事人之间所谓的"自我管理（Self-administrated）的争议解决制度"③以及要求过高仲裁申请费用的仲裁条款的法律效力。④ 此外，在是否愿意执行医疗事故申诉⑤方面，美国法庭的态度也存在分歧。

美国1933年《证券法》及1934年《证券交易法》虽然没有直接规定法院对有关证券争议的排他管辖权，但禁止任何不符合规定的证券合同条款。⑥ 法院对于证券争议裁决不予执行，联邦最高法院通过 Wilko v. Swan 案认为证券经纪商与证券购买人之间的交易能力是不平衡的，仲裁不足以给投资者提供必要的保护，法院不应放弃司法审查。在随后的另外一起证券争议案⑦中法官对于证券仲裁亦存在较大的分歧。

在金融消费者的争议仲裁方面美国已经有相关判例。⑧ 最近，美国银行（Bank of America Co.，BAC）、美国第一资本金融公司（Capital One Financial Corp.，COF）、摩根大通（J. P. Morgan Chase Co.，JPM）和汇丰控股有限公司（HSBC Holdings PLC，HBC，HSBA. LN）已经同意就一项有关信用卡仲裁条款的集体诉讼案达成和解。虽然上述银行和另外三名尚未同意和解的被告方 Discover Financial Services（DFS）、花旗集团

---

① See Mitsubishi Motors Corp. v. Soler Chiysler-Plymouth, Inc.. 473 U. S. 614 (1985).

② See Rosenberg v. Merrill Lynch. 1 70 F. 3d 1 (1st Cir. 19999).

③ See Engalla v. Permanente Med. Group, 938 P. 2d 903 (Cal. 1997).

④ See Teleserve Sys. Inc. v. MCI Telecommunications Corp. 230 A. D. 2d 585 (N. Y. Ap. Div. 1997).

⑤ See Wilson v. Gateway 2000, 676 N. Y. S. 2d 569 (A. D. 1 Dept. 1998).

⑥ See 15 U. S. C. S77n, 78cc (a).

⑦ See Rodriguez de Quijas v. Shearson/American Express, Inc. 490 U. S. 477 (1989).

⑧ See Bell v. Congress Mortgage Co. 24 Cal. App. 4th 1675 (1st Disi. 1994).

(Citigroup Inc.,C)和 National Arbitration Forum 均否认存在任何不当行为。[①] 根据该协议,上述公司必须停止强制个人和小企业持卡人执行仲裁条款及禁止其进行集体诉讼的做法。和解协议还要求被告承担原告的法律费用和诉讼成本总计 235 万美元。

3. 英国 1996 年《仲裁法》对可仲裁性的规定

英国 1996 年《仲裁法》(Arbitration Act 1996)第二编"其他与仲裁有关的条款"中有"消费者仲裁"一章,包括从第 89 条到第 91 条总计三条与可仲裁性问题相关。在此之前,英国对消费者权益的保护及其可仲裁性问题是通过 1988 年《消费者仲裁协议保护法》(Consumer Arbitration Agreements Act 1988)及 1995 年 7 月生效的《消费者合同不公平条款条例》(Unfair Terms in Consumer Contracts Regulations 1994)所体现出来的。因此,在英国总计通过三部立法对消费者仲裁地位进行了渐进性规定。其核心线索是:从不支持到附条件地支持。[②] 1988 年《消费者仲裁协议保护法》出于对消费者保护的考虑,明确规定消费者和产品生产销售者之间的仲裁协议是无效的。而 1993 年《欧共体消费者合同不公平条款指令》(EC's Unfair Terms in Consumer Contract Directive)却对消费纠纷仲裁问题改变了态度,作为欧盟成员须制定或改变国内法以与其保持一致,所以英国在 1994 年就制定了《消费者合同不公平条款条例》,鼓励并支持真正反映消费者意志的仲裁协议的法律效力,只要该条款是逐个谈判之后签订的、不违反善良原则且不构成显失公平并对消费者有重大不利的。1996 年《仲裁法》完全采用了上述规定,并将消费者定义从自然人扩展到法人。笔者在英国学习仲裁法时的老师曾经对消费者仲裁作出如下评价:"在争议涉及消费者的时候,有关争议的仲裁协议之协商、签订及其效力都将受到严格的消费者保护规则的限制。尽管这额外增加的消费者保护在消费交易语境下是正当的,但是在商事交易之中的绝大多数情况下,此种基于预设的弱势相对人而提供的额外保护是不正

---

① 代表原告的律师事务所 Berger Montague PC 表示,该案指控摩根大通、美国银行、Capital One、汇丰控股、花旗集团、Discover 和其他几家公司的信用卡部门私下互相进行数次协商,旨在要求持卡人就所有争端进行仲裁,这种行为触犯了《反垄断法》。

② 欧明生:《民商事纠纷可仲裁性问题研究》,浙江大学出版社 2013 年版,第 93 页。

当且不受欢迎的。"①

4. 联合国《国际贸易法委员会国际商事仲裁示范法》对可仲裁性的规定

联合国《国际贸易法委员会国际商事仲裁示范法》(UNCITRAL Model Law on International Commercial Arbitration,以下简称《联合国示范法》)于1985年6月21日由联合国国际贸易法委员会通过,并经2006年7月7日修订。该法不是公约,胜似公约,对很多国家的立法起到了示范性的作用。一些国家和地区直接将《联合国示范法》载入其立法之中,②如英国、保加利亚、塞浦路斯、埃及、爱尔兰、尼加拉瓜、阿曼、乌克兰等;另一些国家和地区以商事性质交易的清单形式重述《联合国示范法》的规定,如澳大利亚、百慕大、加拿大、马耳他、新加坡等。③

该法第1条明确提出其适用范围是国际商事仲裁,笔者的理解是该法通过此规定明确了可仲裁性问题,即只有商事仲裁才是有效的。有的国家在其国内立法中也有类似的规定,④有的国家在加入《纽约公约》时也提出了商事保留原则。⑤《联合国示范法》通过注解的方式对"商事"做了解释,提出"商事"一词应做广义解释,以此涵盖由商事性质关系所引起的一切事宜,无论是合同性质还是非合同性质。商事性质的关系包含但不限于下列交易:提供或交换货物或服务的任何贸易交易;销售协议;商业代表或代理;保理;租赁;工厂建造;咨询;工程;许可;投资;融资;银行;保险;开采协议或特许;合资和其他形式的工商业合作;通过空中、海上、铁路或公路的货物及旅客运输。⑥

---

① Lew J. D. M., Mistelis L. A., Kröll S., *Comparative International Commercial Arbitration*. Kluwer Law International, 2003, p. 51.

② 如香港新《仲裁条例》(香港立法会于2010年11月11日通过,香港特区政府律政司宣布自2012年6月1日起实施)将《联合国示范法》列为其附件,适用于在香港的国际仲裁;在当事人同意的情况下,《联合国示范法》可以适用本地仲裁。

③ Lew J. D. M., Mistelis L. A., Kröll S., *Comparative International Commercial Arbitration*. Kluwer Law International, 2003, p. 53.

④ 如《法国商法典》第631条规定:只有关于商事问题的仲裁协议才是有效的。

⑤ 如中国在1987年加入《纽约公约》时就提出来商事保留和互惠保留。即中国只对另一缔约国领土内所作成的裁决的承认和执行,以及只对中国法律属于商事法律关系不论是不是合同关系所引起的纠纷适用本公约。

⑥ 笔者译。

本书认为,《联合国示范法》是国际法层面对金融仲裁的首次规定,而且将几乎涉及金融服务业所有领域的争议(Financing, Banking & Insurance)均纳入其可仲裁性范畴

(三)我国金融争议的可仲裁性解读

我国《仲裁法》通过正面界定和负面排除的方式划定了可被仲裁的争议范围。其第2条将“平等主体的公民、法人和其他组织之间发生的合同纠纷和其他财产权益纠纷”列为可仲裁事项,而第3条将“婚姻、收养、监护、扶养、继承纠纷”及“依法应当由行政机关处理的行政争议”等六种纠纷排斥在可仲裁事项的范围之外。关于《仲裁法》没有提及的侵权纠纷,最高人民法院在其1998年第3期公告当中以答复江苏省高级人民法院的方式确认了当事人一方在履约过程中实施侵权行为,另一方可以提起仲裁进行索赔。

中国金融争议的可仲裁性问题,正如笔者前文所述,肇始于1980年2月26日国务院《关于将对外贸易仲裁委员会改称为对外经济贸易仲裁委员会的通知》(以下简称《改称通知》),其中提出将中国国际贸易促进委员会对外经济贸易仲裁委员会受理案件的范围扩大到中外银行相互信贷等各种对外经济合作方面所发生的争议,并可根据工作发展的需要适当增加委员(仲裁员)人数。《改称通知》明确了银行间同业借贷的可仲裁性问题,且明确不限于中资银行。①

1. 证券仲裁

在证券仲裁领域,1993年4月国务院发布了《股票发行与交易管理暂行条例》(以下简称《暂行条例》),以行政法规的形式确立了金融仲裁制度在我国的法律地位。《暂行条例》第79条规定:与股票发行或者交易有关的争议,当事人可以按照协议的约定向仲裁机构申请调解、仲裁;第80条规定:证券经营机构之间的及证券经营机构与证券交易所之间因股票发行或者交易引起的争议,应当由证券委批准设立或者指定的仲裁机构调解、仲裁。

① 中国第一家外资银行的代表处是1978年在北京设立的日本输出入银行。此外,世界银行已经通过中国政府开展转贷款业务。

1994年8月26日，国务院证券委员会发布了《关于指定中国国际经济贸易仲裁委员会为证券争议仲裁机构的通知》(证委发〔1994〕20号)。中国证监会于1994年10月发布了《关于证券争议仲裁协议问题的通知》(证监发字〔1994〕139号)重申了上述法规及规范性文件内容，且规定仲裁地点应选择在北京。需要指出的是，上述两个《通知》被中国证监会于1999年12月21日发布的《关于废止部分证券部门规章的通知》废止。

中国国际经济贸易仲裁委员会于1994年8月制定了《证券仲裁员名册》，聘请了62名证券专业人士为仲裁员，裁决证券争议。1994年9月中国国际经济贸易仲裁委员会受理了第一起证券争议仲裁，即证券公司因股票发行过程中承销团成员之间承销费用的划分问题提起的仲裁。

2004年1月18日中国证监会与国务院法制办联合发布了《关于依法做好证券、期货合同纠纷仲裁工作的通知》，规定证券期货市场主体之间发生的与证券期货经营交易有关的纠纷，属于平等民事主体之间发生的民商事纠纷，适用仲裁方式解决；但对于上市公司与证券市场公众投资者之间纠纷的仲裁，则另行研究确定。2006年实施的新《证券法》没有对证券仲裁予以规定。2013年12月27日国务院办公厅发布了《关于进一步加强资本市场中小投资者合法权益保护工作的意见》，明确提出要建立多元化纠纷解决机制，支持自律组织、市场机构独立或者联合依法开展证券期货专业调解，为中小投资者提供免费服务；开展证券期货仲裁服务，培养专业仲裁力量；建立调解与仲裁、诉讼的对接机制。

2. 保险仲裁

1999年8月30日中国保监会印发了《关于在保险条款中设立仲裁条款的通知》(保监发〔1999〕147号)，要求保险公司规范保险合同中的仲裁条款，明确列明选择诉讼或仲裁解决纠纷。此外，中国保监会在保险资金境外投资的相关规定中，提出应以仲裁方式解决托管协议中可能发生的纠纷。2007年，中国保监会公布了《关于推进保险合同纠纷快速处理机制试点工作的指导意见》。

3. 银行业争议仲裁

中国银监会成立于2003年,曾多次受邀参加国务院法制办发起的全国仲裁年会,对金融仲裁仲裁在银行业的推广起了积极的推动作用。派员参加中国国际经济贸易仲裁委员会委员组成人员及金融专业委员会组成人员,以及北京仲裁委调解中心组成人员及金融仲裁小组的组成人员;参加金融仲裁研讨会,为金融仲裁员提供相关培训。先后推动中国银行业协会与中国国际经济贸易仲裁委员会及北京仲裁委员会签署了合作协议,公布了《商业银行银团贷款指引》,推动《银团贷款示范文本》和《金融衍生产品主协议》中引入仲裁条款。参与、支持各地金融仲裁院的组建及金融仲裁学术研究机构的设立。对金融仲裁进行专题调研,并以监管工作信息的形式宣传金融仲裁的优势、主要做法及相关成效,并提出对策建议。针对金融业创新的新情况,在商业银行资产管理业务及理财资金计划相关文件中引入仲裁解决机制。制定《银行业消费者权益保护工作指引》,规定对于确实存在问题的产品和服务,银行业金融机构可以通过调解及仲裁等方式向消费者进行赔偿或补偿,将仲裁作为消费者保护机制的重要一环,推进商业银行及银行业协会成立金融消费者调解及仲裁机构。中国银行保险监督管理委员会发布的《银行业保险业消费投诉处理管理办法》(银保监会令〔2020〕第3号)规定,消费者可申请核查、调解、仲裁、诉讼等救济途径,充分保障消费者权益。

4. 我国金融争议可仲裁性小结

我国《仲裁法》将"平等主体的公民、法人和其他组织之间发生的合同纠纷和其他财产权益纠纷"列为可仲裁事项,而将"婚姻、收养、监护、扶养、继承纠纷"及"依法应当由行政机关处理的行政争议"等六种纠纷排斥在可仲裁事项的范围之外。并在后续仲裁实践中认可了侵权纠纷的仲裁解决。

中国政府从国务院到相关金融监管机构,在推动金融仲裁的可仲裁性方面进行了诸多努力,试图以行政引导的方式推动金融仲裁在中国的发展。针对证券业的纠纷解决,中国政府主张采用调解、仲裁、诉讼等多种纠纷解决机制,完善金融消费者保护。针对保险业的纠纷解决,明确了保险合同中的仲裁条款的适用。针对银行业的纠纷解决中的仲裁,相对证券业仲裁起步稍晚,但同样肯定了金融仲裁在保护消费者中的重要地位。

虽然有学者认为,中国金融领域的仲裁为行政强制仲裁,[①]笔者认为,上述政府机关文件并没有用“应”“应当”“必须”等强制性用语,且相关示范文本的争端解决条款都是选择性的,即合同当事人可以选择人民法院解决相关纠纷。此外,令人遗憾的是,基于对金融消费者争议仲裁性的公共政策考量,无论是监管机构还是人民法院,都还没有太多的理性思考,其制度构建也是任重而道远。

---

① 沈四宝、王晓川、沈建中:《关于推进证券仲裁的若干问题》,载《法制日报》2002年11月21日;另参见杨峰:《我国证券强制仲裁若干问题研究》,载《河南省政法管理干部学院学报》2002年第4期,第106页。

第二章　我国金融仲裁的发展现状

本章主要采用统计分析的方法，从不同角度切入，以多方位的视角审视我国金融仲裁实务的发展现状，力求对其予以全面客观的展示。

第一节首先采用了历史考察法，对域外金融仲裁和我国大陆金融仲裁的发展进行了系统的梳理。并在此基础上分析了金融仲裁的发展趋势，即金融商事仲裁与金融消费仲裁相互分离的趋势明显，金融仲裁在国际金融中心建设中的地位日益突出以及国际间金融仲裁的竞争加剧。

第二节首先从主要仲裁机构金融案件的受案量和受案标的两个因素入手，纵向比较2014年和2015年的数据，意图归纳中国金融仲裁的整体情况及发展趋势。然后，以仲裁机构为视角，以北京仲裁委员会金融仲裁实务为例，从大量数据比较中得出我国金融仲裁在实践中结案率高，结案时间快、管辖不受地域限制的优势，并分析其制度创新和基本经验。最后笔者以亲自审理的案件为视角，通过对100份裁决的统计数据分析，发现仲裁案件的类型逐渐由传统纠纷向复杂多样的金融争议发展。

第三节通过对我国各地金融仲裁推行情况的实际调研，分别从各地金融仲裁的推行措施、应用情况和推行经验三个角度，总结归纳了我国金融仲裁的发展现状，并阐明了各地推行金融仲裁的难点和需求。这也是我国金融制度构建的客观基础和现实依据。

第一节　金融仲裁的历史演进与发展趋势

一、金融仲裁的历史演进

（一）域外金融仲裁

1. 英国金融仲裁

纠纷解决和金融服务就像是一对形影不离的朋友，伦敦作为一个主要国际金融中心，拥有广受尊重的司法系统，历史上见证的金融纠纷不胜枚举。历史上第一例金融纠纷案发生在1698年即伦敦皇家证券交易所开业的第一年，因经纪人过度喧哗而引发。虽然当时的纠纷随着经纪人们被轰出交易所而很快得以解决（结果经纪人转移到附近的一家咖啡馆继续交易），但伦敦所见证的金融纠纷案则变得日益复杂、纠纷金额越来越大，适用法律和规则也越来越繁多。[①] 英国出庭律师公会出版的《国际仲裁中的出庭律师》（Barristers in International Arbitration）中将银行金融列为一类独立的仲裁领域，并指出近期的金融市场事件使得越来越多的金融合同选择仲裁作为纠纷解决方式。[②] 出庭律师热衷于此类复杂合同的解释并在仲裁程序中充当辩护人的角色。

英国常设仲裁机构最早出现于19世纪中期。[③] 现在英国有很多全世界知名的仲裁机构，包括成立于1892年的伦敦国际仲裁院（London Court of International Arbitration，LCIA），成立于1960年的伦敦海事仲裁员协会（The London Maritime Arbitrators Association，LMAA），以及众多属于行业协会性质的仲裁机构如成立于1971年的谷物和饲料贸易协会（The Grain and Feed Trade Association，GAFTA）。而专司金融仲裁职能的机构是成立于1994年面向金融机构提供替代性争议解决服务的金融城争议解决专家组（City Disputes Panel，CDP）。金融城争议解决专家组的成立得到了英格兰银行、伦

---

① 参见Oliver Assersohn，英国Outer Temple Chambers出庭律师在2013年9月18日举办的International Dispute Resolution-the perspective from the UK and China研讨会上的发言。该次会议由英格兰及威尔士出庭律师公会主办。

② 参见www. unlockingdisputes. com.

③ 参见罗楚湘著：《英国仲裁法研究》，武汉大学出版社2012年版，第45页。

敦金融城公司、英国工业联合会、英国金融服务管理局和伦敦劳合社的支持。金融城争议解决专家组制定了仲裁规则（Arbitration Rules of CDP），其专家组成员很多是英国特许仲裁员学会（Chartered Institute of Arbitrators）的专家。

金融城争议解决专家组服务的对象包括伦敦金融城的金融服务业和商业公司，以及在英国及全球范围内与其有业务往来的客户。金融城争议解决专家组采用创新的方式来解决业务中的冲突，为保持商业关系，维护企业形象，使领导者能够专注于核心业务等提供有效服务。金融城争议解决专家组可以对形式多样的商业纠纷提供援助，并在如下方面提供有效的解决方案：(1)保险再保险事宜；(2)破产相关问题；(3)商业地产的问题；(4)市场监管和监督机构；(5)与主要管理人员的关系问题；(6)多集团索赔和集体诉讼。

由此可见，金融城争议解决专家组的争议解决范围极为宽广，包括破产问题、劳动争议和集团争议问题，同时也说明了英国在可仲裁性（Arbitrability）方面的开放性。[①] 此外，金融城争议解决专家组亦在大型和复杂纠纷中提供专业服务，为金融城提供专业咨询意见。金融城争议解决专家组已经成为金融城企业和从业者获得有关冲突管理和纠纷解决公正意见的渠道，并趋向探索创新高效[②]和替代性的纠纷解决方案。[③]

---

① 例如，金融城争议解决专家组曾经处理过一个包含500个潜在原告针对英国某主要银行的案件，在该银行开户的某破产外汇交易商的无担保债权人，仅花费相比走法院诉讼程序一小部分费用，在18个月内就了结此纠纷。

② 2015年，英国议会将《欧盟消费纠纷替代性解决机制指令》（EU Direcfive on APR）和《欧盟纠纷网上解决机制条例》（EU Regulation on Ontine Disporte Resdution）纳入英国法中。其中生成的两则关于消费纠纷替代性解决机制的法规（Alternative Disporte Regulations 2015），对可向消费者售出的商业信息可申请ADR的消费者设定了要求与标准，由主管机构如英国金融行为监管局（Financial Conduct Authority，FCA）监察。

③ 替代性纠纷解决方案的常见形式之一为仲裁（arbitration），适用行业包括金融服务业。1999年，英国改革民事诉讼规则，开启了依法鼓励当事人使用调解等非诉纠纷解决途径的先河。改革后，调解制度在英国司法实践中得到了有效实施，伦敦金融城法院启动的“伦敦金融城法庭调解机制”就是一个典型案例。“伦敦金融城法庭调解机制”是一个限时限费的调解制度，由伦敦金融城法院向当事人推荐。法院受理案件后会召开“案件管理会议”，依据案情对案件进行分类；如果认为案件适合调解，法院会向当事人推荐调解机制，并在双方自愿的前提下，将案件移交给调解机制的管理组织——城市争议解决专家组金融城争议解决专家组。如果一方当事人无正当理由拒绝调解，并且最后胜诉，法院会判定该当事人承担全部诉讼费用。通过这一诉讼费用罚则，可以有效地推动调解的适用。

2. 意大利金融仲裁

意大利于2011年3月4日公布第二十八号法令,[①]在金融仲裁的基础上,增加了金融争议强制调解程序,该法令超越了欧盟调解指令52/2008[②]的要求,存在一定争议,但还是于2011年3月20日起生效。

对于银行及金融类的合同,意大利法令提供了三种替代性纠纷解决机制:

(1)对于投资者及金融媒介在披露义务、公平原则及透明度义务方面的争议,当事人可以通过意大利金融监管机构(CONSOB)进行和解及仲裁;[③]

(2)对于银行与客户在业务操作及服务中所引起的争议,当事人可以通过银行金融仲裁员解决争议;[④]

(3)最新的法令规定,[⑤]法院对于保险、银行、金融合同的争议以及其他特定类型的争议,[⑥]将适用强制调解程序。

强制调解程序是指在庭审前当事人必须调解,调解机构应是特定调解机构名单上注册的单位。如果调解成功,当事人达成的和解协议经法院确认后将等同于判决的效力。如果调解失败,在某种情况下将导致当事人在后续的审理中承担更多的诉讼费用。在诉讼程序中,通常由败诉方承担胜诉方的诉讼费用。但是,如果法官判决与调解员的和解方案相同,而胜诉方又没有接受该调解方案的情况下,申诉方不但得不到诉讼费的补偿,还有可能支付败诉方的诉讼费及附加的“应付联合税费”。即便法官的判决与调解员的方案不完全一致,法官也可以行使自由裁判权来确定费用的承担方法。

当然,调解中还应坚持保密原则,即在调解程序中作出的陈述或者获得的其他信息,当事人不能在随后的庭审程序中使用。调解员不能在任何后续程序中作为证人出庭。

---

① Legislative Decree No. 28 of 4 March 2010.

② The European Mediation Directive(2008/52/EC)(Directive).

③ 立法第8号法令第2款(2007年10月,n. 179. 3)。

④ 立法第1号法令第128款(1993年9月,n. 385. 4)。

⑤ Article 2 Legislative Decree 8 October 2007 n. 179. 3; Article 128bis Legislative Decree 1 September 1993, n. 385. 4.

⑥ 其他争议包括共同所有权争议、房地产所有权争议、财产分割争议、继承争议、家庭协议引发的争议、租赁争议、公司资产租赁争议、道路交通事故争议、医疗事故争议、媒体及广告引起的诽谤争议。

3. 荷兰金融仲裁

金融危机过后，针对法院处理跨境、复杂金融交易如金融衍生产品纠纷的局限性，2012 年荷兰海牙成立了一个国际金融市场专家小组（the Panel of Recognized International Market Experts in Finance, P. R. I. M. E Finance），其目标是促进、扶持和支持替代性争端解决，主要关注关于复杂的金融产品，如衍生工具的纠纷。专家小组包括一些世界各地最杰出的金融和替代性纠纷解决的专家。该机构包括一个秘书处，一个管理委员会和一个咨询委员会，其调解员、仲裁员及其他专家可以从事解决与金融工具有关的纠纷。缔约方对复杂金融产品的纠纷可以求助于他们，对如何处理这些产品提出的问题寻求指导。专家们可以在如下方面提供援助：(1) 在法庭上作为独立专家；(2) 为法官提供培训，使他们更好地了解行业动态和不同金融工具的逻辑；(3) 在争议双方之间进行调解；(4) 如其中的纠纷不能协商解决，担任仲裁员。

P. R. I. M. E. Finance 制定了仲裁规则，与其他金融仲裁机构不同的是，它并没有一一列举可以仲裁的争议范围，而是从负面清单的角度对此予以澄清。该规则第 1 条申请范围（Scope of Application）中规定，争议各方可将具有法律属性的契约或非契约性的争议提交仲裁。[①] 从该机构的名字即可看出其主要就金融工具及合约提供仲裁服务，这些金融协议（如掉期，资产证券化和结构性融资交易）可以通过它来仲裁。

4. 我国台湾地区金融仲裁

我国台湾地区的"中华仲裁协会"[②]于 2011 年 10 月 21 日由其第 15 届第 4 次"理监事联席会议"通过"金融争议仲裁规则"。"金融争议仲裁规则"第 3 条明确了金融争议仲裁的概念，即"本规则所称之金融争议仲裁，指对于金融交易争议进行仲裁"。"金融争议仲裁规则"第 2 条对金融

---

① Where parties have agreed that disputes between them in respect of a defined legal relationship, whether contractual or not, shall be referred to arbitration by P. R. I. M. E. Finance or under the P. R. I. M. E. Finance Arbitration Rules, then such disputes shall be settled in accordance withthese Rules subject to such modification as the parties may agree.

② 全称为"中华民国仲裁协会"（The Arbitration Association of the Republic of China），成立于 1955 年，于 1996 年向法院登记为社团法人，为具有准司法功能的民间机构。其规则包括：仲裁程序、简易仲裁程序及金融仲裁程序。

交易争议进行了如下定义："本规则所称之金融交易争议，指金融服务业间，[①]以及金融服务业与其他自然人、法人或其他团体或机关间，从事金融交易所发生，或与金融交易有关之争议。"

"金融争议仲裁规则"对金融交易进行了列举，具体包括：(1)收受存款、办理放款或银行法所规定的其他授信；(2)信托契约；(3)保险契约；[②](4)证券交易法之有价证券或票券金融管理法短期票券之契约；(5)共同信托基金受益证券之契约；(6)期货交易法所为期货交易之契约；(7)衍生性金融商品交易契约；(8)收购金融机构不良债权之契约；(9)受委托处理金融机构之不良债权之契约；(10)其他符合金融主管机关规定之金融交易行为。

"金融争议仲裁规则"的特点是除对金融交易进行列举外，对金融服务业进行了详细的阐述，并对金融仲裁予以明确定义。此外，"金融争议仲裁规则"将收购金融机构不良债权及受托处理金融机构不良债权契约列为金融交易争议事项，主要是台湾历史上曾数次出现金融危机，产生大量金融不良债权。而我国金融机构不良资产处置却因大量行政和司法干预，导致一方面法院"拒绝司法"，另一方面仲裁机构"拒绝仲裁"现象大量涌现，参见以后章节的详细叙述。

5. 我国香港地区金融仲裁

2012 年 6 月香港金融纠纷调解中心有限公司[③]成立，作为非盈利机

---

① "金融争议仲裁规则"对金融服务业进行了解释，具体包括金融控股公司、金融重建基金、中央存款保险公司、银行业、证券业、期货业、保险业、电子金融交易业、资产管理公司、金融资产服务公司及其他金融服务业。"金融争议仲裁规则"进一步对银行业、证券业、期货业及保险业、资产管理公司及金融资产服务公司进行了定义：银行业是指银行、信用合作社、票券金融公司、信用卡公司、信托业、邮政机构之邮政储金汇兑业务与其他银行服务业之业务及机构。证券业是指证券交易所、证券柜台买卖中心、证券商、证券投资信托事业、证券投资顾问事业、证券金融事业、证券集中保管事业、都市更新投资信托事业与其他证券服务业之业务及机构。期货业是指期货交易所、期货商、杠杆交易商、期货信托事业、期货顾问事业、期货经理事业与其他期货服务业之业务及机构。保险业是指保险公司、保险合作社、保险代理人、保险经纪人、保险公证人、邮政机构之简易人寿保险业务与其他保险服务业之业务及机构。资产管理公司是指依金融法令以收购及处理金融机构不良债权为目的之资产管理公司。金融资产服务公司是指主管机关依据相关法令认可之公正第三人。

② 包括涉及医疗判断之伤害保险契约；与火灾、地震、航空、机器等有关之财产保险契约；海上保险契约。

③ 该机构成立于金融危机之后。金融危机期间香港国际仲裁中心曾经处理过一些雷曼迷你债券纠纷，但囿于此类纠纷处理过程与该中心的定位不符，且处理成本过高，导致香港政府考虑成立一家专门处置金融机构与个人客户之间的小额纠纷解决机构。

构,以"先调解后仲裁"的方式[①]负责管理解决金融机构与个人客户之间的金融争议。

根据该中心的《个案受理准则指引》,参与主体一方应是受香港金融管理局及证券及期货事务监察委员会监管的金融机构即参与该纠纷解决计划的成员单位(只从事信贷评级服务的机构除外),另一方则是成员单位的客户或是接受其服务的自然人或独资经营者。该中心受理的合格争议限于不超过50万港元(或等值外币)的金钱属性的争议,且该争议曾经由成员单位处理过。[②]

由此可见,该中心处理的仲裁事项仅限于特定金融机构与特定零售客户的小额争议,且以调解为前提,明显是一个具有政府背景的金融消费争议解决机构,而非典型意义上的金融仲裁机构。与此机构属性相近的是台湾财团法人金融消费评议中心。

(二)中国大陆金融仲裁

我国金融仲裁实践最早萌生于证券领域20世纪90年代初期的《上海证券交易所市场业务试行规则》《上海证券交易所仲裁实施细则》《证券交易自动报价系统仲裁规则》等行业规则,为证券仲裁的实施提供了初步依据。1993年《股票发行与交易管理暂行条例》则正式确立了证券仲裁的法律地位。而1995年《仲裁法》的颁布为仲裁进一步在金融领域的运用提供了最权威、最基础的法律依据。在银行方面较早的《银行结算办法》及较近的《全国银行间债券市场债券借贷业务管理暂行规定》等实体规则均对仲裁作了规定。保险方面,1999年中国保监会印发了《关于在保险条款中设立仲裁条款的通知》,要求各保险公司重视运用仲裁方式解决保险纠纷。保险行业协会也纷纷与仲裁机构合作设立保险仲裁中心。以上是我国金融仲裁发展的初始阶段。在这一阶段,由于相关金融法律规范尚不健全,金融仲裁实践十分不统一,也缺乏明晰的法律定位。2003年4月4日,中国国际经济贸易仲裁委员会(以下简称贸仲

① 该调解或仲裁均为一名调解员或仲裁员进行,仲裁裁决为最终决定并具有约束力。

② 即该自然人或独资经营者应先向有关金融机构提出书面投诉。如该投诉在60日内未得到金融机构的书面答复或争议未能在该期间解决,可以向金融纠纷解决中心申请调解及仲裁。

委)公布了《金融争议仲裁规则》,该规则于2003年5月8日起实施并经2005年3月17日和2008年4月25日和2014年11月三次修订,被视为中国金融仲裁制度发展的里程碑。[①] 笔者认为,1980年2月26日国务院《关于将对外贸易仲裁委员会改称为对外经济贸易仲裁委员会的通知》中提出将其受案范围扩大到中外银行相互信贷等各种对外经济合作方面所发生的争议,该规定应视为我国金融仲裁的肇始性规定。[②] 该《通知》将金融仲裁的定义局限于金融机构(中外资银行)之间的同业交易。此外,第一任对外贸易仲裁委员会主席南汉宸为中华人民共和国第一任中国人民银行行长,其后的几届委员组成人选中银行界和保险界代表均为其当然组成人员,[③]即便是今天在中国国际经济贸易仲裁委员会委员和仲裁员当中金融界代表也占有一定比例。[④] 无独有偶,斯德哥尔摩商会仲裁院的前任主席也是瑞典央行的行长。一般而言,银行业服务百业,百业兴而银行兴。银行业在各国各地区商会中扮演重要的角色,这也是银行业对于仲裁并不陌生甚至与其具有某种天然联系的主要原因之一。当然,这并不是本节讨论的重点。

《金融争议仲裁规则》并未直接对金融仲裁直接予以定义,而是对金融交易进行了解释。该规则第2条规定:中国国际经济贸易仲裁委员会

---

① 胥洪擎:《金融仲裁制度研究》,华东政法大学2008年硕士学位论文,第35页。

② 该规定具体内容:1954年5月6日前中央人民政府政务院决定,在中国国际贸易促进委员会内设立对外贸易仲裁委员会。为了适应我国对外经济贸易关系不断发展的需要,现在决定将对外贸易委员会改称为对外经济贸易仲裁委员会,其受理案件的范围可扩大到有关中外合资经营企业、外国来华投资建厂、中外银行相互信贷等各种对外经济合作方面所发生的争议,委员人数可根据工作发展的需要适当增加。

③ 《中央人民政府政务院关于在中国国际贸易促进委员会内设立对外贸易仲裁委员会的决定》(1954年5月6日政务院第215次政务会议通过)第3条规定:仲裁委员会由中国国际贸易促进委员会在对于对外贸易、商业、工业、农业、运输、保险和其他有关事业及法律方面具有专门知识与经验之人士中选任委员15人至21人组成之,其任期为1年。

④ 当初的委员即仲裁员。1988年6月21日国务院发布了《关于将中国国际贸易促进委员会对外经济贸易仲裁委员会改名为中国国际经济贸易仲裁委员会和修订仲裁规则的批复》,1988年9月12日中国国际贸易促进委员会(中国国际商会)第一届第三次委员会会议通过了中国国际经济贸易仲裁委员会仲裁规则(1988年版),自1989年1月1日起施行。该规则将委员和仲裁员的名册分立,规定仲裁委员会设立仲裁员名册,仲裁员由中国国际贸易促进委员会(中国国际商会)从对国际经济贸易、科学技术和法律等方面具有专门知识和实际经验的中外人士中聘任。但事实上委员和仲裁员也有一定比例的重合。——笔者注

（又名中国国际商会仲裁院）以仲裁的方式独立、公正地解决当事人之间因金融交易发生的或与此有关的争议。

金融交易，是指金融机构之间以及金融机构与其他法人和自然人之间在货币市场、资本市场、外汇市场、黄金市场和保险市场上所发生的本外币资金融通、本外币各项金融工具和单据的转让、买卖等金融交易，包括但不限于下列交易：(1)贷款；(2)存单；(3)担保；(4)信用证；(5)票据；(6)基金交易和基金托管；(7)债券；(8)托收和外汇汇款；(9)保理；(10)银行间的偿付约定；(11)证券和期货。可见，《金融争议仲裁规则》将金融仲裁的当事人确定为金融机构同业以及金融机构与其机构及零售客户，并以概括加列举的方式对金融交易予以定义。

2007 年 12 月 18 日国内首家金融仲裁院在上海成立。[①] 其于 2008 年 3 月 1 日起实施的《上海仲裁委员会金融仲裁院仲裁规则》（以下简称《上海金融仲裁规则》）第 3 条规定：上海金融仲裁院受理平等主体的金融机构之间或者金融机构、其他法人、自然人、其他组织之间或者其相互之间在金融交易、金融服务等活动中发生的民商事纠纷而提出的仲裁申请，包括但不限于如下纠纷：(1)存款和贷款纠纷；(2)票据、信用证、银行卡等支付结算纠纷；(3)保险纠纷；(4)金融租赁纠纷；(5)外汇、黄金交易等纠纷；(6)股票、债券、基金等证券交易纠纷；(7)信托投资纠纷；(8)金融衍生产品交易纠纷；(9)典当纠纷；(10)当事人约定提交上海金融仲裁院仲裁的其他纠纷。该规则将金融仲裁的当事人扩展到非金融机构，且除金融交易外，首次提出金融服务的概念，进一步扩展了金融仲裁的内涵与外延。此外，上海金融仲裁院成立于雷曼兄弟破产之后，大量衍生品纠纷的产生促使其首次在国内金融仲裁机构中将金融衍生产品交易列为争议解决范围。当前，我国金融仲裁机制方兴未艾，并呈现纵深发展态势。

1. 专门金融仲裁机构的广泛设立

在金融纠纷解决专业化要求和贸仲委的示范作用下，郑州、大连、上海、武汉、长沙、重庆、珠海、海口、杭州、广州、太原、南昌等各地仲裁委员

---

① 该机构是上海仲裁委员会的特设机构，其职责系以仲裁方式解决金融纠纷。

会纷纷设立了专门的金融仲裁机构。这些专门金融仲裁机构的设立，为金融仲裁机制实施提供了最为重要的硬件基础，并为金融仲裁机制的进一步独立增加了形式助力。此外，以上海金融仲裁院为代表的较为独立的金融仲裁机构也为以后的金融仲裁发展提供了借鉴模板。

2. 金融仲裁规则独立化

在贸仲委颁布《金融争议仲裁规则》之后，我国金融仲裁规则逐步从一般商事仲裁规则中分立出来。如广州、天津、上海、武汉等地的金融仲裁机构先后制定了独立的金融仲裁规则。如将金融仲裁机构比作“硬件”的话，这些独立的金融仲裁规则则是维护“硬件”正常运转的“软件”。其不仅在形式上与一般商事仲裁规则相独立，在内容上更异于一般仲裁规则。这些新内容主要体现在高效性、专业性及国际化等方面。

3. 仲裁程序更契合金融纠纷解决要求

首先，更高效的程序机制。在时间上，当前各金融仲裁规则设定的整体程序期限，较之一般商事仲裁最少缩短2/3；在经济上，金融仲裁机构分级调低了收费标准，甚至可以“视案件难易程度可以减少收取仲裁费”（《肇庆仲裁委员会金融仲裁补充规则》第7条规定）。其次，更专业的仲裁员设置。各个金融仲裁机构通过创设金融仲裁员名册，聘任金融行业的法律专家以及资深从业人员担任金融仲裁员等措施来提升金融纠纷解决的专业性。此外，我国有些金融仲裁规则还引入了仲裁员确认制度及临时仲裁员制度以保障金融仲裁程序的专业和公正。最后，国际化程度提高。当前各金融仲裁规则或详或略地规定了涉外金融仲裁，如《上海金融仲裁规则》就专设“国际及涉外金融仲裁的特别规定”一章应对国际金融纠纷解决。此外，金融仲裁机构的金融仲裁员名单中也广泛吸纳了外籍仲裁员。

二、金融仲裁的发展趋势

（一）金融商事仲裁与金融消费仲裁相互分离的趋势明显

仲裁一开始就是商人间处理纠纷的一种手段，仲裁主要是商事仲裁。仲裁发展到金融领域，出现金融商事仲裁，它主要是处理金融机构与金融机构之间，以及金融机构与大型客户之间的纠纷。但是后来，由于多元化纠纷解决机制越来越得到各国当局的认可，消费者纠纷，包括金融消费者与金融机构之间的金融消费纠纷也开始采用仲裁的方式，因此出现了金融消费仲裁（或称消费金融仲裁）。[①] 但实际上，金融商事仲裁与消费金融仲裁分属不同的领域，两者的区别是很明显的。前者主要提倡和保护意思自治，在程序上更灵活；后者主要限制强势一方（主要是金融机构方）的意思自治，程序上体现出标准化的特征。这一区别根源于民商法与经济法的区别。金融商事仲裁主要处理大额的纠纷，所需的时间长，费用高，而消费金融仲裁处理的纠纷则体现出小额、分散、量大的特征，时间短、费用低。同时，消费金融仲裁还向衍生方向发展，出现了调处、调解、金融服务督察[②]等机制。金融商事仲裁私益性明显，仲裁机构盈利较高，有大批优秀人士从事该行业；消费金融仲裁公益性明显，仲裁机构收入少，甚至亏损，往往倚赖政府拨款而生存，不利于吸引优秀人士。

明了这一区别有助于我们思考仲裁的不足，即仲裁并不是适合所有的纠纷解决，它有其力所不逮之处。尤其需要注意的是，仲裁并不完全适合金融消费纠纷的解决。明确这一区别，有助于我们针对不同的纠纷类型构建不同的机制、规则。

（二）金融仲裁在国际金融中心建设中的地位日益突出

金融商事仲裁与消费金融仲裁相互区别、相互分离的趋势给我们的启示是：建立国际金融中心的着力点是国际金融商事仲裁，而金融商事仲裁在国际金融中心建设中的地位日益突出。其原因在于，金融商事仲裁标的额大，收费高，影响大，对于仲裁地声誉的提高作用显著。因此，各仲裁地争夺的主要是国际商事仲裁案件。

而对于消费金融案件，由于涉及金融消费者对于本地金融机构所提供的金融服务的评价和信心，涉及本地金融服务的质量问题，因此，即使

---

① 大型客户因其能力强、地位高，因此，法律不认为其与金融机构之间存在信息不对称、地位不对等，或即使存在，也不必由法律来解决。因此，金融机构与大型客户之间的关系不视为金融消费关系。而中小客户由于能力弱、地位低，其与金融机构之间存在严重的信息不对称和地位不对等问题，因此需要金融消费者保护法予以解决，对金融消费者予以偏重保护。

② 金融服务督察（Financial Ombudsman Service，FOS）与仲裁不同的是：①提交仲裁必须有有效的仲裁协议；但金融消费者向金融服务督察机构投诉，不需要事先的协议。②仲裁的双方当事人都可以提起仲裁申请，但在金融督察服务中，消费者有权投诉，金融机构无权投诉。③在仲裁中，对裁决不服，不可以向法院起诉；但在金融督察服务中，对裁决不服，则可以向法院起诉。

在单个案件中,纠纷解决者(法院、仲裁机构、金融服务督察机构等)可能会亏损,也要受理和处理该案件。由于此类案件对于纠纷解决者的盈利贡献不大,甚至还会导致其亏损,因此,各仲裁机构不会对此予以争夺。此外,此类案件的提起者多为弱势群体,负担能力不强,因此,也通常不会越洋跨海,不远千里,到国外去仲裁。

基于这些认识,以及本文的目的主要是讨论参与国际金融仲裁竞争的能力问题,因此,本文主要论述国际金融商事仲裁,对消费金融仲裁着墨不多。

(三)国际间金融仲裁的竞争加剧

仲裁属于国际服务贸易的重要领域之一。世界贸易组织规则中的《服务贸易总协定》对仲裁服务有所规定。

在世界经济全球化日益向纵深发展的今天,国际商事仲裁中心之间的竞争日益加剧,传统仲裁强势国家与后起新兴国家和地区在争夺"全球最受欢迎的仲裁地"。其中的措施包括修改仲裁业立法,法院给予更多的支持和保障;推出和调整便利开庭的签证制度,如马来西亚对仲裁员和代理人予以免签政策。笔者在罗马参加的一次国际商会青年仲裁员论坛(International Chamber of Commerce Young Arbitrators Forum, ICCYAF),讨论的主题之一便是各国签证政策的简化与快捷。

金融仲裁竞争的另一措施是适应金融纠纷及时处理的诉求,出台快速处理规则。伦敦仲裁俱乐部制定的《金融服务快速仲裁程序》建议,当事人应在收到仲裁通知(Notice of Arbitration)7日内提交答辩(Answer),将案件提交仲裁机构4个月后安排听证,或在听证4周后做出裁决。

兵贵神速,各国仲裁机构都修改了仲裁规则,引入了紧急仲裁员制度,以便发出临时措施指令,快速保全财产与证据。中国本土仲裁机构在这方面的探索更是令人叹为观止而且更为灵活。笔者作为仲裁员曾经历过几起快速裁决的金融仲裁案件:其中两起是北京仲裁委的银行与客户的纠纷,一起标的是10亿元以上,另一起超过1亿元,均为银行借款案件。从立案到组庭到开庭到裁决的时间只有十几天,当然这需要当事人的配合,即放弃答辩期间、对独任仲裁员的选择达成共识、配合文件的签收等。还有一起是深圳国际仲裁院的案件,而该案的复杂之处是涉及一方在我国香港地区的担保主体,虽然标的额较大但简化之处是当事方约定了独任仲裁员及书面审理,避免了仲裁员舟车劳顿(笔者的印象是在一个月左右便出具了裁决书)。最后一个案例由廊坊仲裁委裁决,双方当事人需要快速、急迫地拿到裁决书,也是约定独任不开庭审理并放弃答辩期间,笔者在发出最终裁决终稿的邮件时特意留意了一下时间,从接受指定开始,只用了 6 小时,这也是笔者所经历过的最快的一次裁决。

当然,笔者在做出快速裁决并被双方共同选为首席或独任仲裁员时更多地担心是案件的真实性、证据及是否涉及对第三人合法利益的侵犯,其实仲裁委更为担心,所以,在程序上更为严谨审慎。当然,每一份裁决都要等待历史的检验。

第二节　金融仲裁案件的审理现状①

一、中国主要仲裁机构金融仲裁案件情况总结

中国金融仲裁在实践中取得了一定的发展和成绩。从中国国际经济贸易仲裁委员会、北京仲裁委员会、上海国际经济贸易仲裁委员会、武汉仲裁委员会、上海金融仲裁院、深圳国际仲裁院公布的关于金融仲裁的数据中即可略窥一二。

根据贸仲委公布的数据,2015 年,贸仲委共受理仲裁案件 1968 件,同比增长 22%。案涉争议金额达人民币 425.4 亿元,同比增长 12.5%。其中金融仲裁类案件合计约 487 件,占案件总量的 24.8%。

北京仲裁委员会 2013 年受理了 267 件金融类案件,总争议金额达到人民币 53.7 亿元,2015 年案件数量和争议金额分别上升到 830 件和 56 亿元。

武汉仲裁委 2013 年受理金融案件 169 件,2015 年上升至 234 件,争议标的也由 2.68 亿元激增到 37 亿元。

上海国际经济贸易仲裁委员会(Shanghai International Economic and Trade Arbitration Commmission, SHIAC, 以下简称上海国际仲裁中心)2014 年受理金融纠纷案件 78 件,其中涉外案件 12 件、国内案件 66 件,

① 参见邢会强:《首都国际金融仲裁发展现状与建设研究》,北京市金融工作局课题组 2015 年课题。

争议金额合计人民币6.2729亿元。2015年受理金融纠纷案件82件，争议金额合计人民币14.4615亿元。争议类型包括借贷、股票、债券、基金、保险、融资租赁、金融衍生品、委托理财、信用卡结算等，融资租赁合同纠纷居多，与之相关的争议金额也居高。

上海金融仲裁院2013年受理案件374件，争议标的11.09亿元，2015年这两个数字分别达到485件和31亿元。

深圳国际仲裁院2015年金融案件225件，金额56亿元。除此之外，深圳国际仲裁院与深交所及证监会深圳监管局共同设立的深圳证券期货业纠纷调解中心，在2015年受理资本市场纠纷咨询投诉722宗，类型涉及证券、期货、基金及上市公司纠纷，正式受理调解案件成功率达到83%。

金融仲裁的案件数量和争议标的都处于逐年上升的趋势，但与人民法院受理的案件数量及争议标的相比，金融仲裁在中国的发展还有很大空间。

二、北京仲裁委员会金融案件受理情况及分析

（一）北京仲裁委员会金融仲裁案件的受理情况

1995年~2014年，北京仲裁委员会共受理金融仲裁案件5210件，占全部案件数的21.6%；标的425.17亿元，占全部案件标的的34.80%，如图2-1所示。

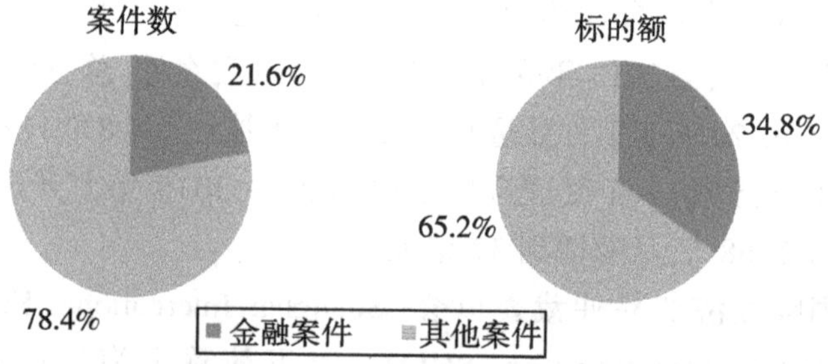

图2-1　北京仲裁委员受理的金融案件数量与标的额占比（1995~2014年）

在这些案件中，案件数量最多的是借贷合同纠纷，但其标的额并不大；投资金融类案件虽然占比仅32.44%，但标的额一般较大，占总标的额的72.88%，如图2-2所示。

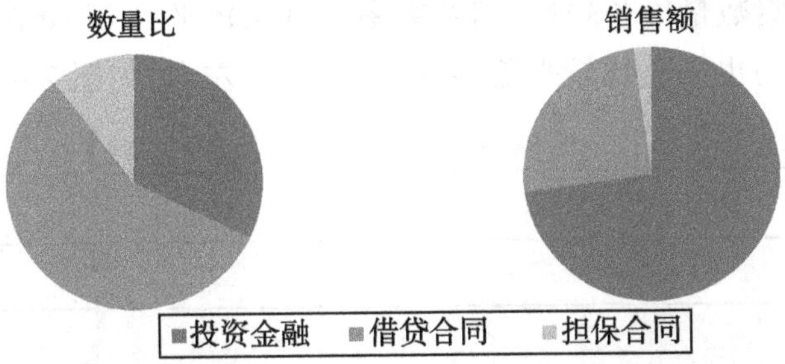

图 2－2　北京仲裁委员会三大类金融仲裁案件数量与标的额情况比例（1995～2014 年）

20 年来，北京仲裁委员会的金融仲裁案件的立案数量增长较快，最高峰值为 2006 年的 1047 件，2014 年立案的仲裁案件数量为 468 件，如图 2－3所示。

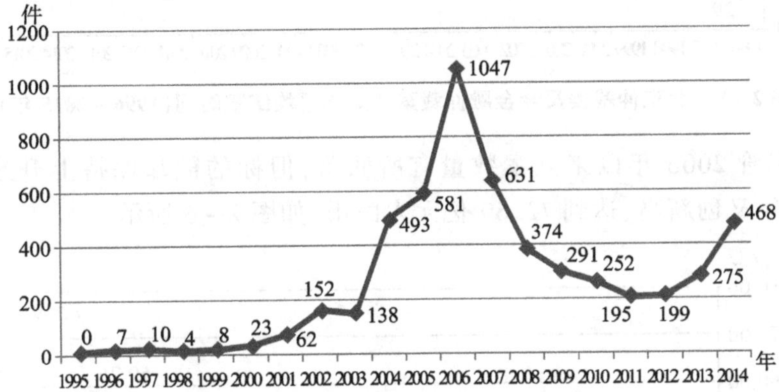

图 2－3　北京仲裁委员会受理的金融仲裁案件历年立案量（1995～2014 年）

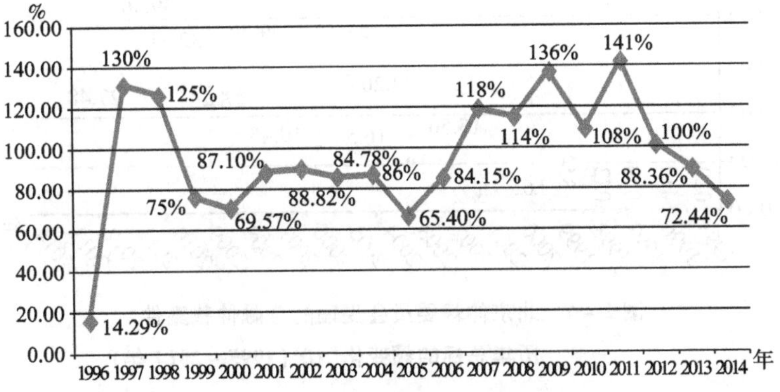

图 2－4　北京仲裁委员会金融仲裁案件历年结案率（1996～2014 年）

尽管立案数量增长较快，但结案率一直比较平稳，维持在 80% 上下；平均结案时间也一直比较平稳，维持在 100 天左右，如图 2－5 所示。

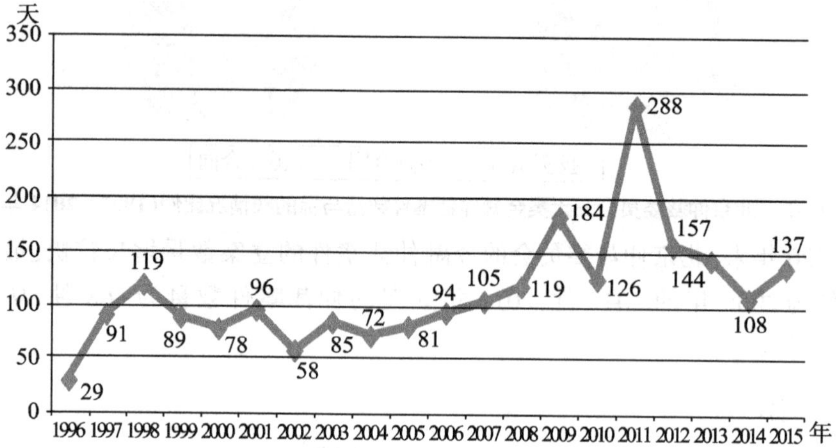

图 2－5　北京仲裁委员会金融仲裁案件历年平均结案时间（1996～2015 年）

尽管 2006 年以来立案数量有所回落，但标的额却保持上升态势。2014 年又创新高，达到 72.69 亿元人民币，如图 2－6 所示。

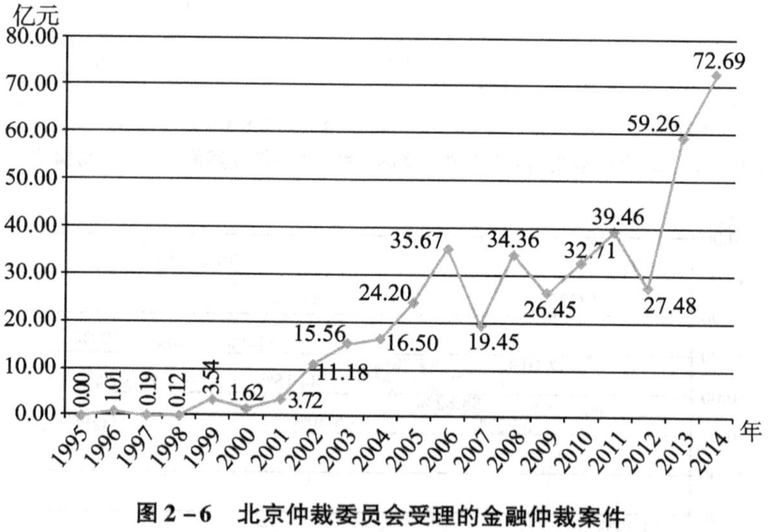

图 2－6　北京仲裁委员会受理的金融仲裁案件
历年总标的额变化情况（1995～2014 年）

北京仲裁委员会受理的金融仲裁案件的平均标的额忽上忽下，大小年现象明显，但总体上呈增长态势，如图 2－7 所示。

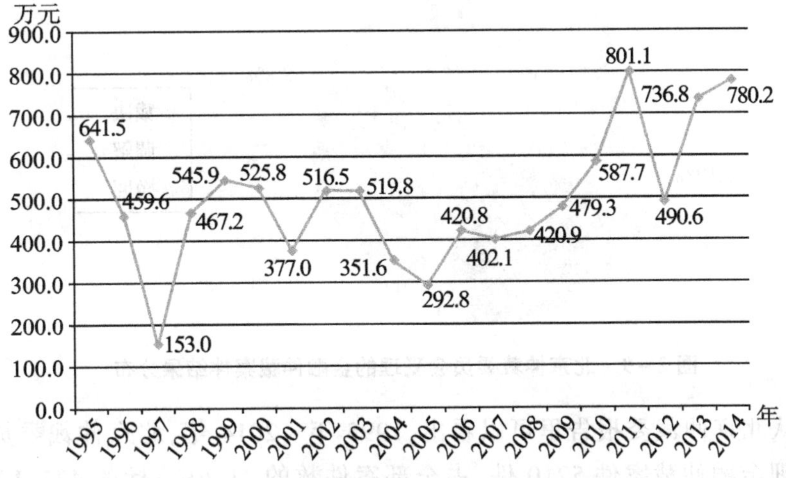

图 2－7　北京仲裁委员会受理的金融仲裁案件历年平均标的额变化情况（1995～2014 年）

在这些案件中，尽管绝大多数都是一方或双方当事人在北京，但双方当事人均在外地的案件也占 8.60%。这说明北京仲裁委为不少外地当事人所接受，如图 2－8 所示。

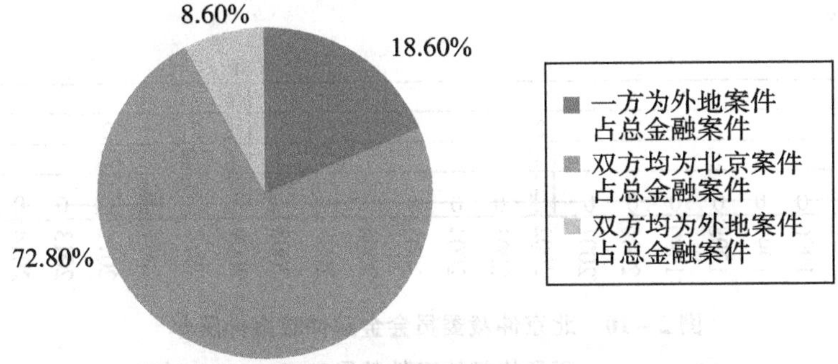

图 2－8　北京仲裁委员会受理的金融仲裁案件当事人分布

在这些金融仲裁案件中，撤回的比例为 24.08%，其余 75% 以上为裁决或调解结案。其中裁决的占 68.8%，调解的占 7.12%，如图 2－9

所示。

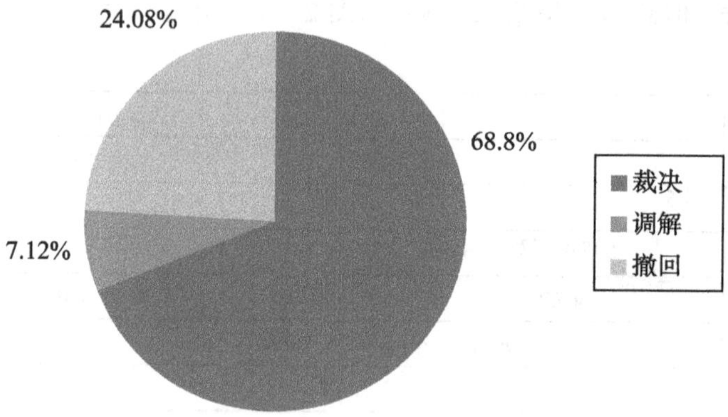

图 2-9　北京仲裁委员会受理的金融仲裁案件结果分布

从北京仲裁委报告里可以看出，1995 年～2014 年，北京仲裁委员会共受理金融仲裁案件 5210 件，占全部案件数的 21.6%；标的 425.17 亿元，占全部案件标的的 34.80%。在这些案件中，案件数量最多的是借贷合同纠纷，但其标的额并不大；投资金融类案件虽然占比仅 32.44%，但标的额一般较大，占总标的额的 72.88%，如图 2-10 所示。在这些裁决的案件中，被法院不予执行的数量非常少，年度最高仅 4 件。这一方面说明了北京仲裁委裁决的案件的质量较高，另一方面说明了法院对仲裁的支持。

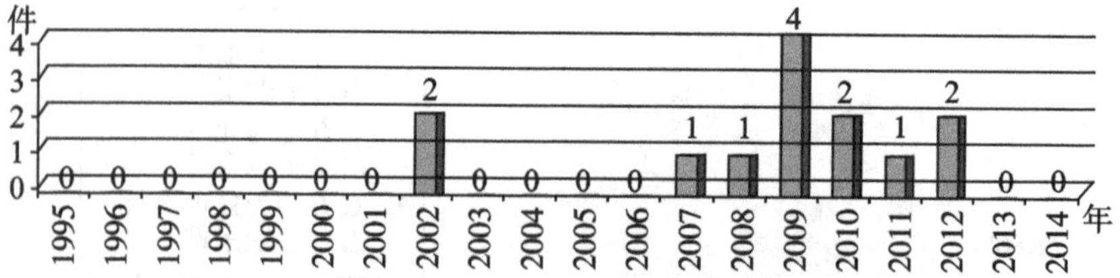

图 2-10　北京仲裁委员会金融仲裁案件历年不予执行的案件数量(1995～2014 年)

(二)对北京仲裁委金融仲裁基本情况的分析

北京仲裁委员会金融案件非常集中，因此，笔者将进一步分析北京仲裁委仲裁规则的创新情况并据此得出相应的结论和启示。

1. 北京仲裁委制度创新

2014 年 7 月 9 日，北京仲裁委员会通过了新版《北京仲裁委员会仲裁规则》（以下简称《仲裁规则》），并于 2015 年 4 月 1 日正式施行。2019 年 7 月 15 日，北京仲裁委员会对《仲裁规则》进行了修订，并自 2019 年 9 月 1 日起施行。《仲裁规则》主要修订创新如下：

（1）北京仲裁委员会同时使用“北京国际仲裁中心”的名称，这一名称的使用也标志着北京仲裁委员会国际化的进程掀开了新的篇章。

（2）增加规定当事人可以申请聘请速录人员对开庭情况进行记录，以增强仲裁程序的透明性。

（3）增加“追加当事人”“多方当事人之间的仲裁请求”“合并仲裁”等条款，并对“合并审理”条款进行修改，以实现更加专业、精细的程序设计。允许当事人依据相同的仲裁协议在仲裁程序中“追加当事人”。明确多方当事人的仲裁案件中，当事人之间可以相互提出仲裁请求。

（4）明确仲裁庭在适用规则、推进程序方面享有自由裁量权。赋予仲裁庭根据案件具体情况安排、推进程序的裁量权，有利于提高效率，真正体现商事仲裁灵活、快捷的特点。

（5）《仲裁规则》单独设置“证据的认定”条款，赋予仲裁庭在认定证据方面更加灵活的权利。《仲裁规则》明确仲裁庭可以结合行业惯例和交易习惯等，并综合整个案件情况认定证据，从而最终实现公平合理解决争议的目的并不必然受诉讼证据规则的约束。

（6）明确更加灵活地确定仲裁地的原则。《仲裁规则》规定，当事人没有约定的情况下，“本会也可以根据案件具体情况确定其他地点为仲裁地”。

（7）明确当事人可以约定仲裁程序的语言。《仲裁规则》首先明确当事人有权约定，没有约定的情况下，也并不是必然使用中文，而是赋予机构和仲裁庭根据案件具体情况决定的权利。同时《仲裁规则》明确在当事人约定的情况下，仲裁程序也可以以多种语言进行。这些都为国际商事案件当事人提供了更多选择。

（8）明确国际案件当事人可以约定机构费用和仲裁员报酬相互分开的收费办法。由于受国内仲裁体制的影响，中国仲裁机构在收费方面一直是将仲裁员报酬和机构费用统一收取，这也是中国仲裁一直以来饱受国际仲裁专业人士诟病之处。《仲裁规则》在这方面作出重大突破，允许国际案件当事人通过约定来选择一套全新的收费办法，将机构的费用和仲裁员的报酬分开，同时允许当事人选择仲裁员报酬的计算方法，既可以选择小时费率，也可以选择按照争议金额的比例确定报酬。这样一方面使当事人在确定费用方面有更大的自主选择空间，另一方面使费用构成更加透明，更好地满足国际案件当事人的需求。

(9)增加规定“临时措施”和“紧急仲裁员”条款。为最大化保护当事人的正当权益，为仲裁庭行使权利提供规则依据，《仲裁规则》明确规定仲裁庭有采取临时措施的权力。同时与此条款相配套，为解决仲裁庭组成之前当事人对采取“临时措施”的需求，《仲裁规则》引入了“紧急仲裁员”制度，体现了《仲裁规则》对新制度接纳的敏感性与及时性。

(10)在适用法律方面，明确当事人没有选择的情况下，仲裁庭有权根据案件情况确定适用的法律，并引入“友好仲裁条款”。在当事人约定或同意的情况下，仲裁庭可以依据公平合理原则处理当事人争议，从而满足一些案件当事人对于实体结果公平合理的要求。但仅仅是在国际商事仲裁案件中才可以引入“友好仲裁条款”。

2.北京仲裁委员会发展金融仲裁的基本经验

北京仲裁委员会非常重视金融案件的管理与经验总结，总结其发展金融仲裁的历程，对我国发展金融仲裁有以下几点启示：

(1)把好金融案件办理的方向舵。①发扬金融仲裁的优势：专业、效率与安全。②提升金融案件办理的专业性。主要举措有：成立金融仲裁员沙龙小组，笔者有幸牵头沙龙小组，举办过若干次研讨活动。收集业内人士对金融法律问题的反馈与意见；提高办案秘书对金融法律问题的研究水平；整理金融纠纷案件审理中的建设性意见，如《银行个人贷款业务实务问题参考意见》《与 VIE 相关的法律规范汇总》《VIE 风险防范研讨会记录》《金融法律疑难问题探析会议纪要》等。③提高金融案件办理效率。主要举措有：案件集中分配；建立长期未结案件申报及督促制度；保全案件随到随转。④重视个案和全案的公平。尊重行业惯例，坚持同案同判。

(2)储备金融仲裁的源动力。北京仲裁委员会建立了多样化的研究方式,包括撰写与发布《年度观察报告》;编辑《北京仲裁》及金融专辑;在北京仲裁委员会课题中安排一定数量的金融类课题;对金融裁决进行汇编、出版,如已编辑完成《中国仲裁股权转让案例精读》,另计划继续出版保险、借贷担保、融资租赁等系列的案例汇编;资助出版北仲文库、组织翻译"北仲争议解决新视野译丛"等。

(3)优化金融仲裁的宣传和推广。①广泛交流,迎进来走出去,举办和参加多场专题研讨会,既学习境外先进经验,又介绍北京仲裁委员会成功做法。②为中国证券业协会、中国银行业协会、北京市金融局、各大型企业、地方仲裁委进行相关培训,宣传现代仲裁理念。③与中央财经大学金融仲裁与调解研究中心、信托法学会等开展合作,共同研讨,促进金融仲裁的发展。

三、100 份裁决的统计数据分析

在许多情况下,社会学研究者希望对某一社会现象的整体进行描述和研究。对这些总体中的每一元素都进行研究是最为全面的,但它却往往是不现实的。较为理想的情形是只研究总体中的部分个体,但得到的结论却不仅仅是这部分个体的情况而是渗透、体现在这部分个体身上的总体情况。因此,能够代表总体的部分个体,成为社会研究者需要解决的主要问题之一。经过长期实践,研究者可充分借助现代统计学和概率论基础上的抽样理论与方法,使研究更能适应现代社会高异质性和高变动性的现实。

为进一步对实务中的效率问题、仲裁庭的组成、仲裁结果等问题进行研究,笔者选取了100个样本进行了统计分析。样本来自笔者作为首席仲裁员、独任仲裁员或仲裁员的仲裁裁决书,分别来自中国国际经济贸易仲裁委员会、北京仲裁委员会、华南国际经济贸易仲裁委员会、上海国际仲裁中心及廊坊仲裁委员会。同时,结合北京仲裁委的报告,对金融仲裁进行实例分析。

笔者需要说明的是,100 份仲裁裁决书的探索性分析包含单变量描述分析及多变量关联分析,由于样本并非全部源于一手资料,且样本数量较少,样本的代表性存在问题,统计分析的结果可能存在偏倚,由其所得结论的可推广性亦存在疑问。此外,上述仲裁机构的仲裁规则已经发生变更,既往案例不能全部代表将来趋势。①

(一)单变量描述分析

1. 金融仲裁案例占比

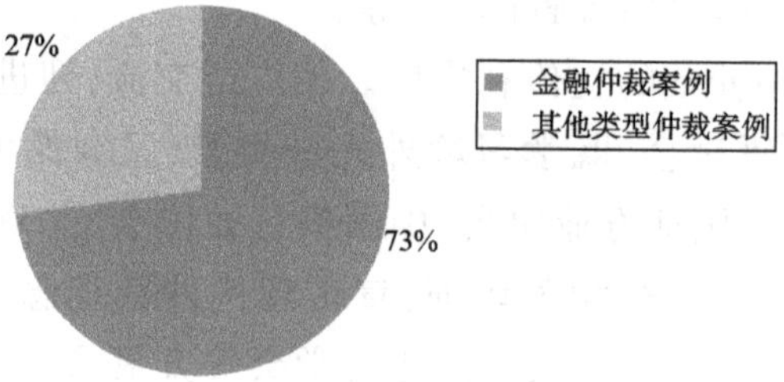

图 2-11 金融仲裁案例占比

如图 2-11 所述,在 100 份笔者自裁仲裁案例中,金融仲裁案例共 73 件,占比 73%;其他类型仲裁案例共 27 件,占比 27%。

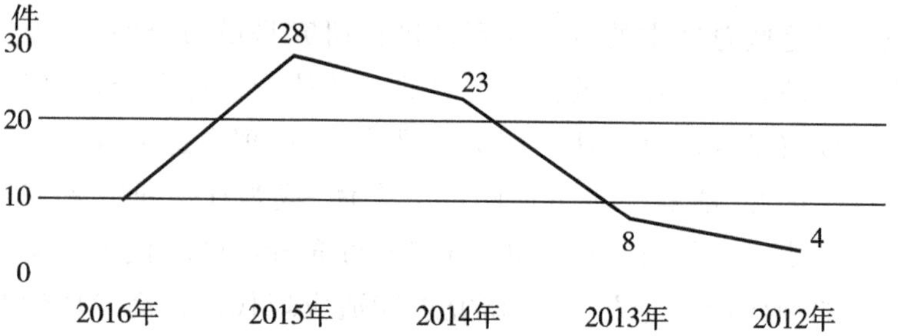

图 2-12 金融仲裁案例年份数量

由于 2016 年数量统计不完全,无法呈现完整的年度情况。但可以从图 2-12 中看出,在笔者担任仲裁员所做的裁决中,金融仲裁案例呈快速增长趋势:2012 年仅有 4 例,2013 年有 8 例,增速为 100%;2014 年有 23 例,增速为 187.5%;2015 年有 28 例,增速为 21.7%。综上所述,

① 其中,中国国际经济贸易仲裁委员会的仲裁规则于 2012 年 2 月 3 日由中国国际贸易促进委员会/中国国际商会修订并通过,2012 年 5 月 1 日起施行;北京仲裁委员会的仲裁规则由第五届北京仲裁委员会第一次会议于 2007 年 9 月 20 日讨论并通过,2008 年 4 月 1 日起施行。

平均增速为104.87%。由此可以看出，越来越多的商事纠纷选择仲裁来解决。金融仲裁具有专业性、快捷性、灵活性、保密性、经济性以及承认执行上的优势等特点。

2. 案由分布情况

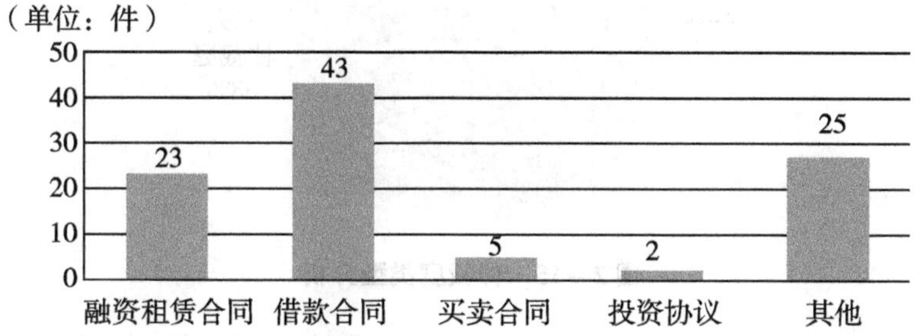

图2-13　案由分布情况

从图2-13可以看出，借款合同共43例，占比43%；融资租赁合同共23例，占比23%；买卖合同共5例，占比5%；投资协议共2例，占比2.8%；其他类型合同25例，占比35.2%。

3. 申请人获得支持情况

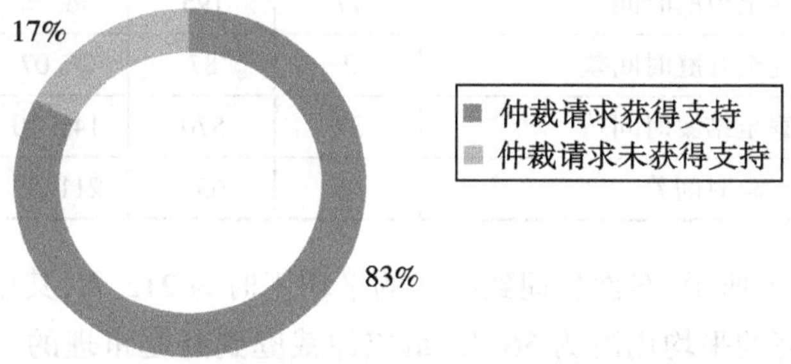

图2-14　申请人获得支持情况

如图2-14所示，仲裁结果中申请人获得支持的案例数为83例，占比83%；未获得支持的案例数为17例，占比17%。如此可以看出，申请人获得支持的比率非常高。

利用仲裁解决金融纠纷，申请人获得支持的比率大大高于未获得支持的比例，可见双方当事人约定仲裁有利于高效快速地解决金融纠纷。

4. 仲裁庭类型分析

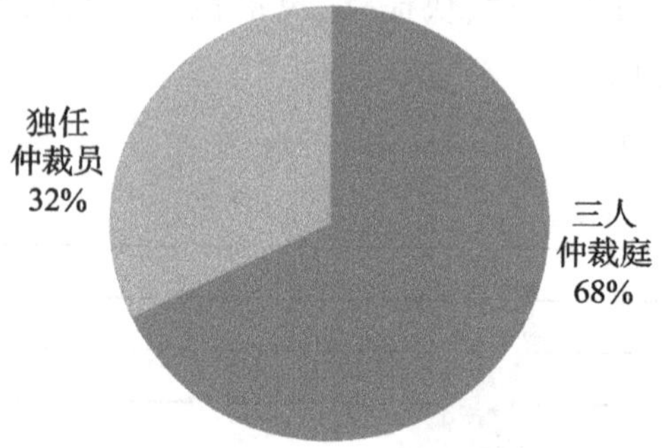

图 2－15　仲裁庭类型分析

如图 2－15 所示，仲裁庭类型中三人仲裁庭即适用普通程序的为 68 例，占比 68%；独任仲裁员即适用简易程序的为 32 例，占比 32%。

5. 仲裁时间分析

表 2－1　仲裁时间分析　　单位：天

	最小值	最大值	平均值	标准差
受理至组庭时间差	17	195	56.28	34.426
组庭至开庭时间差	2	87	26.07	14.437
开庭至结案时间差	37	570	141.10	132.522
总时间差	95	639	211.59	134.133

如表 2－1 所示，案件受理到结案的平均用时为 212 天，其中案件受理到组成仲裁庭的平均用时为 56 天，组成仲裁庭到开庭审理的平均用时为 26 天，开庭审理至结案的平均用时为 141 天。

国内仲裁机构的仲裁期限均由仲裁庭组庭之日起计算，国内案件从组庭到做出裁决一般规定为 4 个月，而涉外或国际案件的裁决期限为 6 个月，简易程序的裁决期限为 75 日到 3 个月不等。当然，情况特殊的可以申请延长审限。而上述案件从组庭到做出裁决的平均时间是 167 天，超出 4 个月的审理期限 47 天。

由此可见，确有必要制定专门的《金融仲裁规则》，缩短仲裁裁决期间，限制延期原因及次数,以适应金融纠纷对高效性的需求。

6. 仲裁机构分布

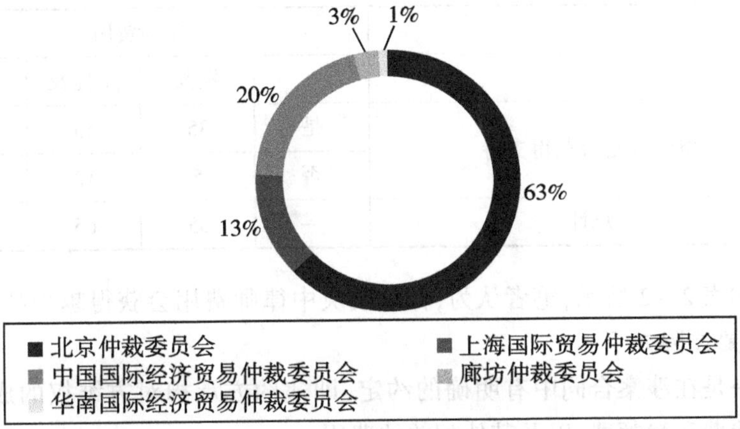

图 2-16　仲裁机构分布

如图 2-16 所示,在笔者担任仲裁员所做的裁决中,共涵盖了 5 个仲裁机构。其中,占比最大的为北京仲裁委员会,共 63 例,占比 63%;中国国际经济贸易仲裁委员会共 20 例,占比为 20%;上海国际贸易仲裁委员会共 13 例,占比为 13%;廊坊仲裁委员会共 3 例,占比 3%;华南国际经济贸易仲裁委员会共 1 例,占比 1%。

(二) 多变量关联分析

各种社会现象的关系是错综复杂的,相互联系的两种现象之间的关系常常受到其他因素的影响。因此,在社会研究中研究者除了进行单变量和双变量分析外,还需要进行多变量分析。多变量分析的方法较多,如阐述模式、复相关分析,多远线性回归分析、路径分析、因子分析、聚类分析、判别分析、对数线性模型等,内容十分复杂。

本书用的是阐述模式(elaboration),其所关心的是两个变量之间的关系,它是一种通过引进并控制第三变量,来进一步了解和探讨原来两个变量之间关系性质的统计分析方法。

1. 仲裁结果与律师费用支付

表2－2　申请人获得支持与律师费用交叉　　单位：件

		律师费用		
		提及	未提及	总计
申请人是否获得支持	是	35	53	83
	否	5	12	17
总计	—	35	65	100

如表2－2所示，笔者认为，仲裁裁决中律师费用会获得越来越多的支持，主要原因如下：

一是在涉案合同中有明确的约定，即违约方承担对方维权的成本，包括仲裁费和律师费，以及其他相关的费用；

二是大多仲裁条款均是当事人的律师写进合同之中，仲裁委一般会以此向律师群体释放积极的信号；

三是一部分仲裁员是律师构成的，对律师费用不会产生嫉妒。当然，表现较差的律师一般不会在律师费用的支持上获得优势。

2. 仲裁时间与受理年份分析

表2－3　仲裁时间与受理年份分析

受理年份	平均值(天)	案例数(件)	标准偏差(天)
2012	300.33	4	293.975
2013	204.67	8	77.306
2014	240.94	23	147.031
2015	148.50	28	36.749
2016	119.00	10	—

如表2－3所示，在笔者裁决案例中，有关金融仲裁案例(73件)的仲裁时间与受理年份分析。由于2016年数量统计不完全，无法呈现完整的年度情况。样本中2012年受理案件的平均受理时间最长，为300天；而2013年、2014年受理案件的平均受理数据均在200天至250天之间；2015年的

28 例案件平均受理时间进一步下降为 149 天。本部分通过单变量描述分析和多变量关联分析两个角度,对仲裁案件的类型、仲裁时间、仲裁庭的组成情况等进行阐述分析。从上述分析中可以得出,目前仲裁案件的类型越来越复杂多样化,除了传统纠纷,一些新型的纠纷如股权转让纠纷,融资租赁纠纷等更专业性的案件逐渐增多。这对于金融仲裁的专业性和高效性是一项极大的挑战。

作为一般商事仲裁的延伸,金融仲裁基于金融纠纷解决的专业需求和效率需求而创设。我国当前各金融仲裁规则设计也均以专业性、高效性作为区别于一般商事仲裁规则的主要内容。因此,应将专业、高效原则作为我国金融仲裁制度的独特基本原则之一,规定在各个金融仲裁规则之中,以指导金融仲裁活动各个环节。在突出金融仲裁自身特性的同时,也可以昭示金融仲裁制度程序的价值追求。仲裁的专业性主要包括仲裁机构的专业化和仲裁员组成、知识结构的专业化两方面内容。前者指仲裁机构自身业务的专业化,如纽约证券交易所的证券仲裁机构。在我国,如果金融仲裁依托金融行业来实现,其专业性自然易被认可;如果依靠综合性常设仲裁机构来实施,则可以通过内部精细的专业化分工,专辟金融仲裁服务达到拓宽金融仲裁业务专业化道路的目的。在仲裁员专业化方面,要针对金融仲裁的特色,拓宽金融仲裁员的选任范围,加强对仲裁员的业务培训,培养仲裁员的道德修养,打造专业金融仲裁员这一金融仲裁制度名片。因此,如有具备相关金融知识的专业人员设立一个仲裁员名册将加快金融案件的审理速度,并体现出专业性。

除此之外,高效本就是我国金融仲裁制度创设的根本动因之一,是金融仲裁机制解决金融纠纷的基本目标。其包含时间和经济上的高效,是金融本身内在性质的要求,是金融仲裁制度区别于一般商事仲裁制度的核心内容。如果排除较之一般商事仲裁制度的高效性,金融仲裁必然无法满足金融交易对时间及经济效率的要求,也丧失了存在的基本优势。无论是通过各种程序流程简化设计,还是各种期限的要求,抑或是各种案件仲裁费用的分类处理,金融仲裁都应更加积极地将高效性作为其基本指导原则。因此,仲裁裁决的时间也是我们需要关注的重点,考虑到金融纠纷对时效的要求,我们需要对金融类纠纷案件制定一部《金融仲裁规则》,缩短仲裁裁决期间,限制延期原因及次数,以适应金融纠纷对高效性的需求。

第三节　各地金融仲裁的推行现状及评述

一、金融仲裁的推行措施

调解、仲裁、诉讼作为解决民商事纠纷的三种主要途径,其中传统的诉讼方式无论在效率还是裁判者的行业知识方面,都越发显得不能满足解决金融纠纷的需要。商事仲裁的专家断案、快捷经济、意思自治等特点愈加符合当今金融纠纷解决的需要。为进一步公正、便捷、高效解决金融消费者与银行业金融机构之间的金融纠纷,及时有效化解矛盾,为金融消费者的诉求提供更为专业的纠纷处理平台,各地金融业协会在推进金融仲裁工作中积极探索,大胆创新,多方协调,建立完善的工作机制,具体情况如下:

第一,成立专门的金融仲裁机构。为配合新形势的发展,我国有多个地区成立了专门的金融仲裁机构并且制定金融仲裁相关管理制度,2004 年到 2007 年先后成立了郑州仲裁委员会金融仲裁中心、浙江台州仲裁委员会金融仲裁中心、山西运城仲裁委员会金融仲裁中心以及国内第一家专门解决金融商事争议的机构——上海金融仲裁院。中国经济贸易仲裁委员会天津分会也于 2008 年创建了中国贸仲天津分会国际金融仲裁中心。此外,武汉、长沙、重庆、珠海等地仲裁机构都紧跟市场发展需要,筹建各自的金融仲裁中心和金融仲裁小组,吸收高素质的金融、法律专家进入金融仲裁队伍,审理金融纠纷案件,加强金融机构与仲裁机构的互动,在金融行业全面宣传推广仲裁法律制度。

第二,制定独立的金融仲裁规则。除了中国经济贸易仲裁委员会的《金融争议仲裁规则》外,广州、天津、武汉、重庆、珠海等地方的仲裁委员会纷纷制定了独立的金融仲裁规则,2007 年上海金融仲裁院于成立之时也制定了《上海金融仲裁院金融仲裁规则》,为金融争议的解决提供更有针对性的规则支持。

第三,建立金融仲裁合作机制。各地银行业协会以丰富的形式和多样的渠道,推动建立金融仲裁院、专家委员会和联络员制度等组织架构。通过与仲裁机构建立的长效合作机制,在会员单位宣传和推广银行案件的仲裁选择。

第四，推广和支持金融仲裁手段的运用。协会组织专门培训和讲座，宣传金融仲裁、学习金融仲裁，提高金融仲裁院队伍的业务水平和综合素质。同时，制定仲裁方式解决金融纠纷工作意见，引导会员单位深入推广仲裁法律制度保障，引入仲裁方式维护行业权益。

第五，创新人才选拔、人才培养机制，提升仲裁服务金融行业的能力。进一步提升商业银行风险防范能力，指导和推动商业银行运用仲裁方式化解业务纠纷，协同创新工作思路，利用“请进来”和“走出去”相结合的方式开展金融仲裁培训工作，同时聘任具备良好法律基础的金融仲裁员，充实仲裁员队伍。

二、金融仲裁应用情况

金融仲裁的发展正逢其时，中国金融市场的关键词是金融改革和金融创新。仲裁在金融争议解决中的作用，从金融案件在仲裁机构受案总量中的比重也可窥见一斑。随着仲裁制度在金融及商务领域的广泛宣传，金融仲裁的优势会逐渐被认可。

首先，金融仲裁相对于诉讼而言具有快捷性和效率性。银行业金融机构对于某些不宜公开审判案件可重点考虑适用仲裁程序解决纠纷，面对突发金融风险可果断灵活运用仲裁方式在实践进行处理。

其次，金融仲裁能够充分运用“灵活性”以有效避免突发经营风险。虽然仲裁具有高效、快捷、便利、成本低、域外执行能力强、一裁定终、专家断案效率高等优势，但是并非所有纠纷案件适合仲裁。实践中，有关银行可积极与银行仲裁中心探讨研究，一事一议，更加灵活地处理具体问题。

最后，金融仲裁有利于解决历史遗留问题，甩掉银行经营包袱。近年来因企业无力偿还银行贷款形成事实上的死账呆账较多，银行面临着巨大的核销压力。通过仲裁解决银行信贷合同纠纷，大大提高了信贷纠纷案件的处置效率，多途径地化解经营风险和不良贷款，最大限度地维护银行的合法权益。

表2-4　各地银行业协会金融仲裁的推行现状及评述

序号	地区	金融仲裁推行措施	金融仲裁应用情况	推进金融仲裁的经验
1	上海银行同业公会	2013年8月设立上海银行业金融消费者纠纷调解中心，金融调解中心的主要工作目标与职责为：(1)对争议各方尚可取得联系，事实证据充分，争议不大的金融案件，应首先通过金融调解中心处理，力争调解结案。对前述案件中双方同意适用简易程序的，要着重加大调解力度。(2)对于仲裁庭裁决过程中认为事实证据充分，争议不大的金融案件，金融调解中心要积极介入，促成争议双方完成调解结案。(3)对于仲裁受理时争议较大，事实不清，但在仲裁过程中通过调查取证已达到"查清事实，分清是非"标准的案件，金融调解中心可适时介入，撮合双方当事人达成调解协议。	银行业金融机构鼓励有条件的仲裁委根据当地实际情况，建立金融纠纷调解中心，通过调解解决纠纷提高了纠纷处置效率，降低了确权成本：(1)调解成功率呈现稳步上升态势；(2)有难度案例调解成功件数不断增加；(3)销售误导和银行卡纠纷调解案件占多数。	(1)调解是化解投诉纠纷的有效手段；(2)加强调解员队伍建设；(3)强化调解制度规范化建设；(4)进一步加强诉调对接工作。
2	内蒙古自治区银行业协会	(1)广泛调研，深入思考，明确工作思路：受"三期叠加"等多种因素的影响，内蒙银行业纠纷主要集中在银行业与消费者发生的纠纷，向监管部门投诉的案例大幅增加、同业之间纠纷增长、借款人的违约率大幅增加，银行债权的实现途径少和实现效率不高的矛盾凸显，需在金融行业中积极推广以仲裁为代表的非诉讼纠纷解决机制。	(1)初步建立起具有内蒙古自治区特色的金融仲裁体系：采取协会加仲裁的组建模式，成立包头、呼和浩特两家金融仲裁院，基本形成覆盖全区的金融仲裁体系。金融仲裁院为金融消费者与金融机构提供了一个由金融行业专家组成的专业协商裁决平台，金融仲裁院与金融机构和金融消费者共同组建起化解金融纠纷和矛盾的"三	(1)在服务银行业发展中，应当进一步增强对防范和化解银行业纠纷的认识：在日常工作容易忽视从考察银行业纠纷的产生、防范、化解、消除规律的视角来发挥银行业协会的引领作用，提升协会服务工作的实效。积极推广金融仲裁，能够有效化解银行业纠纷，推动银行业消费者权益保

续表

序号	地区	金融仲裁推行措施	金融仲裁应用情况	推进金融仲裁的经验
2	内蒙古自治区银行业协会	(2)整合资源,多方协调,发挥好行业优势:积极整合金融行业自身的资源;充分发挥行业协会的优势;积极推动自治区仲裁行业对金融仲裁工作的认可和支持。 (3)建言献策,主动作为,推动金融仲裁机构设立:在内蒙古银监局积极沟通协调下,地方政府批复同意由内蒙古银行业协会、内蒙古证券期货业协会、内蒙古保险业协会联合仲裁委员会共同组建金融仲裁院。 (4)积极探索,大胆创新,建立完善的工作机制:成立呼和浩特金融仲裁院;采取了行业协会加仲裁的组建模式;金融仲裁院的体制采取独立社团法人的模式,具备独立的法人资格;建立了专业化的金融仲裁员队伍;设立了专家咨询和战略发展等专业委员会。	方通道":银行业通过金融仲裁实现债权的费用低于诉讼和其他仲裁方式;金融仲裁院受理的案件一般在10个工作日就能够作出裁决,效率较高;在金融仲裁院给出的建议更专业,更易于被金融机构和当事人接受,通过协商调解的方式结案的情况也相对较多,进一步提升争议解决效率。 (2)全区银行业金融机构法律意识和市场意识普遍提升:内蒙古银监局下发《关于做好运用仲裁方式解决银行业金融机构纠纷工作的意见》,引导辖内银行业金融机构学习仲裁及相关法律知识,积极运用金融仲裁手段化解各类金融行业纠纷,进一步增强银行业的法治意识、契约意识和市场意识;内蒙古银行业协会组织专门培训和讲座,宣传金融仲裁,学习金融仲裁,提高金融仲裁院队伍的业务水平和综合素质。	护、处置不良资产、规范银行业务活动。 (2)发展非诉讼纠纷解决机制成为金融市场体系建设的重要内容:在金融行业中大力发展以行业调解、仲裁为主要内容的非诉讼纠纷解决机制,引导和鼓励各类市场主体树立平等、协商、自治、责任的理念,完善市场主体的法人治理,推动市场实现理性自治,充分发挥非诉讼纠纷解决机制的"创法"功能,依法保护各类金融创新活动,提升金融行业活力。 (3)畅通纠纷解决渠道,为有效保护消费者合法权益的重要途径:通过推广金融仲裁制度,畅通消费者解决纠纷的渠道,有效避免矛盾激化。 (4)有效整合金融行业资源,推动"银政"深度合作:在内蒙古银监局领导下,内蒙古银行业协会整合银行业、证券业、保险业等整个金融行业的资源,凝聚金融监管部门、行业协会及金融机构和社会各界共识,成为"银政"深度合作的成功事例。

续表

序号	地区	金融仲裁推行措施	金融仲裁应用情况	推进金融仲裁的经验
3	浙江省银行业协会	(1)制度保障,引入仲裁方式维护行业权益:协会引导会员单位深入推广仲裁法律制度,在合同签订环节引入仲裁机制,选用仲裁手段。 (2)队伍建设,提升仲裁服务金融行业水平:协会与杭州仲裁委共同举办培训推进会,组织考察学习,从多方面为金融仲裁员提供业务交流和经验分享平台,着力发挥仲裁为金融服务的功能作用。 (3)常态化合作,在会员单位中深耕仲裁法律理念:与杭州仲裁委建立起长效合作机制,联合举办"杭仲论坛";在协会法律内部期刊《银法苑》中开辟"仲裁运用实例"专栏;充分发挥法律专业委员会平台作用,邀请杭州仲裁委领导出席例会,将推广仲裁写入专委会工作计划,探索仲裁与银行业深化合作路径。	(1)在推动仲裁法律工具应用的同时,在企业授信总额联合管理工作中,牵头制定加入了仲裁条款的《银企授信和对外担保总协议》和《授信和风险控制主办行管理协议》标准格式文本。 (2)协会与杭州仲裁委共同举办培训推进会、组织考察学习,从办案流程、技巧以及银行纠纷解决方式选择等多方面,为金融仲裁员提供业务交流和经验分享的平台。 (3)与杭州仲裁委建立起长效合作机制,在会员单位中宣传和推广银行案件的仲裁选择。	(1)会员单位越来越多地运用仲裁方式保障各类业务安全,推进依法收贷,提高不良资产清收效率。 (2)继续努力把仲裁工作与维权工作有机结合起来,多渠道维护银行业合法权益,打造会员单位心中值得信赖的行业服务平台。
4	河南省银行业协会	(1)搭建工作平台,建立仲裁联合机制:在会员大会上通过了《关于在银行业机构推进仲裁制度的议案》的决议;专门成立了法律维权专业委员会和消费者权益保护委员会;出台了《关于建立金融纠纷调解机制的若干意见(草案)》;协会指导会员在权限内草拟、修订会员使用的示范合同过	困难与制约: (1)传统观念的影响:部分基层金融机构工作人员仲裁专业知识的缺乏以及金融机构习惯选择诉讼方式解决纠纷,就此形成固定的工作思维模式和人际交往渠道。 (2)示范文本的制约:示范文本的较强约束力使解决金融纠纷通常限于诉讼方式。	(1)进一步加强与仲裁委沟通联系,及时进行信息交流,出现新的争议问题及时传递沟通。 (2)着手研究会员单位与仲裁特点契合度高的业务类型(初步考虑在个人消费贷款、中小企业贷款等业务)重点推进。

续表

序号	地区	金融仲裁推行措施	金融仲裁应用情况	推进金融仲裁的经验
4	河南省银行业协会	程中,就有关争议解决条款及时与仲裁委进行沟通交流。 (2)建立绿色通道,夯实工作基础:仲裁委在针对银行业的合同纠纷案件设立了仲裁绿色(快速)通道,完善和提高仲裁对银行业金融案件处理方式和服务水平;协会会员单位为做好仲裁程序与金融纠纷的防范和衔接工作,将六种文书范本推介给会员单位。 (3)做实行业培训,开展全方位培训服务:协会和仲裁委采取互派人员等方式,发挥各自优势,积极开展银行业的争议解决机制的培训。 (4)信息资源共享,大力加强信息交流;协会和仲裁委相互通报涉及相关工作情况、最新政策法规,及时调整相关工作流程;协会向仲裁委提供会员需求、银行业的最新法律及政策动向、争议问题和热点问题;仲裁委为银行业分析仲裁动向、经典案例和相关的统计数据。 (5)广泛开展调研,准确把握问题症结:协会适时组织开展调研座谈工作,采取非现场方式,由专业委员会有针对性地对具体案例进行专项研究,找准问题症结所在,探索如何利用仲裁解决问题症结的机制和途径。	(3)金融案件执行和保全障碍:法律规定金融仲裁案件应由法律协助使得金融案件的执行和保全在实体上缺乏有效性。 (4)沟通交流的问题:协会与仲裁委及银行间在信息、数据交流渠道上不够通畅,金融纠纷案件登记、处理等信息不能共享,客观上制约案件的处理效果。	(3)加大金融仲裁工作培训力度,提高金融机构选择仲裁的意识。

续表

序号	地区	金融仲裁推行措施	金融仲裁应用情况	推进金融仲裁的经验
5	山东省银行业协会	(1)制定仲裁方式解决金融纠纷工作意见：省协会《关于积极运用仲裁方式解决金融合同纠纷的工作意见》要求：会员单位应积极选择仲裁途径解决争议和维护债权；会员单位应结合自身情况和上级行授权，在与银行业务相关的格式业务合同文本中加入仲裁选项，将仲裁与诉讼等争议解决方式并列于合同文本中，供银企双方签订合同时进行选择；建议逐步尝试选择批量仲裁等方式解决合同仲裁。 (2)成立济南金融仲裁院：省协会与济南仲裁委员会联合成立济南金融仲裁院，成立专业服务团队为银行金融机构提供一条龙服务模式。 (3)加强与仲裁委的协作配合，开展多种形式的研讨活动：省协会与济南仲裁委每年组织不同规模的仲裁业务座谈会、金融机构研讨会听取各银行意见，就银行业应如何应对、降低经营风险提出相关建议。 (4)多种形式开展金融仲裁培训工作：共举办仲裁培训六期，赴开展金融仲裁工作较好的城市进行培训，学习先进经验；不定期到银行走访调研，及时了解银行遇到的新型纠纷，免费提供疑难法律问题解决方案。	(1)通过了解各银行的需求定期安排小型培训及座谈会等，进行重点银行重点突破。 (2)在今后的工作中，按照金融仲裁工作的实际情况，切实找出金融仲裁推广工作的好经验、好做法。	(1)通过了解各银行的需求定期安排小型培训及座谈会等，进行重点银行重点突破。 (2)在今后的工作中，按照金融仲裁工作的实际情况，切实找出金融仲裁推广工作的好经验、好做法，分析出存在的主要问题、原因，制定出切实可行的工作措施，扎扎实实地开展和做好这项工作，全力推动金融仲裁工作不断发展。

续表

序号	地区	金融仲裁推行措施	金融仲裁应用情况	推进金融仲裁的经验
6	湖南省银行业协会	(1)借鉴外省经验，推动金融仲裁合作工作：协会拟定《湖南省银行业与长沙仲裁委员会合作开展金融纠纷仲裁的议案》就合作方式、合作内容、组织机构三方面与银行业加强合作；协会与长沙仲裁委联合组织7家银行机构法规部负责人先后赴武汉、上海考察学习金融仲裁情况。 (2)多措并举协商，建立金融仲裁合作工作措施：建立金融仲裁合作框架，尽可能地使金融仲裁工作更具实用性和操作性；建立金融仲裁专家库，逐步健全金融仲裁合作的队伍建设；正式组建金融仲裁院，为当事人依法依约运用仲裁手段解决金融纠纷提供法律机制保障。 (3)积极引导推动，运用仲裁手段解决金融纠纷：协会、长沙仲裁委联合下发，或者协会单独下发文件引导银行业通过仲裁方式防范和化解银行经营风险、解决金融纠纷；在办理业务过程中选择仲裁方式解决金融纠纷；推行符合《仲裁法》和《合同法》要求的格式合同文本；引导银行机构针对性运用仲裁手段化解纠纷，维持和谐的经济运行环境。	(1)2009年末，协会草拟了《湖南省银行业与长沙仲裁委员会合作开展金融纠纷仲裁的议案》。 (2)与长沙仲裁委于2010年3月22日至26日，联合组织7家银行机构法规部负责人先后赴武汉、上海考察学习金融仲裁情况。 (3)建立金融仲裁合作框架。 (4)建立金融仲裁专家库。 (5)正式组建金融仲裁院。 (6)2010年10月21日，协会、长沙仲裁委联合下发《关于在银行金融业务中共同推动金融仲裁工作的通知》。 (7)2010年11月9日，协会下发《关于湖南省银行业协会与长沙仲裁委员会签署金融仲裁备忘录和收费协议的函》。 (8)引导银行机构针对性运用仲裁手段化解纠纷，维持和谐的经济运行环境。	

续表

序号	地区	金融仲裁推行措施	金融仲裁应用情况	推进金融仲裁的经验
7	山西省银行业协会	(1)广泛宣传,提高会员单位的仲裁意识:在山西省银行业协会的组织下,各级银行单位法律合规部门认真学习有关法律法规,认识与运用仲裁以解决矛盾。 (2)各会员单位法律事务部门,对本单位出现经济纠纷的矛盾和问题,优先选择太原市仲裁委员会。如当事人另有选择,尊重其选择。 (3)在全省金融系统内报名推荐了一批具有法律方面专业知识的人员担任太原市仲裁委员会仲裁员。	(1)在山西省银行业协会的组织下,各级银行单位法律合规部门认真学习有关法律法规,熟悉仲裁工作在调解与化解社会矛盾中的作用与地位,并在各会员单位内部进行广泛而深入的宣传。 (2)符合选聘担任仲裁员的,由各会员单位推荐,太原仲裁委员会依法根据资格条件统一聘任。	(1)金融仲裁需要方方面面的大力支持:由于仲裁工作在我国开展的时间不长,社会的认知程度还有限,仲裁委员会及调解中心严格按照仲裁法,在不违反国家法律、行政法规和有关规章制度的前提下应用市场的规则和商业惯例解决纠纷来化解社会矛盾。 (2)现代意义上的仲裁时间相对于诉讼的时间较短,金融机构仲裁意识还相当薄弱:会员单位主体的上级机构对仲裁制度缺乏了解,习惯通过诉讼解决纠纷。
8	青岛市银行业协会	(1)解决历史遗留问题,甩掉银行经营包袱:银行业仲裁中心收到银行对多年前的纠纷仲裁申请后及时作出裁决,使其顺利解决贷款问题。 (2)事后达成仲裁协议,解决个贷纠纷:青岛仲裁处理事后达成仲裁协议案件过程中,积极与双方当事人沟通协调,最终和解。 (3)将债务人不动产所有权转移,化解银行信贷风险:仲裁委在解决银行信贷风险案件过程中,高效作出裁决。	(1)根据银行希望尽可能快速结案的需求,银行业仲裁中心收到该银行的仲裁申请和相关材料后,经过初步审查,及时将案件移交至仲裁委处理。 (2)亲和、高效、保密解决纠纷。 (3)综合考虑银行需求,以最快的速度作出裁决。 (4)青岛仲裁委开辟绿色快速通道,从速从快。	(1)通过仲裁解决银行信贷合同纠纷,为提高信贷纠纷案件处置效率、多途径化解风险和不良、最大限度维护自身合法权益具有很好的意义。 (2)虽然具有一裁定终、专家断案效率高等优势,但是并非所有纠纷案件适合仲裁。对此各会员银行应积极与银行仲裁中心探讨研究,一事一议,让仲裁在化解信贷风险和不良、维护自身合法权益方面发挥积极作用。

续表

序号	地区	金融仲裁推行措施	金融仲裁应用情况	推进金融仲裁的经验
8	青岛市银行业协会	(4)为银行核销不良资产提供法律文书:近年来因企业无力偿还银行贷款形成事实上的死账、呆账较多,银行面临着核销压力大,通过仲裁获取法律文书能减少时间、节约成本。		(3)2016年协会将在加快处置因信用卡持卡人恶意透支无法追偿导致的死账、呆账、坏账采用仲裁手段解决进行积极的研究探索工作。
9	四川省银行业协会	(1)共同对多家异地金融仲裁院进行考察调研。 (2)川银协在组织举办的四川银行业法律高管培训班上加入了仲裁内容。 (3)川银协与成都仲裁委联合发文形成五个统一意见。 (4)川银协积极配合筹建成都金融仲裁院。 (5)与成都仲裁委联合举办银行业仲裁法律制度培训班,促进银行业进一步了解仲裁制度的优势和特点。 (6)协助做好成都仲裁委新聘仲裁员申报相关工作。	(1)从金融仲裁院的组织结构、设立程序、制度建设、运作模式等方面与当地仲裁委员会进行沟通。 (2)成都仲裁委开通银行合同纠纷仲裁绿色通道;银行在合同中明确仲裁条款和仲裁协议;建立定期联系制度,加强合作互动;成都仲裁委对银行合同纠纷仲裁案件给予仲裁费优惠等。 (3)协助成都金融仲裁院聘任了21名熟悉银行业务、具备良好法律基础的金融仲裁员,充实仲裁员队伍。	有效引导了四川银行业采用仲裁方式维护自身合法权益。

专门金融仲裁机构的设立以及独立的金融仲裁规则,推动了金融仲裁与传统的商事仲裁的分离,同时又统一了分业经营、分业监管的金融领域,形成了涵盖整体金融领域的统一争议解决方式。

第三章 金融仲裁主要问题和原因分析

第一节 金融仲裁程序之程序令问题

一个成功的晚餐应具有三个元素：嘉宾、美食以及好主人。在国际仲裁中当事方就是宾客，而食物就是案件事实及其法律问题，仲裁员担任主人的角色。就像好主人一样，一位经验丰富的仲裁员应当让当事方引领对话。与此同时，当事方偏向徒劳无益的方向时，好的主人（仲裁员）耐心等待以引导仲裁/晚餐会。当事方设定仲裁的基调，但一位好的仲裁员可以用许多不宜察觉或更明显的方式对仲裁施加影响。与主人为晚餐会布置桌席类似，仲裁员从一开始就有机会用一份起草良好、内容充分的“程序令”影响仲裁基调和方向。[①] 这种程序性的文书有助于推进仲裁程序并提高仲裁的透明度，建立仲裁庭与仲裁代理人之间正常的沟通渠道，是仲裁庭管理仲裁程序的有效工具。

我国采用机构仲裁，仲裁程序的管理由仲裁机构代为行使，因此，我国的仲裁程序常陷入拖延，仲裁庭对仲裁程序的走向欠缺把握。

---

① “第一号程序令”是在当事方提出异议以前应对一系列程序问题/机制的程序令的简称。这套程序方法可以是任何名字，重要的是该方法所实现的内容。“一个决定是程序性的裁定，而不是裁决，因为其并不决定权利，而仅仅是作用于保证当事方们受游戏规则的管辖。”鲍恩，国际商事仲裁，2014，引自 Inforica Inc. v. CGI Info. Sys. & Mgt Consultants Inc. (2009) ONCA 642, 24 (Ontario Ct. App.)。

一、仲裁程序令概述

(一)仲裁程序令的界定

从仲裁一开始仲裁员即有两种选择:让案件自由发展以及在程序问题出现时才应对,[①]或者试图在混乱中创建秩序(*ordo ab chao*)。如果律师是经验丰富、专业、且知晓游戏规则的,并不会滥用程序,那么第一种方法就是可行的。但是,经验丰富的仲裁员们知道这种乌托邦式的理想观点与现实并不一致。当事方和律师往往寻找理由在仲裁过程中激烈地争论程序性问题,而这类程序上的争论可能破坏了效率性,并最终耗费大量金钱。

为了避免这种情况的发生,许多仲裁员试图在问题发生以前,通过发布一份细致的程序令以应对尽可能多的程序性问题,从而在仲裁一开始,在混乱中创建秩序。程序令对于当事方以及仲裁庭来说有用且高效,可以尽早使各方对最适合当前争议的程序有清醒的了解。[②]

程序令,英文称为 Procedural Order, Orders for Directions 或者 Procedural Directions。这一术语并无权威确切的界定,一般将其理解为仲裁庭对在国际商事仲裁过程中的程序性问题向当事人及其仲裁代理人发出的指令。[③] 可见,程序令是由仲裁庭发出的用来解决程序问题的指令。而所谓程序问题,则是与仲裁程序的组织、展开和推进相关的技术性问题,与争议的实质性结果无关,包括仲裁日程、证据规则、开庭安排以及其他程序管理。

与仲裁裁决不同,虽然仲裁程序令也是由仲裁庭作出的,但其在制

---

① 在一份令人尊敬的关于国际仲裁业务的国际调查中(包括从业人员、仲裁员、内部法务人员、仲裁机构代表人、学术与专家证人),7%的回应者表示"在仲裁的一开始并没有决定程序性的框架和时间表。"参见《2012 国际仲裁调查:仲裁过程中现行与首选的做法》,第 10 页,载 http://www.white-case. com/files/Uploads/Documents/Arbitration/Queen-Mary-University-London-International-Arbitration-Survey - 2012. pdf,2014 年 8 月 6 日访问。

② 国际商会委员会报告:《掌控仲裁中的时间与成本》(第 1 版),2007(彼得 M. 沃尔里奇的前言)。

③ 马志华:《浅谈国际商事仲裁中的程序令及将其引入我国仲裁实践的必要性》,载《北京仲裁》2014 年第 2 期。

作过程并不排斥当事人及其代理人的参与，而是积极与其进行沟通讨论，一同研究做出，同时其不能获得仲裁地法院的承认与执行，也不会面临法院的撤销。在判断一份文件是仲裁裁决还是程序令时，不能仅以其名称判断，而应结合内容是否涉及实体争议，若内容已经涉及了实体争议，则该文件可能被认定为裁决而被法院承认、执行或者撤销和宣告无效。①

（二）仲裁程序令的内容

程序令可以包含下述内容：

1. 信息交流

在当事方、仲裁员以及（如适用）仲裁机构之间展开清晰的交流，成为仲裁之初最重要的内容。以正当程序为理由质疑一项仲裁裁决的最快方法是一方能证明其由于交流不当，而没有机会向仲裁庭陈述他的案件。在仲裁中，仅仅通过邮件沟通司空见惯。在这种情况，仲裁员必须在早期就确认各方的电子邮件地址。为了消除顾虑，程序令应该事先规定好对接人员。

2. 提交意见

（1）实质性的意见

程序令规定，各方应根据预计的程序时间表或结构，以翔实的仲裁请求和答辩充分展示他们的案件。这意味着各方当事人应在第一次意见提交中提出所有关于事实与法律的辩论和主张。各方应随意见一起提交所有支持这些辩论和主张的证据。如果后续提交意见，它们应仅限于在程序性意见中提出相应的事实与法律主张。当然，在出现新事实新证据的情况下，各方仍有权提出实质性意见。

（2）庭后意见

假设各方会提交庭后意见，或者存在未决的问题，程序令可以对其做出相关规定。程序令应限制庭后意见的范围。除非其他方同意，或者仲裁员许可，庭后意见不应包括新的事实主张或新证据。仲裁员应仅对

① Alan Redfern, J. Martin Hunter, *Redfern and Hunter on International Arbitration*. Oxford University Press, 2009: 9.14 - 9.17.

一方能够证明其在仲裁中无法更早地提出新问题或提交新证据,或存在其他不同寻常的情况下才给予许可。程序令可以包含仲裁员和各方应如何应对在后期提出的不适当主张的规定。

(3)程序上的时间安排

仲裁员应对创建程序令的时间安排做出规定。但是,程序令仍然可以就不同阶段的时间安排作出规定。延期请求应在事先合理提出,且不晚于最晚的期限,则程序令可以同意当事方提出延期的请求,并且,任何延期请求须包含申请理由。

3. 证据

无论证据是何种形式(书证、证人或专家证人),程序令可提出对证据的采纳、比重、关联性和重要性的一般要求。

(1)书证

《国际律师协会国际仲裁取证规则》(IBA Rules on the Taking of Evidence in International Arbitration,以下简称《IBA 证据规则》),对书证的相关性或适用性作出了规定。《IBA 证据规则》在 60% 的仲裁案件中被采用;在 53% 的仲裁案件中被用作指引;在 7% 的仲裁案件中被作为约束性规则。绝大部分的回应者(83%)认为采用《IBA 证据规则》有用,而仅有 5% 的人认为没有用。

适用《IBA 证据规则》会极大地影响程序令关于证据问题的适用范围。一般规定不是在补充《IBA 证据规则》,其本身就是独立规则。各方应提交所有的书证、证人证言、专家证言或相关意见的法律依据。

(2)事实证人

程序令应规定证人主体资格。某些法律体系排除特定的公司代表人或职员作证。程序令应对证人主体资格确认提供一个公平的平台,且包含关于这些准备程序的规定。

程序令应详细列出提交证人证据的过程,如时间点(与意见书一起,或在仲裁中单独的一个环节)和方式(证人证言或仅仅是列出出庭证人的名字)。

(3)专家证人

程序令可以清楚规定专家提交报告的范围和程序。其中,适用于事实证人的规定，在适当修改后应基本上适用于专家证人。比如，专家报告应和他们支持证明的实质性意见书一同提交。

程序令可以含有关于仲裁员指定专家证人的详细规定。但是，因为专家证人的重要性以及处于仲裁早期的原因，明智的做法也许是在一份单独的后续程序令中提到。

4. 开庭

(1)一般规定

仲裁员和各方可以选择进行一次庭前电话会议，以讨论开庭的管理事宜。程序令可以提到这种电话会议。

程序令可能含有一份简要的开庭顺序(开庭陈述、申请人证人等)。先前决定的证据规则应该适用。开庭原则上来说应该是在保密下进行。本规定的任何例外不应存在或仅限于在开庭时避免犯规或出其不意的情况。

(2)证人证言

程序令可以清晰地表明当事方须保证任何提交书面证言的证人可以出席接受交叉询问，以及不出席的后果。这样的后果可以包括仲裁员不采纳证人的书面证言。另外，程序令可以包含如何应对证人无法出席庭审的规定，例如，使用视频会议；证人无法获得出庭地的签证(程序令也可以采取防止当事方滥用签证理由逃避证人出庭的措施)。这些规定可以同等适用于事实证人与专家证人。

(3)提示书证

就如在起草仲裁令的一般考量点中提到的，提示书证是个敏感的问题。仲裁员不应单单假设当事方期待提示大量书证。作为一个可选的元素，讨论在最后。如果没有大量的书证提示，《IBA 证据规则》是有用的指引。《IBA 证据规则》中的规定不在这里冗述，但如果《IBA 证据规则》不作为指引直接或间接地适用，仲裁员应该参考其中的规定起草程序令。

假设一个仲裁会有特定的书证提示，那么应该包含详细的规定：关于请求提示书证的时间；适用于请求的标准；适用于反对的时间和标准；如果没有反对，如何处理提示的书证，对反对的评注，以及当仲裁员做出决定以后提示书证的时间。如果存在疑虑，仲裁员可以采用流行的雷德范申请表。

二、程序令与仲裁法、仲裁规则和仲裁协议的关系

在一个仲裁过程中,涉及仲裁程序性问题的文书包括仲裁程序法、仲裁规则、仲裁协议以及仲裁令。其中,仲裁协议或条款的作用是排除诉讼,确立仲裁这种争议解决方式,确立仲裁庭的管辖权并选定仲裁规则;仲裁程序法确定了仲裁程序的基本原则,是仲裁规则制定的依据和界限;仲裁规则为争议的解决提供基本的程序性框架,①这种普适性的程序框架决定了其不能对仲裁中所涉的各种程序性问题面面俱到,对所有程序问题作出事先安排;而程序令则会在仲裁过程中,依照具体的案情,结合当事人的需要给出当事人及其他各方具体的行为指引。马志华先生对程序令、程序规则和仲裁程序法三者的关系有这样精当的表述:程序令是对所适用仲裁规则的补充、细化和变通,但不得违反该仲裁程序所适用的仲裁程序法。在效力层级上,三者之间以仲裁程序法为上,仲裁程序规则次之,程序令又次之。②

以我国的《仲裁法》为例,其第 7 条规定了仲裁的基本原则,即合法、公平且合理。③ 2015 年新修订的《中国国际经济贸易仲裁委员会仲裁规则》(以下简称《贸仲规则》)第 35 条第 1 款将《仲裁法》规定的原则细化为赋予双方当事人陈述与辩论的合理机会。④ 同时,第 16 条针对仲裁中双方的答辩与反请求问题予以进一步细化规定,被申请人应自收到仲裁通知后 45 天内以书面形式提交反请求。申请人应在收到反请求受理通知后 30 天内针对被申请人的反请求提交答辩。但是,在第一轮书面答辩与反请求提交后,是否有第二轮书面答辩意见的提交则没有规定,此时,仲裁庭的程序令将发挥作用,仲裁庭在组庭后与当事人充分沟通后

---

① 马志华:《浅谈国际商事仲裁中的程序令及将其引入我国仲裁实践的必要性》,载《北京仲裁》2014 年第 2 期,第 75 页。

② 马志华:《浅谈国际商事仲裁中的程序令及将其引入我国仲裁实践的必要性》,载《北京仲裁》2014 年第 2 期,第 76 页。

③ 《仲裁法》第 7 条规定:仲裁应当根据事实,符合法律规定,公平合理地解决纠纷。

④ 《中国国际经济贸易仲裁委员会仲裁规则》第 35 条第 1 款规定,除非当事人另有约定,仲裁庭可以按照其认为适当的方式审理案件。在任何情形下,仲裁庭均应公平和公正地行事,给予双方当事人陈述与辩论的合理机会。

确定程序的时间表,对第二轮书面答辩是否推进,何时推进予以明确,也有利于当事人对程序问题有一个整体的把握。

三、仲裁程序令引入我国实践的必要性

事实上,我国《贸仲规则》第35条第5款已明确规定,除非当事人另有约定,仲裁庭认为必要时可以发布程序令、发出问题单、制作审理范围书、举行庭前会议等。可见,《贸仲规则》已经赋予了仲裁庭制作程序令的权力。但是大部分的国内机构仲裁中,仲裁庭却极少作出程序令。原因之一在于仲裁员的报酬确定方式与案件的实际工作量无关,这在一定程度上使得仲裁员没有动力将时间和精力投入到仲裁程序的管理中。因此在我国,仲裁庭直接与仲裁当事人或其代理人进行沟通,引导或推进仲裁程序的现象较为少见,取而代之的是由仲裁机构在仲裁程序的管理中起主导作用。往往是由仲裁委员会的秘书处等案件管理部门充当仲裁庭与当事人之间的中间角色,由其向仲裁庭发出各项程序的待决事项。在仲裁庭内部协商并与仲裁机构沟通后作出决定,再由仲裁机构向当事人发出仲裁通知,以此管理仲裁程序。这是我国机构仲裁与境外机构仲裁或者临时仲裁的一个重要区别。

虽然仲裁机构与仲裁庭商洽后发出的仲裁通知对仲裁程序的推进和管理具有一定的效果,但这样的程序通知的作出往往将当事人排除在外,缺乏当事人的参与,有违仲裁中的意思自治原则。此外,这些仲裁通知的内容过于粗略,不能完全起到引导当事人准备程序的作用。由此可见,在我国机构仲裁的背景下,虽然仲裁机构的仲裁通知对仲裁程序具有着积极的推动意义,但是,与仲裁庭发出的程序令相比,仍有许多不尽如人意之处,许多程序性问题在仲裁开始时并不明确,当事人对整个程序的进程不了解,无法作出预期,常处于被动等待状态。

我国商事仲裁起步晚,行政管理的色彩浓,仲裁庭在程序管理方面欠缺主动性,这与我国机构仲裁的模式以及仲裁员报酬制度有很大关系。修改法律制度虽能对现状起到根本性的改善,然而修法并非一朝一夕之事,需要较高的金钱成本、人力成本和时间成本。在短时间内,在我国现有的法律框架允许的范围内,将仲裁程序令引入实践不失为一种较好的解决之道。鉴于金融活动参与者数量多、金融创新速度快,对金融纠纷解决机制

的效率性需求更强，因此，仲裁程序令更契合金融仲裁的需求。

第二节 金融仲裁程序之临时措施问题

随着大量外资金融机构进入中国市场，金融机构同业竞争不断升级，金融机构之间、金融机构与非金融机构之间、金融机构与客户之间的金融纠纷增多。同时，由于金融交易标的额大，涉及面广，时间跨度长，专业性强，金融争议的解决也相对复杂。

金融仲裁为金融纠纷当事人维护自身权益提供了另一种争端解决方式。相较于其他争端解决方式而言，金融仲裁有着快捷灵活、专业公正、成本低廉、不公开等优势，但是，相较于蓬勃发展的金融业，金融仲裁程序仍然存在较多的问题，本节主要讨论金融仲裁程序中与临时措施相关的问题。

一、金融仲裁中保全措施的落实困境

按照《民事诉讼法》的规定，仲裁机构可以将申请人的财产保全申请转交给财产所在地法院，将申请人的证据保全申请转交给证据所在地基层法院，将涉外仲裁案件当事人提交的证据保全申请转交给证据所在地中级人民法院。从上述制规定来看，仲裁机构已经具备了一定的施行临时措施的职能，但从实务角度出发，上述规定仍然存在不少缺陷和弊端。

首先，行为保全在金融仲裁中无法有效落实。在互联网时代频发的诸如知识产权、技术转让合同纠纷中，经常发生被许可方超出许可范围进行使用和披露的情形。若许可方在仲裁前提出行为保全申请，可使侵权行为得到及时制止。但由于现行《仲裁法》缺失对行为保全的规定，上述纠纷出现时，侵害行为难以得到及时有效制止。

其次，对"情况紧急"的界定有待完善。根据《民事诉讼法》的规定："人民法院在接受申请后，对情况紧急的，必须在四十八小时内作出裁定；裁定采取保全措施的，应当立即开始执行。"但是，该条款并没有对何为"情况紧急"作出相关的定义，故法院对"情况紧急"有较大的自由裁量权。实践中，法院将仲裁机构转交的申请认定为"情况紧急"的概率极小，故出现了被申请人利用该期间转移、隐匿财产或证据的情形。

最后,根据《民事诉讼法》的规定,在上述申请中,法院决定申请人是否应当提供担保。在司法实践中,法院要求申请人提供担保的概率大大高于免于提供担保的概率。对于无法提供足额担保的当事人,申请临时保全措施将变得非常困难。

二、域外金融仲裁中临时措施制度的借鉴

目前,在仲裁规则中规定了临时措施制度的仲裁机构主要有斯德哥尔摩商会仲裁院(Arbitration Institute of the Stockholm Chamber of Commerce ,SCC)、澳大利亚国际商事仲裁中心(The Australian Centre for International Commercial Arbitration, ACICA)、国际商会仲裁院(International Chamber of Commerce, ICC)、国际争议解决中心(International Center for Dispute Resolution,ICDR)、新加坡国际仲裁中心(Singapore International Arbitration Centre, SIAC)、香港国际仲裁中心(Hong Kong International Arbitration Centre,HKIAC)等。

以 P. R. I. M. E. Finance 金融仲裁规则为例,其第 26 条对临时措施制度作出了详细规定,即经一方当事人请求,如仲裁庭认为其对该主张具有初步的管辖权则可准予临时措施的执行。临时措施可发生在仲裁庭下达终局裁决之前的任何时候,而其内容包括但不限于责令一方当事人:

(a)争议未决之前维持或恢复现状;

(b)采取行动防止,或者避免采取行动造成:

(i)当前或即将发生的损害,或

(ii)对仲裁过程本身的妨碍;

(c)为其后使用资产执行仲裁裁决提供一种资产保全手段;①或者

(d)保全与解决争议可能有关的实质性证据。②

---

① 当事人请求采取根据(a)项至(c)项采取临时措施,应使仲裁庭确信:(a)如果不下令采取此种措施,所造成的损害可能无法通过损害赔偿裁决加以充分补偿,而且此种损害大大超出如果准予采取此种措施可能给该措施所针对的一方当事人造成的损害;并且(b)请求方当事人有在仲裁请求实体上获胜的合理可能性。对此种可能性的判定,不得影响仲裁庭以后作出任何裁定的裁量权。

② 对于根据(d)项请求采取的临时措施,第 3 款(a)项和(b)项的要求只应在仲裁庭认为适当的范围内适用。

经任何一方当事人申请，仲裁庭可修改、中止或终结其作出的临时措施决定；或者在特殊情况下，经事先通知各方当事人，仲裁庭可自行主动修改、中止或终结其所准予的临时措施。

若一方当事人提出临时措施请求，仲裁庭可要求其为该措施提供适当担保。请求或准予临时措施所依据的情况发生任何重大变化时，仲裁庭可要求任何一方当事人迅速披露该情况。

如果仲裁庭事后确定，在当时的情况下本不应准予临时措施，则提出临时措施请求的一方当事人可能须对该措施给其他当事人造成的费用和损失承担赔偿责任。仲裁庭可在程序进行期间随时就此种费用和损失作出裁决。任何一方当事人向司法机关提出临时措施请求，不得视为与仲裁协议不符，或视为放弃仲裁协议。

同时，P. R. I. M. E. Finance 金融仲裁制定了较为详细的保全途径，包括维持现状，证据、财产以及行为的保全。根据 P. R. I. M. E. Finance 金融仲裁规则，仲裁庭有权修改、中止或终结对临时措施作出的决定，这充分表明了临时措施制度的灵活性。除此之外，P. R. I. M. E. Finance 金融仲裁规则还赋予了当事人对临时措施决定的救济——在事后确定不应准予临时措施的情况下，被执行临时措施的一方有权获得赔偿。

三、以上海自贸区仲裁规则为例探索我国金融仲裁规则中的临时措施制度

临时措施制度包括两个方面：一是临时保全措施，二是紧急仲裁员制度。本节中主要对上海自贸区仲裁规则的临时保全措施和紧急仲裁员制度进行分析。

（一）临时保全措施

临时保全措施制度设立的目的有两个方面：一是为了维持待解决争议中双方的现状；二是为了保证对仲裁庭所作的指令、命令或是裁决的内容中所指的财产或是证据的最终裁决得以执行，及一方在一定期限内的作为或者不作为进行保全。①

① 黄荣楠：《中国（上海）自由贸易试验区仲裁规则评述》，载《上海对外经贸大学学报》2014 年第 6 期。

从我国现有的仲裁规则来看,我国2014年之前的仲裁规则(2006年广州仲裁委员会仲裁规则,2007年武汉仲裁委员会仲裁规则,2013年上海仲裁委员会仲裁规则)都是针对财产和证据的保全,对于要求当事人的行为(包括作为或者不作为)的临时措施并没有作出具体的规定。

1. 扩大仲裁临时措施的范围

《自贸区仲裁规则》通过一个章节,详细地对临时措施予以规定。《自贸区仲裁规则》第18条规定:“临时措施是仲裁庭或法院在仲裁开始前或仲裁进行过程中,根据当事人的申请,所采取的财产、证据、行为以及法律允许的其他保全措施。”有学者认为这条并没有给出临时措施的界定,①但是笔者认为,通过该条款可知临时措施的范围包括财产、证据、行为及法律允许的其他措施。

将保全范围扩大至行为及法律所允许的其他措施,符合2012年修订的《民事诉讼法》对于保全的规定,②为当事人的权利提供了更多的保护,同时,也符合国际商事仲裁的普遍实践。

表3-1 国内仲裁规则中关于临时措施制度的比较

国内仲裁规则	临时措施的规定
广州仲裁委员会仲裁规则(2017)	第28条财产保全
武汉仲裁委员会仲裁规则(2018)	第18条财产和证据保全
上海仲裁委员会仲裁规则(2018)	第68条临时措施(第19条财产和证据保全)
自贸试验区仲裁规则(2015)	第三章临时措施(第18~20条)
北京仲裁委员会仲裁规则(2019)	第17条保全措施
上海国际经济贸易仲裁委员会仲裁规则(2015)	第18条保全措施
中国国际经济贸易仲裁委员会仲裁规则(2015)	第23条保全和临时措施

2. 增加仲裁前临时措施的规定

《自贸区仲裁规则》的另一创新之处是,采取临时措施时间更加全面,

① 张虎:《关于〈自贸区仲裁规则〉适用的几个问题》,载《上海商学院学报》第15卷第6期。

② 《中华人民共和国民事诉讼法》第81条第1款、第2款:在证据可能灭失或者以后难以取得的情况下,当事人可以在诉讼过程中向法院申请保全证据,人民法院也可以主动采取保全措施。因情况紧急,在证据可能灭失或者以后难以取得的情况下,利害关系人可以在提起诉讼或者申请仲裁前向证据所在地、被申请人住所地或者对案件有管辖权的人民法院申请保全证据。

包括了仲裁前、仲裁中以及仲裁案件受理之后且仲裁庭组成之前。这几个重要的时间点为当事人权利的救济和保护提供了更有力的制度支撑。

值得注意的是，根据《自贸区仲裁规则》第19条的规定："仲裁前的临时措施可以由当事人直接向具有管辖权的法院提出，也可以请求仲裁委员会协助向有管辖权的法院提出。"该条款保证了仲裁规则与《民事诉讼法》的一致性，即在临时措施的申请上，可由当事人向有管辖权的法院提出仲裁临时申请。

上海市第二中级人民法院在2014年颁布的《关于适用〈中国(上海)自由贸易试验区仲裁规则〉仲裁案件司法审查和执行》(以下简称《若干意见》)，也为《自贸区仲裁规则》提供了一定的保障。按照《若干意见》的规定，当事人在仲裁前或仲裁程序中提出保全申请的，应当立即受理；情况紧急、符合法律规定的保全条件的，应当在24小时内作出裁定并移交执行。

3. 引入仲裁庭的决定权

国际仲裁的实践中，临时措施的决定权通常有三种模式，即仲裁庭、法院和两者并存的模式。

在我国，为符合《民事诉讼法》和《仲裁法》的规定，绝大多数的国内仲裁规则都规定了临时措施的决定权只属于法院。当事人申请临时保全措施的，需要由仲裁委员会将当事人的申请提交人民法院。

《自贸区仲裁规则》第20条第2款："对于临时措施申请，仲裁委员会将根据临时措施执行地所在国家/地区的有关法律及本规则的规定，转交具有管辖权的法院作出裁定，或提交仲裁庭作出决定……"这一条规定给予了仲裁庭根据仲裁协议所适用的法律，对临时措施作出决定的权力。换句话说，仲裁庭有权对临时措施作出决定，这样的决定是否可以实现与否取决于不同国家的具体法律法规。

(二)紧急仲裁员制度

紧急仲裁员制度是指当事人在需要紧急临时措施救济而不能等待仲裁庭组成的情况下，所申请的紧急性临时救济。与传统的保全措施相比，紧急仲裁员制度的存在主要是为了满足当事人紧急临时救济的需求，因而当事人请求紧急临时措施的范围可能会扩大。当然，因每个国家法律的规定不同，救济措施的具体范围也会有所不同。

一般而言,紧急仲裁员的管辖权和作出的决定在仲裁庭组成之前有效,而在仲裁庭组成之后紧急仲裁员不再享有对案件的管辖权,仲裁庭有权修改、终止紧急仲裁员所作出的决定。

《自贸区仲裁规则》和上海国际经济贸易仲裁委员会仲裁规则中对紧急仲裁员有相对完整和明确的规定。例如,《自贸区仲裁规则》第 21 条对紧急仲裁庭组成的时间、组成的程序、紧急仲裁员的义务等都有较为详细的规定。

紧急仲裁员制度主要是为了弥补纠纷发生时的紧急性和仲裁庭解决纠纷的时效性之间所存在的差距,①确保临时措施的实施,保障当事人的权利。此外,通过紧急仲裁庭来决定临时措施将确保仲裁的"独立性",减少法院对于仲裁庭的干扰。

在中国,紧急仲裁员制度仍然是一项比较新的规则,就紧急仲裁员制度的特点,笔者将从指定紧急仲裁员的时间要求,作出仲裁决定的时限,仲裁决定形式和紧急仲裁员程序所需要的费用这四个方面对《自贸区仲裁规则》(FTZ)、《中国国际经济贸易仲裁委员会仲裁规则》(CIATEC)、《香港国际仲裁中心仲裁规则》(HKIAC)、《新加坡国际仲裁中心仲裁规则》(SIAC)、《国际商会仲裁规则》(ICC)和斯德哥尔摩商会仲裁院的仲裁规则(SCC)进行比较和分析。

表 3-2 国内和国际仲裁规则对紧急仲裁庭的比较

仲裁规则 / 内容	FTZ (2015)	CIETAC (2015)	HKIAC (2013)	SIAC (2016)	ICC (2017)	SCC (2017)
指定紧急仲裁员	3 天	2 天	2 天	1 个营业日	3 天	24 小时
作出临时措施决定的时限*	20 天	15 天	15 天	14 天	15 天	5 天
仲裁决定形式	决定	决定	决定 命令 裁定	决定 裁定	命令	决定 裁定

① Niclas Rockbom Charlotta Falkman and Johannees Lundblad, *The New SCC Emergency Arbitrator Rules: Some features worth considering*. Arbitration In Beijing, 2010, p. 4.

续表

仲裁规则 / 内容	FTZ (2015)	CIETAC (2015)	HKIAC (2013)	SIAC (2016)	ICC (2017)	SCC (2017)
紧急仲裁员程序费用	人民币 10,000 元**	人民币 30,000 元	***	新币 $5000 (外国当事人) 新币 $5350 (本国当事人)	40,000 美元****	20,000 欧元*****

* 该时限为一般规定，当事人提供担保的情况下可以缩短或经过双方当事人同意可以延长。

** 当事人仅申请一项临时措施时，收费金额为 10,000 元人民币，如果为多项临时措施，则每一项申请另收取 2000 元人民币。

*** 紧急仲裁程序费用包括 HKIAC 的行政费，紧急仲裁员的费用和其他合理的法律支出。紧急仲裁员按照小时费率计算。

**** ICC 的紧急仲裁程序费用中包括两部分，其中 10,000 美元是 ICC 的行政管理费，还有 30,000 美元紧急仲裁员的花费和支出。

***** SCC 的紧急仲裁程序费用中包括两部分，其中 16,000 欧元是 SCC 的应急仲裁员费用，另外 4000 欧元是申请费以及当事人产生的合理费用，包括法律代理费用。

1. 限制指定紧急仲裁员的时间

从表 3-2 中，我们可以较为清晰地看到紧急仲裁员制度的一个重要特征——效率。紧急仲裁员的任命和临时措施的决定都有一定的时间限制。截至目前，斯德哥尔摩商会仲裁院的规定最为严格，以“小时”而不是“天”作为计算标准。除此之外，新加坡国际仲裁中心使用了“营业日”这一个概念，如果某些紧急仲裁正好发生在公共假期，则仲裁程序的实际程序将不可避免地被延长。因此，从紧急仲裁庭程序的目的来考虑，使用“天”作为计量单位比“营业日”作为计量单位更为效率。

2. 加快临时措施裁决的程序

一般情况下，仲裁庭应在组庭之日起 45 日内作出裁决。《自贸区仲裁规则》第 22 条规定了作出临时措施决定的时间，即紧急仲裁庭应在组成之日起 20 日内作出裁决，仲裁庭在收到临时措施申请之日起 20 日内作出裁决，如果当事人提供担保，那么还可以加快临时措施裁决的速度，紧急仲裁庭或者仲裁庭应当在当事人提供担保之日起 10 个工作日内作出是否给予临时措施的决定。显然，通过《自贸区仲裁规则》第 22 条的规定，能更为高效地达到采取临时措施的效果。

四、境外临时措施决定在我国的执行问题

根据各国际商事仲裁机构的仲裁规则，仲裁庭所作的临时措施决定（包括紧急仲裁员所作的临时措施决定），对于双方当事人都具有约束力。但由于临时措施并非终局裁定，因此是否可以向法院申请执行，取决于仲裁地或者执行地法律的有关规定。

在境外仲裁中，仲裁庭可能以命令、禁令的形式采取临时措施，也可能根据适用的仲裁规则或仲裁法的规定，以“裁决”的形式采取临时措施。

（一）通过命令、禁令形式作出，不能在中国境内被承认和执行

仲裁庭以命令、禁令等形式采取的临时措施，具有临时性、中间性和程序性的特点，并不属于《联合国承认及执行外国仲裁裁决公约》（以下简称《纽约公约》）和最高人民法院《关于内地与香港特别行政区相互执行仲裁裁决的安排》（以下简称《安排》）所承认的“仲裁裁决”。因此，此类临时措施在中国境内无法得到承认和执行。

（二）通过裁决形式作出，在中国境内承认和执行，尚无先例

许多仲裁地的法律或仲裁规则均允许仲裁庭以“裁决”的方式采取临时措施。例如，我国香港地区和新加坡的仲裁规则中，“临时措施是以裁决书为形式的或另一种形式的任何短期措施”；国际商会国际仲裁院仲裁规则也授权仲裁庭在其认为适当的时候，采用裁决的形式采取临时措施。

中国法院目前尚未有承认和执行临时措施相关裁决的先例，主要有以下两方面的原因：

首先，临时措施即便是通过裁决的形式作出，其仍具有临时性、中间性和程序性的特点，在仲裁过程中随时可能被仲裁庭撤销或变更，因而其实际受限于最终裁决的内容。而《纽约公约》对何为裁决并没有给出详细的定义，而目前缔约国法院所普遍采纳的观点和做法是《纽约公约》并不适用于中间裁决。中国法院有代表性的意见也认为，承认与执行外国裁决的前

提条件是该裁决必须是终局的。[①] 因此,临时措施即便采取裁决的形式,仍然很可能被中国法院认为不构成《纽约公约》或《安排》下的"仲裁裁决",从而无法获得承认和执行。

其次,关于临时措施的裁决,可仲裁性仍然是一个有争议的问题。根据中国《仲裁法》的规定,临时措施的裁决,是专属于人民法院的权力,仲裁机构和仲裁庭无权行使。换言之,临时措施可能被认为在中国法下不具有可仲裁性,根据《纽约公约》第5条第2款规定,[②]中国法院可以拒绝承认与执行。

目前,中国法院对临时措施是否属于不可仲裁的事项,尚未有结论性意见。但是,在Hemofarm DD等与济南永宁制药股份有限公司申请承认及执行国际商会仲裁院第13464/MS/JB/JEM号仲裁裁决一案(以下简称"永宁公司案")中,山东省高级人民法院认为"对于诉讼保全申请的合法性与正当性发生的争议"不具有可仲裁性。因此,根据我国《仲裁法》和《民事诉讼法》,对于境外仲裁庭做出的临时措施,我国法院缺乏承认与执行仲裁庭所作出的临时措施裁定的法律依据。

第三节 金融仲裁程序之仲裁费用问题

仲裁相对于诉讼,以高效率、低费用、保密性、一裁终局等优势而被广泛地运用于现代商事活动中。但是,仲裁所具有的费用较低的特点,却越来越成为一个有争议的问题。为了使仲裁当事人的支出控制在合理范围内,国际仲裁机构做了许多有意义的努力。本文主要介绍国际仲裁中仲裁费用的收取和分担。

一、国际仲裁中仲裁费的收取

世界各大仲裁机构的仲裁规则中关于收费的规定大致分为两类,集中

---

① 杨弘磊:《中国内地司法实践视角下的〈纽约公约〉问题研究》,法律出版社2006年版,第32、50、311页。

② 《纽约公约》第5条第2款:"倘申请承认及执行地所在国之主管机关认定有下列情形之一,亦得拒不承认及执行仲裁裁决:(甲)依该国法律,争议事项系不能以仲裁解决者……"

收费方式和分项收费方式。

(一)集中收费

集中收费方式将仲裁机构管理费、仲裁员报酬以及其他的实际开支集中在一起,统一用一种方式计算,一并收取。

一般来说,在此种收费方式中,仲裁机构管理费和仲裁员报酬视争议金额而定,争议金额越大,计算比率越小。收取的费用由仲裁机构扣除管理费和其他实际开支后按一定比例和方法对仲裁员进行分配,但是具体如何分配,并没有明文规定。除了仲裁机构管理费和仲裁员报酬外,仲裁机构一般还要求当事人缴纳立案费,立案费金额相对固定,不受具体仲裁过程影响,且不予退还。

中国国际经济贸易仲裁委员会、中国海事仲裁委员会等我国主要仲裁机构均采用此种收费方式。

以中国国际经济贸易仲裁委员会为例,其国际仲裁仲裁费分为立案费和仲裁费用两个部分。立案费为10,000元人民币固定收费,包括仲裁申请的审查、立案、输入及使用计算机程序和归档等费用。仲裁费用根据争议金额采用累进制,具体收费标准,如表3-3所示。①

表3-3 争议金额与仲裁费用的关系

争议金额(人民币)	仲裁费用(人民币)
1,000,000元以下	争议金额的4%,最低不少于10,000元
1,000,001元至2,000,000元	40,000元+争议金额1,000,000元以上部分的3.5%
2,000,001元至5,000,000元	75,000元+争议金额2,000,000元以上部分的2.5%
5,000,001元至10,000,000元	150,000元+争议金额5,000,000元以上部分的1.5%
10,000,001元至50,000,000元	225,000元+争议金额10,000,000元以上部分的1%

① 《中国国际经济贸易仲裁委员会仲裁规则(2015版)》,载中国国际经济贸易仲裁委员会网,http://www.cietac.org.cn/index.php? m=Page&a=index&id=14,2016年3月22日访问。

续表

争议金额(人民币)	仲裁费用(人民币)
50,000,001 元至 100,000,000 元	625,000 元 + 争议金额 50,000,000 元以上部分的 0.5%
100,000,001 元至 500,000,000 元	875,000 元 + 争议金额 100,000,000 元以上部分的 0.48%
500,000,001 元至 1,000,000,000 元	2,795,000 元 + 争议金额 500,000,000 元以上部分的 0.47%
1,000,000,001 元至 2,000,000,000 元	5,145,000 元 + 争议金额 1,000,000,000 元以上部分的 0.46%
2,000,000,001 元以上	9,745,000 元 + 争议金额 2,000,000,000 元以上部分的 0.45%，最高不超过 15,000,000 元

在集中收费方式下，仲裁机构处于强势和主导地位，仲裁费用需在仲裁开始时由申请人一方预付，申请人不缴纳此笔费用，仲裁程序便无法启动。一旦缴纳了仲裁费，费用金额不受仲裁开始以后案件审理情况的影响。

集中收取的仲裁费用金额完全取决于案件争议金额的大小，与案件复杂程度、仲裁员及案件管理人员花费时间无关。此种收费方法对于案件事实和法律关系相对简单，但标的巨大的案件当事人来说不利。另一方面，由于仲裁员报酬和仲裁机构管理费均从集中收取的仲裁费用中提取，仲裁员与仲裁机构之间也存在一定利害冲突。

(二)分项收费

分项收费方式是分别收取仲裁机构管理费、仲裁员报酬登记费以及其他实际开支，且每一项费用都有不同的计收方法和标准。

以伦敦国际仲裁院为例，仲裁费用包括两大项，机构管理费和仲裁员费用。仲裁员费用根据案件的特定情况按小时收取，需要考虑的因素包括案件复杂性和仲裁员资质。机构管理费中又包含五个具体的分项，其计收方法也各不相同：①

1. 登记费(在提出仲裁请求前提前支付且不予退还)1750 英镑。

① “Schednle of LCIA Arbitration losts”, Aceessed March 22, 2016. http://www. lcia. org//Dispute_Resolution_Services/schedule-of-costs-lcia-arbitration. aspx. 2016 年 3 月 22 日访问。

2. 秘书处在仲裁管理中所花费的时间收取的费用，如表3-4所示。

表3-4　秘书处收费情况一览

主任/副主任	£ 250 每小时
律　师	£ 225 每小时
案件管理员	£ 175 每小时
个案的会计职能	£ 150 每小时

3. 仲裁院成员在履行职能中判断规则带来的挑战所花费的时间。

4. 一笔相当于仲裁院总开销中占比为5%的仲裁院费用（不包括支出）。

5. 由秘书处和仲裁院成员产生与仲裁有关的费用（如邮费、电话、传真、出差等），以及额外的仲裁服务支持费用，无论此类服务由秘书处或由仲裁院成员自身或其他资源提供。

可见，分项收费方式有两个不同的收费中心：仲裁机构和仲裁员。仲裁机构和仲裁员收费彼此独立，互不干涉，因此，仲裁机构与仲裁员之间在收费上不存在潜在冲突。仲裁机构按照已规定的收费规则向当事人收取管理费、登记费以及其他实际开支，而仲裁员按照案件的难易程度、涉案金额、花费时间、特殊任职条件等综合指标确定仲裁费用。

相对于集中收费的方式，分项收费方式中，仲裁员收费标准、工作量对当事人来说是完全透明的，当事人可以监督其在仲裁中接受的服务是否与自己花费成正比，并且可以激励当事人在仲裁程序中避免拖延仲裁程序，造成仲裁费用增加。

二、国际仲裁中仲裁费用的分担

除了仲裁员费用和案件管理费，广义的仲裁费也包括当事人在仲裁活动过程中所支付的其他费用，如律师费和证人、专家证据相关的支出。仲裁费用如何在当事人之间分担，对于仲裁费用的控制也有积极的意义。

（一）主要仲裁机构的仲裁规则对于仲裁费分担的规定

任何确定仲裁费用分担的起点都是仲裁程序所适用的仲裁规则。

不同仲裁机构规则对于仲裁费用的规定不尽相同。例如，中国国际经济贸易仲裁委员会仲裁规则、德国仲裁协会仲裁规则、伦敦国际仲裁院仲裁规则、常设仲裁法院仲裁规则以及联合国国际贸易法委员会国际商事仲裁示范法仲裁规则均包含一个明示的、可排除的推定，即胜诉方有权就其支出的合理费用获得补偿。另一方面，国际商会仲裁院仲裁规则、香港国际仲裁中心仲裁规则、国际争端解决中心仲裁规则、斯德哥尔摩商会仲裁院仲裁规则和新加坡国际仲裁中心仲裁规则就只简单地授予了仲裁庭就费用分担作出裁定的权利，但未包含对于费用分担的任何推定。

此外，国际商会仲裁院仲裁规则以及目前的伦敦国际仲裁院仲裁规则均明确规定，仲裁庭在决定仲裁费用分担时，应考虑当事人的行为，包括当事人在仲裁中是否节约仲裁时间和成本。

事实上，尽管国际商会仲裁院等主要仲裁机构的规则中没有包含胜诉方获得仲裁费用补偿的推定，但大部分仲裁庭还是广泛地适用这种方法来作为仲裁费用分担的起点，并据此调整仲裁费以使得分担更为合理。而对在仲裁规则中明确包含了胜诉方仲裁费用补偿的规定的仲裁机构而言，这种情况在它们作出的裁决中更为普遍。

我国主要仲裁机构均未对仲裁费用的分担进行规定，仅简单授予仲裁庭就费用分担作出裁定。例如，中国国际经济贸易仲裁委员会规则中规定：仲裁庭在裁决书中应写明仲裁请求、争议事实、裁决理由、裁决结果、仲裁费用的承担、裁决的日期和地点。

（二）仲裁庭在进行仲裁费用分担时考虑的因素

1. 当事人的约定

在主要仲裁机构公布的标准仲裁条款中，均没有出现关于仲裁费用的约定。但是，如当事人对于仲裁费用分担约定在仲裁条款中，仲裁庭应当尊重当事人的约定。

当然，前提是当事人的约定并不违反所适用的法律的强制性规定。典型的强制性规定可见于英国《仲裁法》和我国香港地区《仲裁条例》，它们都规定了只有在争议发生之后达成的，要求一方支付全部或任何仲裁费用的仲裁条款才是有效的。

2. 对部分胜诉的判断

即使一些仲裁机构规则或仲裁协议中采纳了胜诉方获得仲裁费用补偿的分担制度，但是，仍有大量问题没有解决，例如，部分胜诉的案件中，仲裁费用应如何分担。

实践中采用的方法多样，但是共同之处是，仲裁庭有权评估胜诉的程度和范围，据以决定仲裁费用的分担。仲裁庭评估部分胜诉及相应仲裁费用分担的因素包括：申请人是否在核心或主要仲裁请求中获得支持；获得支持的争议点的复杂程度及重要程度；所有获得支持的仲裁请求金额占全部仲裁请求金额的比例等。

3. 支出的仲裁费用的合理性

仲裁庭亦会评估仲裁费用的合理性。虽然确定合理性的考虑因素各不相同，但合理性本身是仲裁庭考虑得最多的一个因素。一般而言，即使是在仲裁庭依据胜诉方有权获得仲裁费用补偿的方法来分担费用的情况下，仲裁庭更愿意因不合理而将仲裁费用进行削减，仅裁定合理的、适当比例的仲裁费用补偿。

用“合理性”调整仲裁费用的分担，对当事人的仲裁活动有积极的引导作用，当事人将在产生费用的事项上更为谨慎。

仲裁庭所考虑的合理性可以分为两个方面，即费用的产生是否合理，以及费用的金额是否合理。费用的产生与当事人在仲裁活动中的行为相关，考虑的因素有：当事人是否提出了无理的请求或反请求；当事人是否不必要地拖延仲裁程序；当事人提供的事实证据和专家证据是否超出了必要范围或与案件争议不相关等。考虑费用金额的合理性包括但不限于：收费方的费率、总额是否合理；收费方的专业程序及承担职责是否合理；收费方所花费的时间是否合理等。

4. 当事人或其代理人不诚信或不正当的行为

一些仲裁庭基于被赋予的自由裁量权，将当事人或其代理人不诚信或不正当的行为纳入仲裁费用分担的考量，这与前述在胜诉的基础上分担仲裁费用的方式全然不同。在一些比较极端的情况下，除了当事人在仲裁过程中的行为，在仲裁开始前的相关行为也会被考虑在内，无论这些行为是否实际造成了仲裁程序的拖延或仲裁费用的增加。

第四章　金融仲裁利益冲突问题探析

Heward 勋爵在 R. v. Sussex Justices[①] 一案中指出："正义不仅要得到实现，而且要以人们看得见的方式得到实现。"[②]仲裁作为一种被广泛认可的准司法行为(quasi-judicial process)，其目的是"通过不偏私的仲裁庭公平地解决争议"，因此，其也应符合正当程序(due process)和自然公正的要求，仲裁员必须具有独立性和公正性，不存在利益冲突或"不得做自己案件的法官(no man may be a judge in his own case)"。[③] 如仲裁员未能满足上述要求，当事方所享有的主要救济就是申请该仲裁员回避。

仲裁区别于诉讼的一个重要特点即当事方可以参与裁判人员的选择，当事人选择的仲裁庭在审理特定的仲裁事项结束后就自动解散。仲裁员临时性、非专职性的特点为实践中仲裁员与其他职业的身份重合提供了可能。金融仲裁员往往由熟知政策和实务的监管机构人员、银行等金融机构的从业人员以及精通法律的律师等专业人员构成。然而，鉴于国际化企业之间的连锁关系以及仲裁员与其自身职业之间的交集，都使金融仲裁的仲裁员时利益冲突问题的严峻性和争议性日趋明显。因此，本章将以该问题为研究对象，首先从规范层面上对仲裁示范法、国际上的仲裁规则加以考察，其次归纳典型案例以说明金融仲裁员利益冲突的主要类型以及国际实践中对此的认定标准和态度，最后对我国现行法律法规和实践进行分析评价，并力求从理念转变和实践操作层面寻找解决

---

① (1923) All ER Rep. 233, exp McCarthy.

② "... of fundamental importance that justice not only be done, but should manifestly and fundamentally be seen to be done."

③ Nemo debet esse judex in propria causa.

问题的途径。

第一节　仲裁员利益冲突之理论争议

一、公正性与独立性的辨析

通常认为,仲裁员应当具有公正性和独立性,这直接影响仲裁员裁判的客观和公允性。《国际商事仲裁示范法》(以下简称《仲裁示范法》)在国际仲裁中得到广泛的接受,超过60多个国家和地区直接采用或者在此基础上制定本地区的仲裁法,具有一定的代表性。《仲裁示范法》第12条第2款规定,只有因存在对仲裁员的公正性或独立性引起正当怀疑的情况或其他不具备当事各方商定的资格时,才可以对仲裁员提出回避。可见,《仲裁示范法》对仲裁员的原则性要求即"公正性"和"独立性"。《仲裁示范法》在判断仲裁员是否具备公正性和独立性时采用了"正当怀疑"标准,即以合理第三人为视角的客观标准。同时,分别适用于临时仲裁和机构仲裁的联合国国际贸易法委员会仲裁规则和国际商会仲裁院新修订的仲裁规则也都做了同样的规定。

此外,国际律师协会(International Bar Association,IBA)2004年发布了《国际律师协会国际仲裁利益冲突指南》(以下简称《利益冲突指南》),就什么情形构成或不构成利益冲突或是否应当披露确立了一些通用标准和解释条款,同时通过制定特定情形列举清单向仲裁员、当事人和仲裁机构提供了指引和参考。其规定,如果存在的事实或情形,或自仲裁员接受指定后产生的事实或情形,在知悉相关事实的合理第三人看来,引致对仲裁员的公正性或独立性的正当怀疑,仲裁员应当拒绝接受指定或者拒绝继续担任仲裁员。同时,《利益冲突指南》对何为"正当怀疑"进一步阐释为"如果合理的知情第三人认为,仲裁员在作出裁决时可能会受到当事人陈述的案件是非之外的因素的影响,则怀疑是正当的"。可见其对仲裁员的原则性要求和标准与《仲裁示范法》、仲裁规则、国际商会仲裁院仲裁规则基本一致。

传统理论认为,所谓的独立性,仅涉及仲裁员和一方当事人或其代理人之间的关系问题(relationships or connections),包括经济关系或其他关系，强调客观事实，与仲裁员的主观心理状态无关；而公正性则被认为是与仲裁员的实际偏见或表面偏见相关，侧重于主观思想状态，因此有观点认为公正性是一个更具吸引力的概念。[①] 但近年来也有学者认为“独立性”与“公正性”的含义没有实质区别，只不过是看待同一事物的不同视角。[②]

二、独立性与专业性的冲突

专家断案是仲裁的一大特征之一，当事人选择仲裁也正是看重仲裁员是实操方面的专家（hands-on expertise），对争议标的非常熟悉。[③] 而在金融仲裁中仲裁员的专业性更为突出，金融仲裁员往往由熟知政策和实务的监管机构人员、银行等金融机构的从业人员以及精通法律的律师等专业人员构成，金融仲裁及仲裁员的专业性使得仲裁员很难做到完全独立，其与当事人或代表律师可能存在监管与被监管关系、同业竞争关系、同事关系、曾经的代理与被代理关系等。

可见，金融仲裁中，仲裁员的专业性与其独立性存在潜在的冲突，正如 Quentin Bargate 律师在其文章中所言：“这似乎导致了这样一个难题。一方面，仲裁存在向司法独立性看齐的趋势，要求仲裁员也向法官一样独立；但另一方面，仲裁之所以具有吸引力，正是由于仲裁员的技能和丰富的经验，这使得仲裁员不能完全独立与当事人。”[④]

对此有些人认为，金融仲裁选择行业内的专业人士作仲裁员可能带来潜在的风险，其中之一便是对仲裁员公正性认可程度的降低。但与此同时，反对观点则认为，金融仲裁的仲裁员不一定要“独立”，只要保证公

---

① ［英］艾伦·雷德芬、马丁·亨特等著：《国际商事仲裁法律与实践》（第四版），林一飞、宋连斌译，北京大学出版社2005年版，第215页。

② Christopher Koch: *Standards and Procedures for Disqualifying Arbitrators*, *Journal of International Arbitration*, Vol. 20, Issue 4, 2003, p. 332.

③ Quentim Bargate, Simmons, *Must arbitrators be impartial*? arbitration (2), Issue 10, http://www.maritimeAdvocate.com February 2000.

④ 原文：“This appears to lead to a conundrum. On the one hand, there is trend towards judicial detachment, whereas on the other hand, it is the very skill of arbitrators, versed in the world of business, and often with particular experience of the relevant trades which makes arbitration so attractive but which at the same time prevents them from being as detached from the parties or the issues as would be ideal.”

正即可。英国1996年《仲裁法》即不要求仲裁员的独立性。Savilla大法官为首的部门咨询委员会认为,在当事人达成合意仲裁时,要求仲裁员具有独立性既不合理,也并非人们所期望的(in consensual arbitrations, it was neither justified nor desirable)。英国认为如果缺乏独立性并没有引起对仲裁员公正性的合理怀疑,那么独立性原则本身并无意义。换言之,独立性是判断仲裁员是否公正的一个考量因素,只有缺乏独立性被实质地认为构成不公正,独立性的考量才有意义,但这同时也表明公正性的标准即已足够。

对此,笔者支持后者的观点。金融仲裁员与当事人往往是一个行业的共同体,金融仲裁员这种"独特"的地位应当得到承认。在这样的情况下,以法官独立性的标准要求仲裁员既没有必要也并不合理。独立性只有在公正性受到威胁的时候才有考量的必要性,在公正性得到保证的前提下,独立性应当让位于专业性。

第二节　仲裁员利益冲突的实证分析

一、律师担任金融仲裁员

结合国际仲裁实践案例分析,当事人在对律师仲裁员的公正性和独立性存疑时往往基于如下理由提出仲裁员回避申请,即"关系冲突"和"问题/议题冲突"(issue conflicts)。前者具体包括"律师仲裁员与当事人的关系冲突"和"律师仲裁员与当事人代理人的关系冲突";而"问题冲突"则是指律师仲裁员因与争端事项的关系(而非与当事人的关系)而产生实际或表面偏见。①

(一)律师仲裁员与当事人的关系冲突

当事人经常以仲裁员与对方当事人存在利益关系可能导致仲裁员存有偏见为由,对仲裁员提出回避申请,例如,仲裁员或仲裁员所在律师

---

① Joseph R. Brubaker: *The Judge Who Knew Too Much: Issue Conflicts in International Adjudication*, Berkeley J. Int'l L., Vol. 26, 2008, p. 111.

事务所曾经担任对方当事人的律师或为其提供过相关的法律服务。[①] 但这一事实并非必然说明律师仲裁员存在利益冲突，还应综合多方面的因素进行考虑。如曾经提供法律服务的内容、事项、程度、与仲裁案件的联系、律师与客户关系的存续期间和特点等。对此类冲突问题的认定应当落实到个案中解决而不能预判。例如，仲裁员曾经针对某一法律事项向仲裁当事人提供建议应当与经常性提供法律意见的律师客户关系相区别。[②]

表 4－1　挑战仲裁员独立公正的成功案例

序号	案件	申请仲裁员回避或者撤销裁决事由	裁决理由和结果
1	*ProfilGruppen v. KPMG*, *Hovratt*[*HovR*][Court of Appeals] 2011－09－27	被申请人主张仲裁员所在的律师事务所在另一起案件中代理被申请人的相对方。	无论仲裁员对该等事实是否知情，其律师事务所在另一起案件中接受委托这一事实本身就已经在客观上构成了偏见。此外，仲裁员作为其律师事务所的合伙人在接受被申请方的委托之前应当进行利益冲突检索。因此，仲裁裁决无效。

表 4－2　挑战仲裁员独立公正的失败案例

序号	案件	申请仲裁员回避或者撤销裁决事由	裁决理由和结果
2	瑞典 *Papla invest AB in liquidation v. TNK Trade Limited*(*Cyprus*)	仲裁员在被申请人子公司的破产程序中担任法律顾问，仲裁员对此未予披露。	该事实尚不构成仲裁员的不适格，驳回其对仲裁员回避的申请。

① Amco Asia Corp. v. Indonesia, ICSID Case. No. ARB/81/1, Decisions on the proposal to Disqualify an Arbitrator, 24 June 1982(unpublished).

② W. Michael Tupman: *Challenge and Disqualification of Arbitrators in International Commercial Arbitration*, International and Comparative Law Quaterly, Vol. 38, 1989, p. 44.

续表

序号	案件	申请仲裁员回避或者撤销裁决事由	裁决理由和结果
3	*Amco Asia Corp. v. Indonesia*	仲裁员在此之前为申请人的经营者提供税务咨询服务。	投资争端解决中心要求，申请仲裁员回避应当证明其“明显”缺少独立性，仅仅是表面存在偏见不足以申请仲裁员回避，驳回其对仲裁员回避的申请。
4	*Comana de Aguas del Aconquija S. A. & Vivendi Universal v. Argentine Republic*	仲裁员所在的律师事务所曾经接受与被申请人有联系的一方指导，指导事项与本案无关。	仲裁员对此已经披露，该项指导工作即将完成，该项工作与本案无关，仲裁员未亲自参与该项工作的执行，因此，驳回其对仲裁员回避的申请。

（二）律师仲裁员与当事人代理人的关系冲突

当事方经常基于仲裁员与当事人代理人之间的关系冲突而申请仲裁员回避，比如，(1)仲裁员在此前充当律师角色时，与仲裁当事人的代理人形成过对抗性关系或联盟关系；(2)同一仲裁案件的仲裁员与律师代理人在同一律师事务所供职或有工作上的密切关系与来往等。

表4－3　挑战仲裁员独立公正的成功案例

序号	案件	申请仲裁员回避或者撤销裁决事由	裁决理由和结果
5	*Anders Jilikén v. Ericsson, Hogsta Domstolen* [*HD*] [*Supreme Court*]① 2007－11－19	首席仲裁员未披露其与被申请人的律师所在的律师事务所共用办公场所，首席仲裁员作为兼职的外部顾问为该律师事务所提供法律意见。	两者属于重要的商业关系，影响了仲裁员的独立性和公正性。因此，撤销仲裁裁决。

① Stockholm Int. Arb. Rev. 2007, 167.

表4-4 挑战仲裁员独立公正的失败案例

序号	案件	申请仲裁员回避或者撤销裁决事由	裁决理由和结果
6	*Qatar v. Creighton*	仲裁员在仲裁开始前很久曾帮助被申请人的律师事务所寻找一位卡塔尔律师处理另一起当地的建筑纠纷案。	仲裁员的行为是出于礼貌的独立行为,其并非被申请人的法律顾问,亦没有参与到本案或之前案件的实体问题中,因此,驳回其对仲裁员回避的申请。
7	*Bundegericht (BGer) (Federal Supreme Court), March 20,2008.* ①	两名仲裁员均未披露其与被申请人的律师在同一个由体育律师组成的专业协会。	正常的参加特定的专业协会不足以质疑仲裁员的独立性。因此,驳回其对仲裁员回避的申请。
8	*Bundegericht (BGer) (Federal Supreme Court), July 28,2010.* ②	独任仲裁员没有披露其曾经与申请人的律师在另一起不相关的司法程序中共同代理一方。	该事实不足以认定仲裁员不适格,因此驳回其对仲裁员回避的申请。
9		仲裁员在接受指定时并未披露其与一方当事人的代理律师在两起重大的纠纷中担任共同律师,案件正在法庭审理阶段。	在并购领域方面,能够处理复杂司法纠纷的律师事务所很少。这类案件中共同代理客户已成惯例。且案件与本仲裁纠纷没有任何关联,因此,驳回其对仲裁员回避的申请。
10	(2015)四中民(商)特字第218号	首席仲裁员未披露其曾与被申请人的代理人为同一家律所的律师,且二人曾共同负责多个项目,并共同作为签字律师;其亦未披露曾与被申请人的代理人共同承办IPO项目并共同签字,被申请人的合伙人亦为该项目开发方董事。	律所的负责人在IPO法律意见书上签字,是履行律所负责人职责的体现,并不意味着实际参与项目。事实不足以证明影响仲裁公正性。因此,驳回其对仲裁员回避的申请。

① A12SA Bulletin,565.

② Vol. VIII,Issue 11,ITA Arbitration Report.

(三)律师仲裁员就争端事项存在的问题冲突

仲裁员在正式审理案件前便已经对案件的法律问题形成了先入为主的观点,则其对争端事项存在问题冲突。此处的冲突是指仲裁员先入为主的观点与案件事实真相的不一致。问题冲突可能直接导致仲裁员裁决的实质不公正,当事人以此为由提起的回避申请更容易得到仲裁庭的支持。

表4-5 挑战仲裁员独立公正的成功案例

序号	案件	申请仲裁员回避或者撤销裁决事由	裁决理由和结果
11	*Republic of Ghana v. Telekom Malaysia Berhad* ①	仲裁员在另一起相似但无关的案件(RFCC-摩洛哥案)中担任投资者代理律师,该案已作出不利于投资者的裁决,投资者正在申请撤销裁决。而申请者加纳在本案的法律论证中援引了RFCC-摩洛哥案的裁决。	指定机构PCA审查后认为不存在对仲裁员公正性与独立性产生正当怀疑的情形。
	加纳向海牙地区法院起诉		海牙地区法院:仲裁员在担任律师和担任本案仲裁员时所需持有的两种态度是不相容的。其公正性与独立性存在正当怀疑。如仲裁员不在10天内辞去RFCC-摩洛哥案的律师工作,则支持加纳的回避申请。
	加纳再次向海牙法院提出回避请求	认为回避决定不应当是有条件的。	仲裁员之前曾在他案中作为律师为某种观点辩护,并不代表其在本案做仲裁员时就会先入为主或者存在偏见。

① Case No. HA/RK 2004. Decision of the District Court of the Hague, dated 18 October, 2004, reproduced in ASA Bulletin 23, No. 1(2005).

续表

序号	案件	申请仲裁员回避或者撤销裁决事由	裁决理由和结果
12	*A. S. M. Shipping Ltd. of India v. T. T. M. I. Ltd. of England*①	首席仲裁员在几个月前的另一起仲裁案件中做律师，提交了一份证人的口头证词，之后证实该证人欺诈操作文件。此人正是本案中的关键证人。	尽管仲裁员表示其与该证人的接触有限，并没有串通提供虚假证据，但是，英国商事法庭仍然撤销裁决。

从上述案件可见，律师仲裁员利益冲突这一问题确实存在，但对于如何对其予以认定并没有笼统的标准答案，当事人对仲裁员的挑战成功与否不在联系或利益的本质或类别，而在于每个案件或事实情况的孰轻孰重，除了考虑公正与不偏私以外，也要考虑大局与实际和现实，应综合具体案情在个案中认定。在“关系冲突”的认定方面，考虑被申请回避的仲裁员与当事人之间关系的密切性（proximity），交往的强度和频度（intensity），被申请回避的仲裁员在多大程度上依赖于当事人获取利益（dependence），以及因所声称的联系，仲裁员所获取的利益积累到何种程度才算做重大（materiality）。在“问题冲突”方面，则结合法律问题的相似性、深入程度和时间段决定是否回避。

综合考虑以上因素和上述案例，笔者认为，在下列情况下律师仲裁员可能被认定为存在利益冲突：（1）该仲裁员与代理一方当事人的律师事务所具有职业上的联系；（2）仲裁员所在律师事务所的其他合伙人代理仲裁中的一方当事人或其相对人，为其提供法律服务；（3）仲裁员在其作为律师的案件中的主张与仲裁中一方当事人的主张冲突；（4）对于纠纷标的或裁决结果存在利益关系，如其同时以律师的身份处理到类似的仲裁纠纷。

而对于下列事项，法院往往倾向认为未披露也无关紧要，不会构成律师仲裁员的利益冲突：（1）事实与当前的纠纷没有直接联系；（2）事实并不重要，只是单独的一段插曲；（3）没有证据证明所主张的事实；（4）共同参与

① ［2005］EWHC（Comm），Lloyd's Rep. 375（2006）.

会议或同属于某一协会。

(四)我国律师仲裁员的利益冲突问题之现状及评价

我国《仲裁法》第34条对仲裁员回避的情形加以规定,即"是本案当事人或当事人、代理人的近亲属;与本案有利害关系;与本案当事人、代理人有其他关系,可能影响公正仲裁的;私自会见当事人、代理人,或者接受当事人代理人请客送礼的"。相比《仲裁示范法》和其他的国际仲裁规则而言,这些规定都较为弹性,对于"利害关系"这一宽泛模糊的词语也没有明确界定。此外,我国《仲裁法》缺少直接对仲裁员"公正性"和"独立性"的原则性的规定。仲裁实践中,各仲裁委纷纷在仲裁规则中对回避事由进行明确,无论是《中国国际经济贸易仲裁委员会仲裁规则》还是《中国海事仲裁委员会仲裁规则》,都采用了国际通行的表述,即"当事人对被制定的仲裁员的公正性和独立性产生具有正当理由的怀疑时,可以书面提出要求该仲裁员规避的请求"。

然而,我国对于律师仲裁员的回避问题似乎走得更远。2010年《律师和律师事务所违法行为处罚办法》规定:"曾经担任仲裁员或者仍在担任仲裁员的律师,以代理人身份承办本人原任职或者现任职的仲裁机构办理的案件的,属于《中华人民共和国律师法》第四十七条第一款第(三)项规定的律师,在同一案件中为双方当事人担任代理人,或者代理与本人及其近亲属有利益冲突的法律事务的。"本条规定虽然意在约束律师,但同时对律师仲裁员的回避产生了重要影响,仲裁员如果曾经在该仲裁机构做过仲裁代理人,则可能被认定为"与本案当事人、代理人有其他关系",进而构成利益冲突而应当予以回避。

然而,笔者认为,这样的规定并不合适。首先,可能导致有经验的优秀仲裁专家的流失和萎缩,这并不符合当事人的利益;其次,虽然立法者担忧本机构的仲裁员可能由于人员熟悉和规则熟悉而存在"关系冲突",但这种担忧似乎过度了。仲裁机构与仲裁员并非隶属关系。仲裁员是一种资格而非职务,且其在被当事人或者其他有权机构指定前,都不是真正意义上的仲裁员,而只是特定个案中的裁判者,不构成一种与职业相关的身份。①

① 于湛旻:《论国际投资仲裁中仲裁员的身份冲突及克服》,载《河北法学》2014年第32期。

与仲裁机构并没有过于紧密的联系。这样的规定有矫枉过正之嫌，也与国际仲裁实践相脱节、与《利益冲突指南》的规定相左。从问题冲突角度看，金融仲裁涉及存贷款、票据、信用、外汇、保险、期货、股票、债券、基金、信托、典当等多个领域，法律争议纷繁复杂，可适用的法律制度多元化，一个同时担任仲裁员和代理律师并不一定能够形成"问题冲突"；况且金融仲裁尚遵循保密性原则，多数仲裁裁决并未公开，很难被其他案件所援引，从而使仲裁员的影响限于本案。可见，律师仲裁员在金融仲裁中涉及"问题冲突"的情况较为有限。最后，需要明确的是，各国的仲裁法及相关的仲裁规则都规定了仲裁员的回避制度，该制度的设计初衷和价值在于解决利益冲突而非防止利益冲突。现实情况决定了利益冲突存在的必然性，回避制度的存在即为了解决这一问题，而如果为了彻底地消除冲突，进而要求仲裁员在该仲裁机构一律不得代理任何律师业务，那么回避制度就已经没有存在的必要了。

二、金融从业人员担任仲裁员

仲裁的核心是仲裁员，这已成为业界的共识。金融仲裁的仲裁庭的组成人员大部分具有金融背景，或是现任金融机构的高级管理人员或法律合规部负责人，这从贸仲曾经公布的金融专业委员会名单及金融仲裁员名单上即可验证。而近年来成立的金融仲裁院的金融仲裁员名单亦不例外。

金融产品能由从业人员在带来专业性的同时，也必然容易产生利益冲突问题，正如一枚硬币的两面。

金融从业人员的利益冲突主要来自两个方面，一是因金融从业人员流动性较大，可能会在当事人所在的机构工作过，或鉴于大多数从业人员毕业于财经类院校，很大可能与当事人的代理人是校友或同学关系；二是金融同业之间本质上是竞争关系，在担任仲裁员期间必然会接触到同业机构的商业秘密或管理、风控之弊端，难免不予传播或用来诟病竞争对手。

为避免上述情形的发生，仲裁机构在当事人选定或机构指定仲裁员后，均会让其填写一张利益冲突或独立性声明书，声明其确知《仲裁法》《仲裁规则》《仲裁员守则》等相关规定，不存在可能引起当事人对其独立性或公正性产生合理怀疑的任何事实或情况。当然，如果存在仲裁员与当事人及代理人存在某些引起对其独立性和公正性怀疑的情况,要予以列明或说明;即便在接受选定或指定时不存在相关令人产生怀疑的情形,在仲裁程序中如发生新的情形的,要求仲裁员予以持续披露。披露的目的是在于允许当事人及仲裁机构判断他们是否同意仲裁员的评估,而不必然导致回避或辞职。当然,在提及上述问题的同时,也会进一步提示仲裁员在接受选定或指定之前要考虑是否能够在案件审理期间保证有充分的时间履行仲裁员的职责。

关于金融同业人员担任仲裁员的利益冲突的第一方面的问题,如违反"不得做自己案件的法官"的原则,大家都容易理解,即仲裁员不得与当事人具有同一性,或仲裁员作为一方当事人的法律实体的法定代表人包括经理、董事会或监事会成员,或仲裁员在争议中有重大经济利益和其他个人利益,在这种情况下对仲裁员的公正性或独立性的怀疑必然成立。但现实的情况多发生在曾经在同一学校学习或同一单位工作的情形,其是否构成实质的利益冲突及是否需要回避。在这方面与本文中对律师担任仲裁员的情形类似,相关司法判例也可参照执行,实践之中仲裁员也会比较在意此方面的问题,一般会主动披露或申请回避。当然,此种披露应该是持续的,包括仲裁程序开始之后甚至更晚的阶段。

笔者经历的一个案例与上述情形有类似之处,在一起金融机构与其客户就资产管理纠纷引发的贸仲仲裁案之中,当事人双方各选择了一名仲裁员,但双方未就首席仲裁员的选定达成一致,贸仲为仲裁庭指定了一名首席仲裁员。该名仲裁员自身是一名律师,未曾在金融机构工作。但其儿子却恰恰在该金融机构供职。该名仲裁员对此种情形做了披露,非金融机构一方对其申请了回避,贸仲最终也支持了该回避申请。

关于金融同业人员担任仲裁员的利益冲突的第二方面的问题,即金融同业之间竞争关系的处理问题。"同行是冤家",在金融业也并不例外,同业信息即竞争者的信息往往比客户的信息更为重要。但担任仲裁员的前提是要符合相应的职业操守,即在接受具体案件的选定或指定时已经不再是本职机构的代表,而是独立的仲裁人员。

行业仲裁就是要由行业内的专业人员来进行"公断",按照行业内的惯例高效地、公平地解决纠纷。选择金融行业内的专业仲裁员不会产生对案件事实的“重大误解”已经变成共识，而现实中仲裁机构在仲裁庭的组成搭配上也会尽量安排法律专家与金融从业人员共同组成仲裁庭。

从当事人的角度来看，选择“适格”和“适合”的仲裁员的标准似乎已经高度统一，“适格”的恰当解释是对所争议事项熟悉、了解，不需要仲裁员再次花费大量的时间去学习或培训，有利于快速的形成意见、坚定地表达观点、勇敢地说服仲裁庭成员。笔者在近期代理一家大型银行进行仲裁的时候，被当事人授权协助指定仲裁员。仲裁委上千人的名单虽然冗长，但无外乎学者、律师、官员、行业从业者几种类型。笔者从上述几类仲裁员中选出十二位仲裁员并将名单呈献给客户，在对每一类仲裁员的优势与不足进行论证的基础上，最终还是从同业中选择出了一位代表，即另外一家大型银行的法律部负责人。实践证明，如此选择是最优的，该仲裁员的勤勉、敬业和专业，以及独立性方面受到了客户的好评。

关于仲裁员与一方当事人同属于某一专业协会如中国银行业协会或社会组织如中国银行法学研究会是否应予以回避的问题，在《国际律师协会国际仲裁利益冲突指引》中已有明确规定，即属于绿色清单，不需披露也无需回避，只要不是经常在专业工作或社会组织活动之外共处大量时间。

当然，即便如此，也不能反复地如在三年之内超过三次被同一当事人、法律顾问或律师事务所指定，因为该等行为可能构成橙色清单所列举的情形，需要进行披露，仲裁案件的对方当事人可以在30天内提出反对意见。当然，最终是否回避，还要看具体情形是否构成对公正性的实质影响。

三、金融监管机构工作人员担任仲裁员

“一行两会”是中国金融业的监管机关，中国人民银行是国务院的组成机构，其工作人员属于典型的公务员；中国银监会、中国证监会属于国务院直属正部级事业单位，但其工作人员属于参照《公务员法》管理的人员。

公务员可否作为仲裁员在中国《仲裁法》之中并没有明确，但现实中200多个仲裁机构中每个仲裁机构都有大量的公务员仲裁员，一些机构的占比在20%以上。产生上述现象的原因是多方面的，其中一方面是中国的仲裁机构是由各地政府的法制部门主导成立的，当然对体系内的公务人员既有信任，又要关照，同时也有利于仲裁条款在某一行业的行政化推广；另

外一方面的原因是政府内部某一行业的主管或监管部门内部有大量的专家,他们熟悉该领域的监管法规和实践。但无论从哪一角度出发,聘任仲裁员还是要满足《仲裁法》第13条的要求,即仲裁委员应当公道正派,并符合下列条件之一:从事仲裁工作满八年的;从事律师工作满八年的;曾任审判员满八年的;从事法律研究、教学工作并具有高级职称的;具有法律知识、从事经济贸易等专业工作并具有高级职称或者具有同等专业水平的。客观地讲,大部分公务员仲裁员应该是根据最后一条标准予以聘任的。

由此可见,中国法律并没有排斥公务员仲裁员,且从《仲裁法》第14条即仲裁委员会独立于行政机关,与行政机关没有隶属关系这一规定可以看出公务员仲裁员在履行仲裁员职责的过程中也应该独立于行政机关。

公务员担任仲裁员的优势除专业知识及法规识精通外至少还有两个,一是如当事人不涉及所任职的政府机关一般没有利益冲突,这一点明显优于律师仲裁员和同行业仲裁员;二是中国传统上对“官员”比较尊重,公务员仲裁员的观点一般会得到仲裁庭的重视。当然,前述两点优势发挥的基石还是专业与独立。

当然,金融监管机构工作人员或公务员仲裁员不是没有任何局限,其中最主要的障碍是开庭时间的保证,公务员的年休假是有限的,且不可能都用在仲裁开庭上。一些仲裁员利用周末及下班时间开庭对仲裁委的秘书及当事人及其代理人而言是不够尊重的,等于占用了其他人的休息时间,更不用说非工作时间需额外支出的费用。

关于公务人员的利益冲突与回避问题,笔者曾经在中国海事仲裁委员会经历过。一家大型商业银行与一造船企业因融资账户监管问题发生争议,该大型银行选择笔者做仲裁员。在首次开庭之后,对方造船企业致函仲裁委,声称发现笔者在金融监管机构任职,平时因工作关系肯定会与该银行发生诸多联系,难以保持公正。银行一方代理人发表意见认为,监管机构的职责在《银行业监督管理法》中已经明晰,即对银行业进行独立的监管,而不是主管机关,其立场应该是中立甚至是对立的,而不是一致的。最终仲裁委并未支持企业一方代理人的观点,认为回避的理由不成立,没有充分的证据证明仲裁员的利益冲突,同时强调根据《仲裁规则》对仲裁员的回避请求应在收到组庭通知后15天内以书面形式提出;在此之后得知要求回避事由的,可以在得知回避事由后15天内提出,但应不晚于最后一次开庭终结。

四、金融行业协会专职工作人员担任仲裁员

金融仲裁源于行业协会的推动,且一些行业协会的专职工作人员也兼任仲裁员,但上述人员的利益冲突问题也日渐凸显。

我们要先从行业协会的性质入手,如中国银行业协会是中国银行业的自律组织,并以促进会员单位实现共同利益为宗旨,履行自律、维权、协调、服务职能,维护银行业合法权益,维护银行业市场秩序,提高银行业从业人员素质,提高为会员服务的水平,促进银行业的健康发展。从上述行业协会的宗旨和目的可以看出,行业协会与其会员的利益是高度统一的,在涉及会员与非会员发生的纠纷时,如果其工作人员处于裁判者的角色时,肯定会受到非会员一方的诟病。当然,如果是在会员之间调解或仲裁,便不会发生上述利益冲突的问题。

中国银行业协会于2016年3月7日在上海召开了银行业金融纠纷调解与仲裁研讨会,各地银行业协会介绍了推广金融仲裁的良好实践及存在的问题。为有效推进银行业金融机构与国内仲裁机构深入合作,发挥仲裁在多元化纠纷机制中具有特殊的作用,依据《仲裁法》《中国银行业协会工作指引》,会上公布了《关于推进银行业与仲裁机构合作的指导意见(征求意见稿)》。其中提出银行业金融机构与公民、法人和其他组织之间发生的合同纠纷和其他财产权益纠纷,可以通过仲裁方式解决。银行与客户间的合同纠纷及其他财产权益纠纷均可以适用仲裁程序。银行业金融机构对于下列案件可重点考虑适用仲裁程序解决纠纷:

(1)涉及敏感业务或敏感问题,可能存在声誉风险或其他不适合公开审判的案件;

(2)涉及金融创新业务,诉讼确权存在困难的案件;

(3)需要借助仲裁程序快速确权的案件;

(4)金融机构间的合同纠纷或财产纠纷案件;

(5)可发挥仲裁程序优势的其他案件。

《中国银行业协会工作指引》鼓励银行业金融机构与仲裁机构间应加

大人员交流与合作,推进各地仲裁委通过地方银行业协会(公会)平台与银行业金融机构搭建交流通道,实现人员互通。银行业金融机构鼓励仲裁委根据自身业务需要,积极吸纳符合条件的银行业从业人员建设金融专业仲裁员队伍,提高金融纠纷办案水平;银行业协会(公会)应在仲裁员的推介与培训中发挥积极作用,对行业内具有高级职称或同等专业水平,具有良好道德水平,公道正派,热爱仲裁工作,尤其是在本专业、行业内有一定声望和社会影响力的专业人员,可适时向仲裁委进行推介,充实金融仲裁员专业队伍。对于前述具有担任兼职仲裁员意愿,且符合仲裁委招募仲裁员要求的人员,银行业协会(公会)可会同并配合仲裁委,通过仲裁研究院等平台,积极组织开展仲裁业务培训,加强仲裁员业务素质,提高整体办案水平。

随着《中国银行业协会工作指引》的进一步落实,将有更多的银行业金融机构选择仲裁这一纠纷解决方式,而利益冲突问题也将伴之而来。

第五章　类型化金融仲裁的先行实践

金融仲裁具有专业化和细分化的特点，呈现类型化的趋势。国际金融仲裁的规则也往往是从广泛运用、发展迅速的类型化金融仲裁中逐渐构建起来的。本章选取在国际金融仲裁中最先得到实践的证券仲裁、最为复杂和精细的衍生品仲裁以及我国金融仲裁实践最丰富的融资租赁仲裁为例，分析其中的具体操作、存在的问题并总结归纳发展经验，从而在促进其自身完善的同时，为其他类型化金融仲裁以及金融仲裁的整体构建提供参考和借鉴。

第一节　证 券 仲 裁

一、证券纠纷与证券仲裁

（一）证券纠纷的含义与特征

证券纠纷，即证券民事纠纷的简称，它具体是指在证券的发行、公司上市、证券交易、代理、登记以及清算等的各个环节中所发生的涉及证券市场各类平等主体之间与证券的发行、交易、投资咨询、上市保荐等方面相关的争议。根据最高人民法院2011年修改的《民事案件案由规定》，证券纠纷至少包括了证券交易合同纠纷、证券承销合同纠纷、证券投资咨询纠纷、证券上市保荐合同纠纷等十五种类型。①

---

① 《民事案件案由规定》：二十四、证券纠纷：287、证券交易合同纠纷：(1)股票交易纠纷；(2)公司债券交易纠纷；(3)国债交易纠纷；(4)证券投资基金交易纠纷；288、金融衍生品种交易纠纷；289、证券承销合同纠纷；(1)证券代销合同纠纷；(2)证券包销合同纠纷；290、证券投资咨询纠纷；291、证券资信评级服务合同纠纷；292、证券回购合同纠纷；293、证券上市合同纠纷；294、证券交易代理合同纠纷；295、证券上市保荐合同纠纷；296、证券发行纠纷：(1)证券认购纠纷；(2)证券发行失败纠纷；297、证券返还纠纷；298、证券欺诈责任纠纷：(1)证券内幕交易责任纠纷；(2)操纵证券交易市场责任纠纷；(3)证券虚假陈述责任纠纷；(4)欺诈客户责任纠纷；299、证券托管纠纷：300、证券登记、存管、结算纠纷；301、融资融券交易纠纷；302、客户交易结算资金纠纷。

证券纠纷是民商事纠纷的一种，它必然具有民商事纠纷的一般特点，即纠纷主体法律地位平等、内容是对民商事权利义务的争议、当事人对纠纷具有处分权利。与此同时，由于证券纠纷是在证券市场上各主体进行证券发行或交易的过程中产生的，所以，证券市场具有风险控制难度大与风险破坏力大等特点，另外证券发行和交易的投机性强、交易迅捷、风险大等特点，这也使证券纠纷与国际贸易纠纷、融资租赁纠纷、离婚引发的纠纷等相比具有自身的一些特性。

1. 证券纠纷涉及纠纷标的额较大

证券机构之间、证券机构与证券交易所之间或者证券机构及证券交易所与上市公司之间的证券发行交易往往涉及证券的承销包销，争议的标的额较大。中小投资者与证券机构或者是与上市公司之间的纠纷，就个体而言，其争议标的额往往很小，但由于其一般牵涉众多的主体，导致该类纠纷涉案金额重大。

2. 证券纠纷社会影响力大和影响面广

证券纠纷案件对于社会公众投资者的切身利益具有重大的影响，牵涉比较广泛的社会影响面，具有很强的社会影响力。从违法发行证券或进行交易的证券机构、上市公司以及证券登记结算机构等一方来考虑，证券纠纷案件也同样会对他们造成重大影响，甚至致命打击，造成其难以支付欠款，被迫宣告破产，从而造成社会更多层面的失信连锁效应。

3. 证券纠纷专业性强

在证券领域当中所发生的纠纷涉及一系列技术性很强的专业问题。在法律层面，宏观的民法、商法、民事诉讼法、行政法以及最高人民法院颁布的大量司法解释等，微观的原被告资格的确定，诉讼时效，诉讼代表人的选定，支付方式等证券与法律交叉领域当中的标的金额的计算、损失范围的确定等。所以解决证券纠纷必然要求裁判者不仅具有丰富的法律专业知识，而且应当精通证券专业问题，甚至应当有良好的经济学专业背景，熟悉金融市场的运作规律。

4. 证券纠纷涉及商业秘密

所谓商业秘密就是指不为公众所知悉，能为权利人带来经济利益，具有实用性并经权利人采取保密措施的技术信息和经营信息。[①] 商业秘密往往与上市公司的发展甚至证券市场的稳定存在密切的联系，然而大量的证券纠纷都是由于证券承销包销机构或者投资者等市场主体利用内幕信息等商业秘密在证券发行或交易过程中违法操作市场所致。如果将该类纠纷诉诸以公开审理为原则的诉讼方式，必然无法避免商业秘密的大面积扩散，相当大数量的股民疯狂买进或卖出股票，股价不正常大幅起落，从而造成证券市场的跌宕，而作为国民经济晴雨表的证券市场的变动可能会给社会的健康发展带来致命打击。

5. 证券纠纷具有涉外性

我国加入世界贸易组织，标志着我国金融全球化进入到一个全新的阶段，按照规则的要求我们必须开放金融市场，这当然的包括了证券市场。根据一系列协议的安排，证券业至少应当在以下四个方面实现开放：第一，外国证券机构可以不通过中方中介，直接从事股票交易；第二，外国证券机构驻华代表处，可以成为中国所有证券交易所的特别会员；第三，允许设立中外合资的基金管理公司从事国内证券投资基金管理业务；第四，加入后三年内，允许设立中外合资证券公司，从事证券承销以及政府和公司债券的承销和交易。我国证监会早已对境外投资者进入中国证券市场做出了相应的制度性安排，包括瑞士银行、野村证券、摩根士丹利等在内的投资机构业已进入中国证券市场，国际化趋势不断深入。由此，证券纠纷的当事人已经不可能局限在国内市场主体，其必将涉及境外投资者，这也使证券纠纷解决得妥当与否日益成为事关我国国际形象与国际关系的大事。

6. 证券纠纷的契约性与非契约性

虽然有很多证券纠纷属于契约性纠纷，如“证券发行人与承销商之间，因承销合同产生的纠纷”以及“经纪交易商与证券交易所之间的纠纷，主要是两者之间在证券结算、托管、租用交易大堂席位等方面的合同纠纷”[②]等，但是在大多数情况之下，证券纠纷都是由一方当事人的侵权

① 《反不正当竞争法》第 10 条第 2 款。

② 许海峰、孟祥刚编著：《证券诉讼指南》，经济日报出版社 2002 年版，第 84 ~ 86 页。

行为所引起的，在事先双方当事人之间一般不存在任何类型的契约，是典型的侵权纠纷。

（二）证券仲裁的界定

证券仲裁，亦称证券纠纷仲裁，由证券纠纷与仲裁两个概念复合而成，其与海事仲裁、环境纠纷仲裁及消费者权益仲裁等一样，都属于仲裁诸多类型当中的一种具体形态，它当然具有仲裁的共性，同时又不失其独立的价值。它具体是指在平等主体的当事人之间发生与证券发行、公司上市、证券交易、代理、登记以及清算等各个环节有关的权益争议时，基于法律的规定或者根据当事人双方事先或事后达成的仲裁协议，将争议提交给相应的仲裁机构，由其依照一定的程序对争议做出裁决以促进争议尽早解决的一种制度。

二、美国证券仲裁制度

（一）美国证券仲裁的历史沿革

美国仲裁协会成立于1926年，是美国最主要的国际仲裁常设机构。作为全球最大的冲突处理和争议解决机构，美国仲裁协会拥有超过8000名仲裁员和调解员组成的专家队伍来审理案件。其关注领域和金融相关的主要有保险、证券以及消费者金融争议，并以解决证券领域的纠纷而闻名。

美国证券适用仲裁解决的争议主要存在于投资人、经纪交易商之间的委托合同纠纷以及证券发行人和承销商之间的承销合同争议之间。因为在投资人委托经纪交易商在进行有价证券交易的过程中，由于保证金和期权账户的资金风险更大，故证券业也倾向于使用证券仲裁。在对于仲裁员的挑选上，将仲裁员分为证券业内仲裁员和公共仲裁员。美国各个证券业的自律组织也对仲裁员的资格做出了明确的认定以区分两种仲裁员。这更有助于对专业知识的分析，来解决金融纠纷。同民事纠纷一样，证券领域的仲裁也同样允许仲裁员根据全美证券交易商协会的仲裁规则，在该仲裁申请的裁决中给予惩罚性损害赔偿。

（二）美国金融业监管局

1. 美国金融业监管局概述

作为美国证券市场的主管机关，证券交易委员会只有对金融机构的监管权而无纠纷处理权,即无作为第三方介入和干预的权利。所以,在证券市场主体之间的证券纠纷的非诉讼解决需求只能交由证券行业的自律性组织来解决:美国金融业监管局(Financial Industry Regulatory Authority,FINRA)。

美国金融业监管局作为证券业的自律机构,以保护投资者和促进证券业公平、诚信运营为宗旨,监管着约4580家会员证券公司、约162,850家分支机构以及近630,695名注册的证券业务代表,几乎所有经纪公司都注册成为美国金融业监管局的会员。美国金融业监管局是会员制的非营利、非政府组织。美国金融业监管局之下成立一个全资子公司即金融行业监管局纠纷解决中心(FRINA Dispute Resolution. Inc.,FINRA DR),提供调解及仲裁服务,以解决投资者、证券公司及注册代表之间的金融纠纷,其运作受到证券交易委员会的监管。

在证券行业这个专业领域,美国金融业监管局无疑具有领导的地位:美国金融业监管局的总部设立在华盛顿特区,并在纽约等其他地区设立办公室,共有约3400名员工,并管理4100家证券公司和约64万名经纪人。其声称在2013年,共有1535起针对注册经纪人的纪律处分和6.5亿美元的罚款。

2. 美国金融业监管局仲裁提起程序

金融业监管局纠纷解决中心的仲裁程序与纽交所和全国证券交易商协会先前的仲裁程序同属一个体系。在美国金融业监管局下,索赔诉求将以仲裁或调解的方式解决。索赔包括投资者与经纪人之间的索赔、投资者与经纪公司之间或仅在行业之间的索赔。仲裁请求必须自争议行为发生起6年内提起。

仲裁程序规则(客户规则)适用于投资者与经纪人或经纪公司之间。另一个规则,行业争议仲裁规则(行业规则)仅适用于行业之间。但这两个规则中的许多条文内容相同,本书主要讨论客户规则,因为其涉及了公众利益。

FINRA(2010)规则中规定,美国金融业监管局成员公司应采取高标准的商业荣誉和公平的商业交易规则来开展业务。所有和公众开展业务的经纪人都要求加入美国金融业监管局。若仲裁发生,且该仲裁是书面合同条款规定同意提起,或合同一方当事人对另一方当事人或相关方提起，则美国金融业监管局成员公司必须在客户规则下进行仲裁。目前几乎所有证券经纪交易商都在客户协议书中加入纠纷仲裁条款，要求客户把他们可能与该机构或其相关人士发生的一切纠纷以仲裁方式解决。

投资者在美国金融业监管局提起仲裁时，也必须提交“同意书”，同意在该机构仲裁。此为事前协议仲裁或依照美国金融业监管局规则的强制性仲裁。

仲裁提起程序要求须有索赔声明。投资者应以欺诈、不合理投资、炒单①及违反联邦证券法为由，对经纪公司及经纪人提起索赔。美国金融业监管局仲裁在索赔人提起仲裁后，下一步就是遵循传统的仲裁模式。索赔人可以自我辩护或找代理律师。除非经纪公司可以和其经纪人的行为划清界限，否则经纪公司也会找一位律师为其辩护。在仲裁过程中，经纪公司或会提起反诉或反请求。

如果索赔数额小于等于50,000美元，则由独任仲裁员审理；如果索赔数额大于50,000美元小于10,000美元，则仍有独任仲裁员审理，除非双方当事人书面同意由三位仲裁员审理；如果诉讼金额大于10,000美元、未明确索赔数额或无索赔数额，则由三位仲裁员审理，除非双方当事人书面同意有一位仲裁员独任审理。

三位仲裁员由一位公众仲裁员作为首席仲裁员，其他两位一位也是公众仲裁员，另一位是非公众仲裁员。②

经纪公司答辩后，即开始审前会议。审前会议一般通过电话进行，旨在安排取证时间表、制作概要、审理案情等。美国金融业监管局通常不驳回初步动议，仅在几种特殊情况下才会允许仲裁员驳回。在面对面或通过电话进行的审前会议之后，这几种特殊情况必须由三位仲裁员审理，并且由三位仲裁员一致同意，同时附上书面解释。该书面解释主要说明非动议方通过签署书面争端解决协议来提出索赔或动议方与账户、证券、行为无关。③

---

① “炒单”是指：经纪人为获得佣金，不以客户投资利益为出发点，买入或卖出证券。参见Benoay v. Prudential-Bache. Inc. 805 F 2d 1437，1439 n 1。

② 客户规则第12401条、第12402条、第12403条。

③ 客户规则第12504条。

3. 美国金融业监管局仲裁员

与商业仲裁业务相比,确定仲裁员人员名单和聘任更为复杂。如前所述,美国金融业监管局有两类仲裁员:一类是公众仲裁员,另一类是非公众仲裁员。在客户纠纷中,首席仲裁员一定是为公众仲裁员。以下将对两类仲裁员加以区分。

非公众仲裁员(Non-Public Arbitrator)包括:现在正从事证券业或过去5年从事该行业的人士(包括证券经纪交易商、商品期货行业);是曾在证券业工作多年的退休人士;是在过去两年内日常工作的20%及以上是从事与证券业有关业务的律师、会计师或其他专业人士;是银行或者其他金融机构中与从事证券、期货业务有关的雇员。

公众仲裁员(Public Arbitrator)包括:非从事上述工作的人士;已经不从事上述工作已达20年以上的人士;或者非投资顾问;非律师、会计师或其他专业人士,其任职公司在过去两年的年收入的10%以上是来自上一条款中所列的行业内人士或机构;非律师、会计师或其他专业人士,其在过去两年为上述行业内人士提供服务是关于客户投资账户或交易纠纷的,所得的服务收费达5万美元及以上;非被从事证券业务机构控制、共同控制的机构的雇员及其配偶、直系亲属;非被从事证券业务机构控制或共同控制的机构的管理人员及其配偶、直系亲属;非从事上述证券行业人士的配偶或直系亲属。

为了达到"公众仲裁员"和"非公众仲裁员"的标准,已经被考虑分配任务的仲裁员有义务持续披露能影响他公正仲裁的任何活动和私人关系,包括在金融、社会、专业领域的行为。

FINRA(2010)规则弥补了仲裁员酬金补偿的空白。仲裁员对于在2014年12月15日或其后提起的仲裁案件的酬金已于最近有所提高。对于仲裁标的额在50,000美元或以下的简单仲裁案件,单个公众仲裁员现将收到350美元的酬金。在其他类型的仲裁案件中,美国金融业监管局规则授权了下述支付方式:(1)每位仲裁员每参与一次开庭的酬金为300美元;(2)每位首席仲裁员的每一次审理有额外的125美元每天;(3)如一次非审前会议的开庭审理被延迟至计划开庭前的3个工作日内,每位仲裁员将获得100美元的酬金;(4)未经开庭审理而决定同意证据收集相关的动议的仲裁员将会获得额外 250 美元的酬金。如果双方当事人共同要求,负责书写裁决书的首席仲裁员,将取得一份额外 400 美元的酬金。①

三、我国证券仲裁制度

(一)我国证券仲裁现状

在证券仲裁领域,1993 年 4 月国务院发布了《股票发行与交易管理暂行条例》(以下简称《暂行条例》),以行政法规的形式确立了金融仲裁制度在我国的法律地位。《暂行条例》第 79 条规定:"与股票发行或者交易有关的争议,当事人可以按照协议的约定向仲裁机构申请调解、仲裁。"第 80 条规定:"证券经营机构之间的及证券经营机构与证券交易所之间因股票发行或者交易引起的争议,应当由证券委批准设立或者指定的仲裁机构调解、仲裁。"

1994 年 8 月 26 日国务院证券委员会发布了《关于指定中国国际经济贸易仲裁委员会为证券争议仲裁机构的通知》(证委发〔1994〕20 号)。中国证监会于 1994 年 10 月发布了《关于证券争议仲裁协议问题的通知》(证监发字〔1994〕139 号)重申了上述法规及规范性文件内容,且规定仲裁地点应选择在北京。需要指出的是,上述两个通知被中国证监会于 1999 年 12 月 21 日发布的《关于废止部分证券部门规章的通知》废止。

中国国际经济贸易仲裁委员会于 1994 年 8 月制定了《证券仲裁员名册》聘请了 62 名证券专业人士为仲裁员,裁决证券争议。1994 年 9 月中国国际经济贸易仲裁委员会受理了第一起证券争议仲裁,即证券公司因股票发行过程中承销团成员之间承销费用的划分问题提起的仲裁。

2004 年 1 月 18 日中国证监会与国务院法制办联合发布了《关于依法做好证券、期货合同纠纷仲裁工作的通知》,规定证券期货市场主体之间发生的与证券期货经营交易有关的纠纷,属于平等民事主体之间发生的民商事纠纷,适用仲裁方式解决;但对于上市公司与证券市场公众投资者之间纠纷的仲裁,则另行研究确定。2006 年实施的新《证券法》没

① 客户规则第 12214 条。

有对证券仲裁予以规定。2013 年 12 月 27 日国务院办公厅发布了《关于进一步加强资本市场中小投资者合法权益保护工作的意见》，明确提出要建立多元化纠纷解决机制，支持自律组织、市场机构独立或者联合依法开展证券期货专业调解，为中小投资者提供免费服务；开展证券期货仲裁服务，培养专业仲裁力量；建立调解与仲裁、诉讼的对接机制。

（二）我国证券仲裁局限性

《仲裁法》对证券仲裁进行了原则性规定之外，目前仅有 1993 年 4 月 22 日国务院颁布的《股票发行与交易暂行条例》、1994 年 8 月 27 日国务院证券委员会发布的《境外上市公司章程必备条款》、中国证监会和国务院法制办于 2004 年 1 月 18 日印发的《关于依法做好证券、期货合同纠纷仲裁工作的通知》上述三部有效的行政法规、规范性文件涉及证券仲裁；证券仲裁制度的法律规定效力层次较低，限于行政法规、部门规章与交易所规则，且内容较为简单，实用性不强；对证券仲裁制度的规定不但粗疏，而且没有相应的法律基础。法律的缺失和冲突必然阻碍证券仲裁制度的建立。而银行和保险仲裁方面的规定几乎空白。

张晓玲认为，发展金融仲裁的首要任务是健全有关证券仲裁的法律规范，加强对《仲裁法》《公司法》《证券法》和相关法律规范的修改工作，研究设计证券行业仲裁制度，完善证券仲裁的法律依据。在借鉴国外证券仲裁尤其是美国证券仲裁先进经验的基础上，制定一套适应我国证券特点的争议解决机制和仲裁规则，必将对我国证券仲裁事业的发展起到积极影响。[①]

（三）美国证券仲裁制度对我国的启示

通过对美国证券仲裁制度历史沿革回顾以及对美国金融业监管局的分析，我们可以从中寻找到许多值得我们参考的宝贵经验。在今后完善我国证券仲裁制度的过程之中，我们可以从这些宝贵经验之中得到以下至少五个方面的启示：

1. 美国证券仲裁机制是基于证券行业自律组织（美国金融业监管局），以及其自行组建的非诉纠纷解决平台（FINRA DR），且通过整合接

① 张晓玲：《发展我国证券仲裁的必要性与对策分析》，载《特区经济》2006 年第 4 期。

替原来的行业仲裁机构,成为专业证券仲裁机构,这样可以实现资源投入的集中化,避免不同仲裁机构间进行不正当竞争。

2. 美国证券纠纷解决程序协调融合了专业的调解程序和仲裁程序,并在两者之间实现了更为机动的转换,授予双方当事人更多的控制权,做到低成本、高效率地解决纠纷。

3. 专门监管机构对于行业仲裁监管亦十分必要,确保仲裁机构不因其营利性而偏离建立制度的初衷,即公平、公正、高效地解决纠纷,保护投资者利益。此外,尽管仲裁制度的本身优势在于保密性,但是通过证券纠纷(纠纷数量、类型分布等)往往可以察觉到一些监管漏洞,保密性不应与公共利益相冲突,证券市场作为金融市场的重要组成部分,其发展状况关系到整个金融体系的稳定和投资者的利益。因此,如何在保密性和公开性之间取得平衡,需要不断地摸索。至少从事专业证券纠纷的仲裁机构应定期公布纠纷处理数据、纠纷类型、处理结果等,以一定方式提高证券仲裁活动的公开性,甚至可以就纠纷处理过程中发现的监管漏洞向监管机关提出相应的完善意见。

4. 行业仲裁难免会引起业界的质问。可以看出,美国证券纠纷仲裁机制的发展历史表明其从未停歇改革的脚步,无论是设计中立筛选仲裁员名单机制、严格界定公众仲裁员的范围,或是对裁决结果附上理由以增强透明性,引入全部由公众仲裁员组成仲裁庭的规则,经济、政治、社会等各个层面都推动仲裁制度不断向前发展。证券仲裁机构变革的核心在于提升证券仲裁的公信力,呈现一个投资者友好型的公众形象。另外,纠纷处理机构需要不断地自我审查与自我评价,如通过聘请独立评估机构对证券仲裁机制的运作进行实证分析(如向用户进行问卷调查等),定期检讨现有程序存在的问题。与此同时,还应当大力宣传专门仲裁机构的证券纠纷解决平台,提高普通公众对证券仲裁的认知程度。

5. 如前文所述,由于金融参与者(包括中小投资者)的专业能力、财力、谈判地位明显劣于证券公司,因此,在证券合同中写明的事先强制仲裁条款饱受争议。而问题的实质在于仲裁制度如何为金融参与者提供一个更为公平和有效的权利救济机制,使其既不被证券公司以大欺小,又能够低成本、迅速、公正地解决小额纠纷。针对这个问题，笔者认为，可以构建第三方的独立纠纷解决渠道，如英国、澳大利亚等国家的金融申诉专员服务制度（FOS 制度）。这类第三方的独立纠纷解决渠道为金融消费者新增了一个方式来救济权利，能迅速、公正、高效地解决金融消费纠纷，使金融消费者和金融业者能够在实质公平的基础上化解纠纷，金融消费者不接受裁决结果的，仍可通过传统的纠纷解决渠道解决，这也不损及目前行业仲裁或一般性仲裁机制的存在。

第二节　衍生品仲裁

衍生品是全球金融市场不可分割的一类金融工具。在过去二十年里，衍生品交易量经历了几何数级的增长。根据国际清算银行的数据，所有场外衍生品合约的价值从 1998 年的近 2.5 万亿美元发展到 2011 年底将近 27 万亿美元，2019 年底，所有场外衍生品合约的价值为 11.6 万亿美元。亚太地区已经从世界第三大衍生品交易市场发展成为超越美洲和 EMEA（EMEA，为欧洲、中东和非洲的合称）的世界上最大的衍生品合约交易地区，其占据了全球交易量的 40% 左右。

金融衍生品交易仲裁以 PRIME Finance 为代表，由于金融衍生品具有的复杂性、专业性，传统上通常通过诉讼解决争议而最近开始将争议提交仲裁，具有金融仲裁的典型意义，因此，对其做深入研究。

一、金融衍生品概述及发展

（一）金融衍生品概述

金融衍生产品是指以货币、债券、股票等传统金融产品为基础，以杠杆性的信用交易为特征的金融产品，主要有期货、期权、掉期等。衍生品的本质是合约，具有高度灵活性，衍生品的目的是避险或者投机。期货是将来一定时间以一定价格购买或出售某种资产的合约。期权有两种，一种是买入期权，一种是卖出期权。期货和期权多数在交易所交易。① 互换是双方当事人约定为对方提供现金流，以固定或浮动利率，相同货币或不同货币为基础。互换主要在场外市场交易。② 互换合约主要有利率互换合约、外汇互换合约和信用互换。信用互换多为信用违约互换，为资产、贷款、债券、应收账款，定期向衍生品交易商支付费用，作为资产名义价值的百分比。③

场外金融衍生品交易与场内交易（交易所交易）相对应，交易双方直接交易，产品高度复杂，对手方风险大，信息不透明、不对称，参与者主要为大金融机构，监管较为宽松。

场外衍生品交易类型有远期交易、期权交易、互换交易。远期交易是指买卖双方约定在未来某个时期按确定的价格交割一定数量的特定产品的协议。金融远期协议主要有远期利率协议和远期外汇协议两类。远期利率协议是交易双方为规避利率风险或利用未来的利率波动进行投机，约定从未来某一商定的日期开始，在一段特定的时期内按约定利率借贷一笔数额确定的本金。协议中约定的固定利率称为协议利率，如果到期时的市场利率高于协议利率，协议的卖方就要向买方支付一笔现金；如果市场利率低于协议利率，协议的买方就要向卖方支付一笔现金。远期外汇协议是外汇买卖双方约定在未来某个时期按照约定汇率、币种、金额进行交割的协议。④ 期权是指期权的买方在支付一定期权费后，有权要求期权的卖方在约定的时间或时期内，按照约定的价格买进或卖出一定数量的相关资产的权利。它是未来的一种选择权，可以行使，也可以根据需要放弃行使这一权利。一般有外汇、利率、股票、股票价格指数期权，以及各种期货期权等。买方可以实现有限的损失和无限的收

---

① Hal S. Scott, Anna Gelpern, International Finance: *Transactions, Policy and Regulation* (19th ed. Foundation Press 2012) [14-001], [14-002].

② Ibid. [15-002]; Schuyler K. Henderson, Henderson on Derivatives (2nd Rev. ed Butterworths Law 2009) [2.2].

③ Hal S. Scott, Anna Gelpern, *International Finance: Transactions, Policy and Regulation* (19th *ed Foundation Press* 2012) [15-029].

④ 陶修明：《国际金融衍生交易终止净额结算法律制度研究》，对外经济贸易大学2007年博士学位论文，第13页。

益，卖方的收益是有限的，损失是无限的。① 互换是将不同的债务由交易双方按照市场行情签订预约，在约定期限内相互交换，并进行一系列支付的金融交易行为。互换的实质是远期协议的组合，有货币互换和利率互换两种基本类型。②

交易所市场和场外市场的区别在于交易所市场合约期限短；交易所市场无法选择对手方。场外衍生品市场为机构市场，交易主体有银行、证券公司、保险公司、政府部门、基金、投资工具、公司、高净值个人。③ 场外衍生品市场是交易商主导的市场。最终用户则来自不同国家，在各自问题难以达成一致，各国对衍生品有不同的法律规定。④

（二）中国金融衍生品的业务规模及种类

截至2013年9月30日，我国银行业金融机构衍生产品交易业务存量（名义本金）折合人民币19.87万亿元，较二季度末环比上升3.62%，保持了三个季度的持续上升趋势。按产品分，利率类和汇率类产品仍为主流，分别占比33.38%和63.55%，合计占比96.93%。从趋势看，除贵金属类产品业务存量较二季度末下降4.89%外，其他产品业务存量均有所上升，其中汇率类和信用类产品增幅最大，较二季度末分别上升了4.92%和5.93%。按账户分，绝大部分衍生产品交易发生在交易账户，存量折合人民币17.46万亿元，占比为87.89%。发生在交易账户的交易规模占比持续稳步上升。按货币分，人民币产品占71.95%，外币产品占28.05%。人民币产品占比持续稳步上升，如表5－1、表5－2所示。

---

① 陶修明：《国际金融衍生交易终止净额结算法律制度研究》，对外经济贸易大学2007年博士学位论文，第14页。

② 陶修明：《国际金融衍生交易终止净额结算法律制度研究》，对外经济贸易大学2007年博士学位论文，第15页。

③ Schuyler K. Henderson, Henderson on Derivatives (2nd Rev. ed Butterworths Law 2009) [1.1].

④ Schuyler K. Henderson, Henderson on Derivatives (2nd Rev. ed Butterworths Law 2009) [1.17].

表 5－1　2013 年三季度末衍生产品交易业务存量

单位：万元（人民币）

	业务存量（名义本金）	占　比（%）	与第二季度末相比（%）
利率类	663, 164, 621. 26	33. 38	1. 79
汇率类	1, 262, 645, 802. 78	63. 55	4. 92
商品及其他类	8, 731, 021. 01	0. 44	1. 90
股权相关类	7, 633, 472. 55	0. 38	2. 63
信用类	2, 323, 730. 92	0. 12	5. 93
贵金属类	39, 649, 355. 81	2. 00	－4. 89
复合类	2, 652, 725. 39	0. 13	3. 20
合计	1, 986, 800, 729. 72	100. 00	3. 62

表 5－2

单位：万元（人民币）

	交易账户		银行账户	
	交易存量（名义本金）	占比（%）	交易存量（名义本金）	占比（%）
利率类	629, 005, 403. 92	36. 02	34, 159, 217. 34	14. 20
汇率类	1, 056, 773, 372. 99	60. 52	205, 872, 429. 79	85. 60
商品及其他	8, 731, 021. 01	0. 50	0. 00	0. 00
股权相关类	7, 599, 923. 63	0. 44	33, 548. 92	0. 01
信用类	1, 913, 136. 04	0. 11	410, 594. 88	0. 17
贵金属类	39, 633, 028. 85	2. 27	16, 326. 96	0. 01
复合类	2, 642, 089. 57	0. 15	10, 635. 82	0. 00
合计	1, 746, 297, 976. 01	100. 00	240, 502, 753. 71	100. 00

2013 年第三季度，我国银行业金融机构开展衍生产品交易业务名义本金折合人民币 20. 96 万亿元，比第二季度环比下降 5. 23%。按产品分，汇率类产品占比 85. 61%，较上季度环比下降 5. 42%；利率类产品占比 9. 54%，较上季度环比下降 10. 00%。信用类、复合类、股权相关类产品共占比 0. 25%，较上季度环比均有不同程度的下降。按账户分，大部分衍生

交易发生在交易账户，折合人民币 18.21 万亿元，占比 86.88%。按货币分，人民币衍生产品占比 72.23%，外币产品占比 27.77%，如表 5－3 所示。

表 5－3　2013 年三季度衍生产品交易业务发生额

单位：万元（人民币）

	业务发生额（名义本金）	占比（%）	与第二季度末相比（%）
利率类	199，897，785.25	9.54	－10.00
汇率类	1，794，295，510.44	85.61	－5.42
商品及其他	16，336，196.25	0.78	16.69
股权相关类	1，025，835.61	0.05	－53.06
信用类	699，778.57	0.03	－12.41
贵金属类	80，130，320.58	3.82	18.76
复合类	3，453，621.87	0.16	－56.74
合计	2，095，839，048.57	100.00	－5.23

二、国际掉期与衍生品协会协议的法律问题及争议解决

（一）国际掉期与衍生品协会协议概述

为方便当事人交易和谈判，场外金融衍生品市场存在由不同机构制定的标准文本。例如，中国银行间市场交易商协会发布的《中国银行间市场金融衍生产品交易主协议》；澳大利亚金融市场协会发布的主协议文本；在外汇交易市场，纽约联邦储备银行联合英国银行家协会、加拿大外汇委员会、东京外汇市场委员会发布的《国际外汇市场协议》《国际外汇和货币期权协议》《外汇和期权主协议》《国际货币期权主协议》。在回购和融券交易市场，国际资本市场协会制定了回购主协议文本。国际融券协会制定了融券主协议。期货期权协会制定了 FOA 主协议。债券和融资市场，融资市场协会制定了《多种货币条款和滚动借款协议》。①

国际掉期与衍生品协会协议是衍生品市场最重要的标准文件，约 90%

① Jonathan Ross, *The Case for P. R. I. M. E. Finance*: *P. R. I. M. E. Finance cases* Capital Markets Law Journal, 2012, pp. 221－222.

的交易都采用国际掉期与衍生品协会文件。[①] 国际掉期与衍生品协会是致力于场外金融衍生品市场安全和效率的组织。国际掉期与衍生品协会主要通过制定标准合同,并保障标准合同的强制执行效力,降低信贷风险和法律风险。不仅与行业协会,而且同政府公共部门有密切合作,游说政府公共部门通过相关立法,承认国际掉期与衍生品协会文本的法律地位。国际掉期与衍生品协会现有成员800多个,分布在60多个国家,有场外金融衍生品市场主体、交易所、清算所及律师事务所等。场外金融衍生品市场主体有公司、投资经理、政府和国际组织投资机构、保险公司、能源企业、国际银行及地区性银行等。国际掉期与衍生品协会成员主要是场外金融衍生品的卖方,即开发并销售衍生品的大金融机构。[②]

衍生品交易的文件有三个部分:每个交易的确认书、支配当事人之间所有衍生品交易的主协议和附属条款、特定交易中的担保或保证的信用支持文件。[③] 衍生品交易文件一般采用标准文本,使风险标准化,最为常用的是国际掉期与衍生品协会文本。[④] 标准文本的负面影响是当事人可能怠于修改标准文本使之适应自己的独特需要。[⑤] 主协议适用于当事人之间的所有衍生品交易,意义在于发生约定事件,一方可以终止双方之间的所有衍生品交易,得出一个债权,由一方向另一方支付。[⑥]

国际掉期与衍生品协会是为了推广通用文本而设立的行业组织。最早的国际掉期与衍生品协会协议是 1985 and 1986 Code of standard wording, Assumptions and Provisions for Swaps (Swaps Code); 1987 Rate Swap Master,关于美元利率,由纽约法支配;Rate and Currency Swap master,关于任何货币的利率互换和货币互换,由纽约法或英国法支配。合约都包括两部分,主协议基本条款和完善、补充、变更的表。1992 年发布了

① Wood P. , *Conflict of laws and international finance* 2nd ed, Sweet & Maxwell, 2007, pp. 2 - 6.

② See http://www2.isda.org/, Accessed November 13, 2013.

③ Alastair Hudson, *The Law on Financial Derivatives* 3rd ed, Sweet & Maxwell, 2002, [3 - 01].

④ Alastair Hudson, *The Law on Financial Derivatives* 3rd ed, Sweet & Maxwell 2002, [3 - 05].

⑤ Ibid[3 - 05].

⑥ Ibid[3 - 11].

主协议。2002 年发布的主协议引入了终止净额,互换终止时的计价方法。[①] 采用主协议的优点是法律上的确定性和安全性。[②] 当场外衍生品市场首先在美国和欧洲发展的时候,由于市场上缺乏标准的核心条款(如对手方发生违约事件的后果),各方(通常是大型跨国银行)需要花费大量的时间和资源磋商各自定制化的衍生品合约。随着衍生品交易量的增长和(因为竞争加剧)市场参与者利润降低,需要降低法律成本和磋商的时间的要求不断增加。衍生品市场在 19 世纪 80 年代中期出现不同的动因要求制定一系列适用于衍生品交易的标准文本,而这些动因也最终导致了 1992 年国际掉期与衍生品协会主协议的出台,其后该文本即被大多数衍生品市场普遍采用。虽然国际掉期与衍生品协会曾在 1987 年公布了一份主协议,但是,该份主协议目前在衍生品市场不再使用;此后国际掉期与衍生品协会于 2002 年公布了新一版主协议。

典型的金融交易双方需要制定合同条款,用以确定(1)每一方在交易项下的特别权利和义务;(2)适用于交易的法律和信用框架。1992 年国际掉期与衍生品协会主协议之所以可以成为最为广泛采用的标准文本的一个重要原因是,国际掉期与衍生品协会主协议采用了分层的方式即"伞状"的结构文本。在国际掉期与衍生品协会文本的框架下,国际掉期与衍生品协会主协议和附件只是搭建了协议双方交易关系的整体框架。这样的框架结构(包括与陈述、违约事件、终止事件、提前终止程序和适用法律相关的合同条款)适用于每一笔在国际掉期与衍生品协会主协议项下达成的衍生品交易。当协议双方希望达成一笔衍生品交易(如利率掉期交易)的时候,双方会签订一份"确认书"(根据所交易的衍生品参考资产的相关类型,其中会引述相关的国际掉期与衍生品协会定义文件)。在确认书中,双方会约定在每一笔交易项下各自的权利义务,并且每一份确认书都受制于国际掉期与衍生品协会主协议的条款。

---

① Hal S. Scott, Anna Gelpern, *International Finance: Transactions, Policy and Regulation*[15-023],[15-024]; Biggins J. Targeted Touchdown and Partial Liftoff: *Post-Crisis Dispute Resolution in the OTC Derivatives Markets and the Challenges for ISDA*[J]. German L. j, 2012: 1297, 1310.

② Philip Wood, *Set-Off and Netting, Derivatives, Clearing Systems*, 2nd ed, Sweet & Maxwell 2007:[12-002].

国际掉期与衍生品协会协议主要依据为英美法，当事人一般选择英国法院为有权法院、选择英国法为准据法；或选择纽约南区法院为有权法院、选择美国法为准据法。① 原因有历史原因，英国曾是世界最强的经济体，美国现在是世界上最强的经济体。来自这两个国家的金融机构倾向于选择本国法。两国法院也有使本国法律满足金融机构需要的意愿。② 金融机构需要法律确定性，倾向于选择他们熟悉和信赖的法。③ 两国法都支持当事人意思自治，不以公平为由进行干预。都支持金融市场，承认破产抵销，采用一般信托，公司全部财产作为担保财产，承认不需通知债务人即可以转让债权，可以混同的银行账户追索金钱。④

场外金融衍生品交易当事人一般采用金融衍生品交易商联合会制定的主协议。国际上采用最广泛、影响最大的是国际掉期与衍生品协会（国际互换与衍生品交易商联合会）主协议及相关协议。国际掉期与衍生品协会主协议和相关协议管辖权条款一般选择英国法院和英国法，或纽约南区法院和纽约法。美国和英国是场外金融衍生品市场高度发达的国家。国际掉期与衍生品协会协议设立的一系列制度与传统物权法、担保法和破产法有所抵触，例如让与担保和转让所有权的担保、终止净额结算（一方当事人破产，另一方当事人不受破产法中止债权人行使债权的限制）。国际掉期与衍生品协会创设的这些制度已在一些发达资本市场国家得到法律上承认，一般是通过赋予场外金融衍生品交易当事人豁免于一般物权法、担保法和破产法的特权。

我国法律不承认场外金融衍生品交易当事人的这些特权。我国场外衍生品市场处于初级发展阶段，参与者主要是银行和金融机构，银行间市场交易商联合会是行业组织，发布了《中国银行间市场金融衍生产品交易主协议》和其他相关协议，类似国际掉期与衍生品协会协议中的制度，并没有被我国法律正式承认。

场外金融衍生品协议安排与合同法、担保法、破产法有冲突，只在少数国家的法律上被承认，在很多国家并没有正式的法律地位。场外金融衍生

---

① Alastair Hudson, *The Law on Financial Derivatives*, 3rd ed, Sweet & Maxwell,2002:[3 -48].

② Philip Wood, *Conflict of Laws and International Finance*, 2nd ed, Sweet & Maxwell, 2007:[2 -004].

③ Ibid[2 -005].

④ Ibid[2 -006].

品协议中应用最广、影响最大的国际掉期与衍生品协会协议建议当事人选择纽约法院或英国法院，并不是偶然为之。出发点为当事人之间的安排寻求国内法院的支持，使当事人之间的私人安排得以强制执行。英美法院有支持金融市场当事人合同的传统，主张尊重当事人意思自治，不轻易以善意公平或公共政策为由不承认当事人之间的合同。国际掉期与衍生品协会协议安排多来自英美法，或者已在英美法有正式地位。国际掉期与衍生品协会协议在英美法院得到支持的可能性较大。在其他法院起诉，国际掉期与衍生品协会协议的安排可能不能被法院强制执行。而晚近的金融危机表明，在涉及破产当事人一般债权人利益等公共利益时，英美法院也可能不承认国际掉期与衍生品协会协议安排。① 导致国际掉期与衍生品协会转向仲裁，作为国际掉期与衍生品协会协议争端解决方式。② 本章将研究金融衍生品仲裁的相关问题，金融衍生品交易的特殊性、金融衍生品交易诉讼存在的问题、金融衍生品仲裁的可行性、金融衍生品仲裁的制度设计。为我国设立金融衍生品仲裁提供理论支持。

（二）国际掉期与衍生品协会协议的效力及法律风险

衍生品市场一直存在法律风险。衍生品市场的不断创新导致有些问题很难适用现行法。法律风险包括由于适用法律、法规不同导致衍生品协议不能强制执行和其他风险、损失。例如，终止净额结算条款在破产程序中不能强制执行导致风险敞口扩大；当事人没有权利或权限订立衍生品协议；本应适用于其他金融产品的金融监管法适用于衍生品市场；不期而至的税务负担；不可预料的法院判决或监管机构决定。③

强制执行力、监管和税收是衍生品市场法律风险的主要类型。创新的衍生品交易可能被法院认定为其他的交易类型，从而适用当事人未预期的法律。④ 重新定性是司法监管机关对衍生品的实质审查，无视其形式和当

---

① Jonathan Ross, "*The Case for P. R. I. M. E. Finance: P. R. I. M. E. Finance cases*" 7(3) *Capital Markets Law Journal*, 2012, pp. 221, 223.

② Biggins J. Targeted Touchdown and Partial Liftoff, *Post-Crisis Dispute Resolution in the OTC Derivatives Markets and the Challenges for ISDA*, *German L. j*, 2012, pp. 1297, 1324.

③ Schuyler K. Henderson, *Henderson on Derivatives* 2nd *Rev. ed*, *Butterworths Law*, 2009, [10. 1].

④ Ibid[10. 2].

事人意思，适用违背当事人预期之外的法律，应该进行注册或登记，以交易不合规为理由认定交易无效，不能强制执行。①

银行、证券、保险监管机构可能竞相对场外衍生品交易主张管辖权。衍生品创新可能被法院、监管机构和税务当局认定为规避法律、监管和税务，因而被认定为无效。②

违反监管法可能导致当事人的行政、民事和刑事责任，导致交易无效。当事人不仅要遵守本国监管法，而且要考虑对手方本国的监管法。③ 金融监管的目标有保护资本市场的稳定；保护中小投资者，例如，规范交易行为，对衍生品市场准入设立限制，在零售市场制定信息公开要求；④对金融机构进行监管，设置市场准入，例如，对涉及金融系统安全的机构进行监管，如证券公司、保险公司；保护敏感商品；保护货币体系；防范金融系统性风险。⑤ 金融监管有宽松型、限制型和分割型。宽松型监管一般允许金融活动，特别列举禁止的活动。限制性监管一般禁止或监管所有金融活动，特别允许的活动可以从事并且需要许可。分割性监管则是对不同产品有不同监管模式。各国按照市场主体不同，也有不同监管模式。金融机构交易商所属国一般鼓励衍生品交易，便利衍生品交易。终端用户所属国则对衍生品进行严格监管，保护本国衍生品终端用户。⑥ 采用国际掉期与衍生品协会标准协议时，衍生品用户可能并未阅读国际掉期与衍生品协会协议，也不了解其法律意义，在衍生品交易商提出必须采用标准协议时，即订立协议。⑦ 用户可能事后主张卖方未尽告知义务。

国际掉期与衍生品协会协议如果有不公平条款，可能不被强制执行。例如，1987 年版本允许非违约一方不向违约方支付终止净额。⑧ 晚近金融危机中的一系列判例表明，一方当事人破产时，对方当事人结合终止净额

---

① Ibid [10. 3], 293; Caiola v. Citibank NA137 F Supp 2d 362 (SDNY, 2001); Welsh Development Agency v. Export Finance Co. Ltd. [1992] BCLC 148, [1992] BCC 270 CA.

② Schuyler K. Henderson, *Henderson on Derivatives* 2nd *Rev. ed*, *Butterworths Law*, 2009, [10. 2].

③ Ibid[12. 1].

④ Ibid[12. 6], [12. 7].

⑤ Ibid[12. 6].

⑥ Ibid[12. 5].

⑦ Alastair Hudson. *The Law on Financial Derivatives* 3rd ed, Sweet & Maxwell, 2002, 5 - 17.

⑧ Alastair Hudson. *The Law on Financial Derivatives*. 3rd ed, Sweet & Maxwell, 2002, 5 - 18.

结算条款与附条件的义务条款，主张对方违约而自己一方无需履行义务，可能不被法院支持。①

主协议的某些问题并不适用协议约定的准据法，如税法、监管、强制执行力、当事人缔约能力等，应适用当事人各自的国家的法律。② 这也是国际掉期与衍生品协会主协议的法律风险之一。

（三）国际掉期与衍生品协会协议的争议解决

由于场外金融衍生品交易越来越具有跨国性，随着技术和金融的发展，场外金融衍生品一直不受金融监管部门监管，直到2008年金融危机才提出要对场外金融衍生品加强监管。因此，与交易所金融衍生品市场不同，场外金融衍生品市场主要由私法调整。交易所市场有市场规则，同时受到金融监管机构约束，相关法律带有经济管理法和行政法的限制。③ 国际掉期与衍生品协会主协议毕竟是合同机制，合同法对合同效力的约束、冲突法的影响、相关国家的国内立法、当事人的缔约能力，使国际掉期与衍生品协会主协议的强制执行效力具有不确定性。④ 国际掉期与衍生品协会及采用国际掉期与衍生品协会主协议的当事人希望通过管辖权条款和法律原则条款，选择支持国际掉期与衍生品协会协议可强制执行效力的纽约法院或英国法院，纽约法或英国法。但是，国际掉期与衍生品协会和国际掉期与衍生品协会协议当事人不能控制法院对协议的干涉。即使是支持国际掉期与衍生品协会安排的英美法院，在面临公共政策时，也可能不承认国际掉期与衍生品协会协议的强制执行效力。特别是在场外金融衍生品臭名昭著的金融危机时期。⑤ 如果争议不能在纽约法院或英国法院解决，法院可能对场外金融衍生品不支持。纽约法院和英国法院也不是在任

① Biggins J. Targeted Touchdown and Partial Liftoff: *Post-Crisis Dispute Resolution in the OTC Derivatives Markets and the Challenges for ISDA German L. j*, 2012, pp. 1297, 1313.

② Schuyler K. Henderson. *Henderson on Derivatives* 2nd Rev. ed, Butterworths Law 2009, [10.15].

③ Nikolaos Davrados. *OTC Derivatives and the Conflict of Laws* 65 *Revue* hellenique du *droit* international, 2012, pp. 181, 182.

④ Biggins J. Targeted Touchdown and Partial Liftoff: *Post-Crisis Dispute Resolution in the OTC Derivatives Markets and the Challenges for ISDA German L. j*, 2012, pp. 1297, 1326.

⑤ Ibid., p. 1324.

何情况下都支持国际掉期与衍生品协会主协议的各项安排，尤其在金融危机之后。因此，国际掉期与衍生品协会极力扩大对国际掉期与衍生品协会协议的支持，使国际掉期与衍生品协会协议在国内法获得正式地位，为场外金融衍生品取得豁免于一般法的特殊待遇。[①] 因此，国际掉期与衍生品争议的解决方式由法院裁决转为仲裁。

普通法系国家法院敏感地意识到自己的裁判影响将来当事人的活动，所以对商业惯例比较敏感和尊重。因此，英美法创造了国际金融法。而且英美法院注意判决的国际一致。[②] 晚近金融危机导致法院推翻长期存在的金融市场惯例，引发金融市场不安。[③] 导致国际掉期与衍生品协会将争议解决方式由法院诉讼转向仲裁。

银行传统上偏爱诉讼作为争端解决方式，原因可能是银行认为争议的根本在于债务人不愿付款。占据优势地位的投行更能承担诉讼的高额成本。[④] 但近来仲裁的适用在金融界有所上升。原因可能是金融交易日益复杂，金融争议解决需要专业人士。仲裁迅捷、较为低价的成本、域外便于执行，使之比诉讼更具有优势。仲裁可能更容易避免巨额惩罚性赔偿。[⑤] 特别是金融危机后，英美法院有时也不支持国际掉期与衍生品协会协议某些制度，因此，国际掉期与衍生品协会建立了自己的仲裁院，国际金融资深专家小组（Panel of Recognized International Market Experts in Finance）。[⑥]

国际金融市场资深专家小组的宗旨是解决复杂金融交易争端，并协助法院解决复杂金融交易争端，这取得了国际金融监管机构的支持。其目标是提供解决复杂衍生品交易争议，通过仲裁、调解、提供专家意见等向法院提供意见；建立衍生品市场争议的判例系统。国际金融市场知名专家组于2012年1月成立。2013年国际掉期与衍生品协会发布了2013年《国际掉

---

① Ibid.，p. 1326.

② Agasha Mugasha. *International Financial Law: Is the Law Really International and Is It Law Anyway? Banking & Finance Law Review*, 2011, p. 381.

③ Ibid.

④ Partnoy F. *The Shifting Contours of Global Derivatives Regulation Ssrn Electronic Journal*, 2001, pp. 421, 482.

⑤ Ibid.，p. 483.

⑥ http://www.primefinancedisputes.org/，2015年11月17日访问。

期与衍生品协会仲裁指引》,并修改了2002年《国际掉期与衍生品协会主协议》和1992年《国际掉期与衍生品协会主协议》,加入了仲裁条款。

国际掉期与衍生品协会主张仲裁的理由是:国际掉期与衍生品协会协议的复杂导致仅有业内人士真正理解其本质。买方可能不了解协议内容,之后主张卖方误导或欺诈,请求认定协议无效。[①] 场外金融衍生品交易是自由化技术化的,法院法官却不一定理解场外金融衍生品交易。纽约法院和英国法院被认为较为支持市场交易当事人的意思,也不能总是使当事人满意。判决的域外承认和执行也可能遇到障碍。

(四)《国际掉期与衍生品协会仲裁指南》评述

2013年9月9日,国际掉期及衍生工具协会发布了其1.0版的《2013 ISDA仲裁指南》(以下简称《仲裁指南》)。国际掉期与衍生品协会会员可选择《仲裁指南》提供的示范仲裁条款作为其拟使用的1992年版或2002年版国际掉期与衍生品协会主协议(以下简称国际掉期与衍生品协会主协议[②])的仲裁条款。《仲裁指南》的出台反映了金融领域倾向选择仲裁作为争议解决机制的趋势。下面将对《仲裁指南》提供的示范条款(以下简称示范条款)进行概述并予以评议。

(1)《仲裁指南》的基本情况

《仲裁指南》体现了金融仲裁的趋势,其发布反映了在金融领域选择仲裁作为争议解决机制的趋势。国际掉期与衍生品协会来自新兴市场国家的交易成员在跨境金融交易中不断广泛参与,连同其他原因,促进了这一

---

① Jonathan Ross, *The Case for P. R. I. M. E. Finance*: *P. R. I. M. E. Finance cases* 7(3) *Capital Markets Law Journal*, 2012, pp. 221, 224.

② Article 1. 典型的金融交易双方需要制定合同条款,用以确定(1)每一方在交易项下的特别权利和义务;以及(2)适用于交易的法律和信用框架。1992年国际掉期与衍生品协会主协议之所以可以成为最为广泛采用的标准文本的一个重要原因是,国际掉期与衍生品协会主协议采用了分层的方式即"伞状"的结构文本。在国际掉期与衍生品协会文本的框架下,国际掉期与衍生品协会主协议和附件只是搭建了协议双方交易关系的整体框架。这样的框架结构(包括与陈述、违约事件、终止事件、提前终止程序和适用法律相关的合同条款)适用于每一笔在国际掉期与衍生品协会主协议项下达成的衍生品交易。当协议双方希望达成一笔衍生品交易(如利率掉期交易)的时候,双方会签订一份"确认书"(根据所交易的衍生品参考资产的相关类型,其中会引述相关的国际掉期与衍生品协会定义文件)。在确认书中,双方会约定在每一笔交易项下各自的权利义务,并且每一份确认书都受制于国际掉期与衍生品协会主协议的条款。

趋势的形成。鉴于在新兴市场执行外国法院判决困难重重,尤其是在相关新兴市场国家所在的司法管辖区之间没有签订互惠司法协助协议的情况下。然而《承认及执行外国仲裁裁决公约》(《纽约公约》)有近150个缔约成员国,从而使外国仲裁裁决可以在其他国家得到较为普遍的承认和执行。

为满足市场的需求,国际掉期与衍生品协会于2011年1月就开始为可用于国际掉期与衍生品协会主协议的仲裁条款公开征求意见。[①] 2013年正式发布的《仲裁指南》吸纳了来自全部相关司法辖区的会员的反馈意见。《仲裁指南》由引言(包括对仲裁这一争端解决方式的简要介绍)和示范条款内容组成的7个附录构成。除了示范仲裁条款之外,每一示范条款还包含该示范仲裁条款何时以及如何使用的简要说明和为使用仲裁条款而相应的国际掉期与衍生品协会主协议需要修改的条款内容。

《仲裁指南》中的示范条款可以替代1992年版和2002年版《国际掉期与衍生品协会主协议》中的争议管辖条款。尽管制定示范条款的主要目的是为了将其用于新协议,但其也可适用于现有的国际掉期与衍生品协会主协议。每一示范条款包括:国际掉期与衍生品协会主协议的适用法律条款;删除国际掉期与衍生品协会主协议中现有争议管辖条款的规定;加入包含仲裁规则、仲裁地、仲裁语言、仲裁员人数和任命程序的选择等事项的仲裁条款;以及修改《国际掉期与衍生品协会主协议》其他条款的措辞,以使其与所引用的仲裁条款保持一致。英国法和纽约州法依然是默认的主协议适用法律。[②] 在征求意见阶段,就其他法律是否可以作为国际掉期与衍生品协会主协议的管辖法律产生了争论。然而,《仲裁指南》最终确定一般标准是仅可选择英国法或纽约州法作为《国际掉期与衍生品协会主协

① 这次的商议始于2011年1月19日一份面向国际掉期与衍生品协会各成员的名为"国际掉期与衍生品协会主协议下的仲裁使用"的记要,而后便开展了多次与各成员国以及国际金融圈内利益相关者的会议。

② 法官Briggs在审理Lomas and others诉JFB Firth Rixson Inc一案的最高法院判词中所写道:"国际掉期与衍生品协会主协议是全球最为广泛使用的文本之一。该主协议文本也是在金融领域使用的最为重要的标准市场文本。英国法是主协议文本普遍选择的两大适用法律之一,另外一个是纽约法。"Ibid, at para 53.

议》的适用法律。[①] 此外,示范条款明确规定由国际掉期与衍生品协会主协议中产生或与国际掉期与衍生品协会主协议有关的非合同争议适用所选择的争议管辖条款。11 种示范条款分别规定在 7 个附录。每一示范条款规定了仲裁规则、仲裁地和管辖法律的不同组合。

关于仲裁员,所有示范条款均包括一项可选规定,即可以选择任命 1 名或 3 名仲裁员。此外,示范条款的一项可选内容为若仲裁庭由 3 名仲裁员组成,则首席仲裁员由其他两名仲裁员(而非仲裁机构)提名或任命。

示范条款和引言就仲裁的基本情况进行了简单介绍,并向国际掉期与衍生品协会会员提供了容易理解和掌握的包括仲裁规则和仲裁地的一般组合的条款。正如《仲裁指南》所强调的,示范条款可以修改。协议各方可以自主选择不同的仲裁地或仲裁规则,例如,可以选择使用 ICC 或 P. R. I. M. E. Finance 仲裁规则在我国香港或新加坡进行仲裁。尽管示范条款刻意保持简单扼要,协议各方可以添加额外的规定以便适用于特别的要求或交易。

一直以来,金融机构对于使用仲裁方法解决金融纠纷抱有顾虑,会员在征求意见阶段也提出了许多与这一顾虑有关的额外问题,《仲裁指南》对其中部分问题进行了解答并提供了有用的建议。

例如,国际掉期与衍生品协会会员可在仲裁条款中添加如下内容:一方可在争议发生后选择仲裁或将争议提交至法院进行诉讼;“快速仲裁程序”条款以加快仲裁进程;专门针对合同主体缔约能力的条款(如在合同一方为国家实体的情况下);明确要求仲裁程序保密的条款;或要求仲裁员拥有特别的技能或资质。

然而,《仲裁指南》建议成员在修改示范条款前寻求专业人员的建议,[②]

---

① Article 2. 国际掉期与衍生品协会主协议的主要目的是帮助市场参与者管理衍生品交易对手方的信用风险。能否有效的管理该等信用风险将直接影响交易机构的收益率(如通过减少监管资本要求)和亏损(如因对手方违约造成的亏损)。在国际掉期与衍生品协会主协议中用以降低双方信用风险的一个机制是允许在国际掉期与衍生品协会主协议被提前终止的情况下可以实现“终止净额结算”。而很多国家的法律对“终止净额结算”不予认可。

② 该指南并不声称是或者不应该被认为是所有相关事件或者具体交易、合同关系中的所有情况的指南或者解释。所以当事人在使用 国际掉期与衍生品协会标准仲裁条款前,应该和自己的法律顾问或者其他当事人认为适合的咨询师商议。国际掉期与衍生品协会对于任何使用它的文档或文档中的定义、规定不承担责任。

例如,可仲可诉条款可能导致在某些司法管辖出现执行困难。《仲裁指南》不仅顺应了金融领域采取仲裁解决纠纷的趋势,同时也推动了这一趋势的进一步发展,促使金融行业的其他领域进一步考察仲裁的优缺点。

(2)《仲裁指南》关于仲裁的性质的认识

仲裁是通过私下成立仲裁庭解决纠纷的一种机制。一般情况下,仲裁庭由一名或三名仲裁员构成,并以强制约束双方当事人的裁决书的公布为终结。这里的强制约束仲裁当事人意味着仲裁是一个能真正替代法庭诉讼的争端解决方式。这种特性将仲裁与某些其他替代性纠纷解决方式区分开来,比如调解机构。调解机构可以在法庭诉讼之前或在法庭诉讼之余使用,但调解这种纠纷解决机制并不会产生强制性的后果。

仲裁裁决可以通过调用法院的强制力量来对一方或其资产进行执行。跨境执行仲裁裁决是由相应的国际条约——1958 年《纽约公约》①支撑的。除了有限的例外,缔约国还有承认和执行仲裁裁决的义务。下文中会进一步对此进行解释。《纽约公约》大约有 150 个缔约国。这使仲裁这种解决纠纷的方式对于国际贸易争端极具吸引力。

纠纷法院对于一方当事人或者纠纷的管辖权并不是以法院管辖权协议(管辖权条款)为前提的。法院可能因为固有的民事诉讼规定获得相应的管辖权。相比之下,接受仲裁是基于双方的共识。仲裁法庭对于纠纷的管辖权总是基于双方当事人的仲裁协议。② 一般来说,仲裁协议是发生纠纷的实质性合同中的条款,或者是仲裁案件相关合同中的条款(这些合同都不是以在法院进行诉讼为解决纠纷方式的)。③ 该指南所提供的标准仲

---

① 《联合国承认和执行外国仲裁裁决的公约》于 1958 年 6 月 10 日在纽约达成。缔约国的文本和列表可在 http://www.uncitral.org/uncitral/en/uncitral_texts/arbitration/NYConvention.html 获得。

② 仲裁专家通常互换使用术语"仲裁条款"和"仲裁协议"。为了这个指南的一致性,全部使用"仲裁条款"(arbitration clause)。

③ 在纠纷之前或者产生之后,才设立一个独立的仲裁协议也是可能的,但这不太常见。另外还请注意,该指南并不关心投资条约仲裁。投资条约缔约国需同意遵守某些对投资于其领土的另一方或各方的义务。这些义务通常包括不没收投资者的投资,保证"公平和公正待遇"和"全面保护和安全"的投资与平等待遇国家的国民或第三国家的投资者。由于投资缔约国违反这样的条约致使投资者遭受损失的,投资者有权利要求该国家进入仲裁程序。这个仲裁的权利并不依赖于现有的仲裁协议,而是在国家的投资条约为那些愤愤不平的投资者带来希望,他们可以申请对国家进行仲裁。除了合同权利和补救措施,投资条约可能会在国际公法下提供额外的权利和补救措施。

裁条款旨在提供插入主协议的参考内容,成为仲裁协议的一部分。

(3)《仲裁指南》对仲裁规则的界定

虽然仲裁员有义务公平公正地裁决争端,并给争端双方一个展示其案件情况的机会。但是,仲裁法庭并不必遵循法院的程序。仲裁双方可以提供仲裁条款,说明应该怎样进行仲裁或者直接同意使用由仲裁机构统一颁布的仲裁规则。

仲裁规则提供了仲裁过程的框架,包括赋予仲裁法庭一些程序性的权利。仲裁规则与法庭规则相比更为简要。所以,除了仲裁双方已经达成共识的部分以外,仲裁庭有更大的自由裁量权。

仲裁规则往往有一系列的仲裁机构发布,对于仲裁规则的选择也就是对于相应的仲裁机构的选择(较为突出的一个例外是若选择联合国国际贸易法委员会的仲裁规则,就不设有相应的管理机构)。[①] 仲裁机构本身不会作出争议裁决,它的作用是协助仲裁庭的任命(包括选择仲裁员,比如在一方当事人没有及时选择自己的仲裁员或者在双方未能对于仲裁员达成共识的情况下),对于仲裁程序的管理(如对仲裁员回避申请的审理,收取仲裁费用和确定仲裁员的报酬,提醒当事人和仲裁庭注意最后期限,安排聆讯设施等)。

(4)仲裁地的规定

仲裁程序也将受到仲裁地法律的限制,仲裁地(有时被称为"法律意义上的仲裁地址"或简单地理解为"仲裁发生地")。仲裁地法院也会对仲裁产生一系列的影响(具体因国家而异)。

仲裁地是一个法律概念,将仲裁与法律管辖权联系起来。仲裁地通常是指一个城市,但关键问题是仲裁地的法律管辖权是什么(如仲裁地选择伦敦,那么仲裁就在英格兰和威尔士的法律管辖权之下)。仲裁开庭通常在仲裁地进行,但也不总是在仲裁地。因为仲裁开庭地点的选择更看重的是对仲裁产生的后果。仲裁地的影响主要是三种:

---

① 虽然根据联合国国际贸易法委员会仲裁规则,不提供一个仲裁管理机构。这种情况下,双方能够指定一个"权威机构"从而协助仲裁法庭的任命。如果双方没有就这个机构达成共识,那么海牙仲裁法庭就会任命一个指定仲裁机构。

第一,仲裁程序会受到仲裁地的仲裁法管辖(如在英国,仲裁程序将适用 1996 年的仲裁法案)。现代仲裁法通常适用默认规则,除非当事人另有约定(根据他们的仲裁条款中的约定,或者是根据已经选择了的仲裁规则)。在这种有约定的情况下,还将实施一些强制性的规定旨在维护公平的程序(如保证仲裁庭是公正的)。

第二,仲裁地法院对仲裁会有一定的影响,这种影响由所在地的仲裁法开始。比如,在许多国家,法院有权对挑战存在偏颇的仲裁员进行听证。仲裁地法院有权审理申请撤销或驳回仲裁的申请。仲裁地法院的权力因不同的国家而有所差异。[①] 在实践中,法院行使这些职权的方法也因国家而异:在某些地区,特别是主要仲裁中心,法院会支持仲裁程序;而在另一些地方,法院可能干扰或破坏仲裁。

第三,仲裁裁决被认为是在仲裁地完成的。若要保证仲裁裁决受到《纽约公约》的支持,裁决必须要在《纽约公约》的成员国进行。

仲裁地的选择是非常重要的。标准仲裁条款提供的仲裁地要么在伦敦、纽约、巴黎、新加坡、日内瓦、苏黎世及中国香港,要么在热衷与 国际掉期与衍生品协会各成员商议的海牙。

三、P. R. I. M. E. Finance 金融衍生品仲裁条款解析

国际金融资深专家小组是设在海牙的荷兰非盈利机构,于 2012 年 1 月成立,已经开始受理争议。已被国际掉期与衍生品交易商协会列入其《仲裁指南》,提供的标准仲裁条款为该组织 1992 年和 2002 年主协议标准文本所用。之前这些协议的争议解决方式是在英美法院诉讼,选择适用英美法。之后,国际金融资深专家小组希望在日本东京发布仲裁的标准仲裁条款。国际金融资深专家小组还将就衍生品和仲裁对各国司法机关进行教育培训。

其仲裁规则是基于《联合国贸易法委员会仲裁规则》(2010 年修订)制定的,尽量与其保持一致,以尊重常设仲裁院的地位,并参照该规则的评注。但《国际金融资深专家小组仲裁规则》增加了适应衍生品市场的条款

---

① 关于撤销仲裁裁决的权力机构,请参阅下面论述。

和附件，缩短了一些仲裁程序的期限。紧急仲裁程序是指当事人约定仲裁地在海牙的可以请求30天至60天出仲裁裁决的快速程序。仲裁庭可以任命独立专家、仲裁庭之友，提高参与仲裁的人员的专业性。仲裁庭可以适用善意公平原则，进行友好仲裁，考虑行业惯例。该规则集中体现了金融仲裁的时效性和专业性。

（一）期限及效率

P. R. I. M. E的仲裁规则体现了金融仲裁的期限较一般仲裁短，程序简便，注重效率。因为衍生品市场价格时刻变化，效率对于衍生品交易非常关键。

P. R. I. M. E金融仲裁规则在审理期限的第2a条中规定："当事人可协议缩短《规则》规定的期间，但必须得到仲裁庭的认可方有效。仲裁庭将在双方递交缩短期间申请后七日内作出许可或驳回的决定。仲裁庭有权向当事人建议合理修改其协议的期间。"

文件送达和交换可以通过任何可以存储的方式进行，以提高文件送达和交换的效率。根据P. R. I. M. E金融仲裁规则的规定，任何通知[①]可通过任何能够提供或容许传输记录的通信手段进行传输。凡一方当事人已为此目的专门指定某一地址，或者仲裁庭已为此目的同意指定某一地址的，均应按该地址将任何通知送达该当事人；照此方式递送的，视为收到通知。使用传真或电子邮件等电子方式的，只能将通知递送到按上述方式指定或同意指定的地址。[②] 经合理努力仍无法递送通知的，用挂号信或以能够提供递送记录或试图递送记录的方式，将通知递送到收件人最后一个为人所知的营业地、经常住所地或通信地址，即应视为已收到通知。根据上述方式送达通知的日期，或者试图递送通知的日期，应视为已收到通知的日期。以电子方式传递通知的，通知发出的日期视为已收到通知的日期，但以电子方式传递的仲裁通知除外。[③] 规定的期间，应自收到通知之日的次日起算。期间的最后一天是收件人住所或营业地法定假日或非营业日的，期间

① 包括通知书，函件或建议。

② 没有指定地址或没有同意指定地址的：通知直接交给收件人，即为收到；或者通知递送到收件人的营业地、经常住所地或通信地址，即视为收到。

③ 仲裁通知视为已收到的日期，只能是其抵达收件人电子地址的日期。

顺延至其后第一个营业日。期间持续阶段的法定假日或非营业日应计入期间。

(二)紧急仲裁员

P. R. I. M. E 仲裁规则规定,当事人在仲裁庭组成之前可以申请任命紧急仲裁员。① 除非明显不适用紧急仲裁,申请人未付仲裁费用的。② 国际金融资深专家小组仲裁院在 3 日内任命紧急仲裁员,一般不在将来仲裁中担任仲裁员。③ 任命仲裁员 10 日内申请人提交仲裁申请,负责紧急仲裁员终止紧急仲裁。④ 紧急仲裁员在仲裁庭任命后仍有权决定发布紧急措施。⑤ 当事人决定仲裁地,当事人没有约定,国际金融资深专家小组仲裁院决定仲裁地,紧急仲裁员可以决定在任何地点开庭。⑥ 紧急仲裁员的决定采取决定形式,移交案件后 15 日内做出决定,可以推迟。⑦ 紧急仲裁员的决定可以被紧急仲裁员或仲裁庭变更。紧急仲裁员的决定约束力在下列情况下中止:紧急仲裁程序结束;仲裁庭做出最终裁决;仲裁程序在仲裁庭做出最终裁决前结束。⑧

(三)仲裁庭指定独立专家与仲裁庭之友

P. R. I. M. E. Finance 的仲裁程序体现了仲裁员的专业性和参与仲裁人员的专业性。除专业的仲裁员名册外,仲裁庭还可以指定独立专家或仲裁庭之友,就仲裁的专业问题提交书面意见,并参加审理。

仲裁庭与当事人商议后可以指定一名或一名以上的独立专家,向其书面报告仲裁庭需要决定的具体问题。专家应陈述其资历和独立性。当事人可以质疑专家,当事人可以对专家报告进行审议。专家可以出庭,参加仲裁庭争议。⑨

---

① Emergency Arbitral Proceedings Article 1.
② Emergency Arbitral Proceedings Article 3.
③ Emergency Arbitral Proceedings Article 4.
④ Emergency Arbitral Proceedings Article 5.
⑤ Emergency Arbitral Proceedings Article 6.
⑥ Emergency Arbitral Proceedings Article 7.
⑦ Emergency Arbitral Proceedings Article 9.
⑧ Emergency Arbitral Proceedings Article 10.
⑨ Article 29.

如果仲裁庭认为对正确裁判有必要,仲裁庭可以应一方当事人请求或自行决定,邀请政府、组织、或个人出庭,对争议任何问题提出意见。①国际掉期与衍生品协会经常在英美法院作为法庭之友,提交国际掉期与衍生品协会主协议的意见,总结判例和立法,捍卫国际掉期与衍生品协会主协议的强制执行力,特别在国际掉期与衍生品协会安排与国内法不一致,且涉及公共政策时,例如,国际掉期与衍生品协会主协议的担保安排和终止净额结算。此规定保证仲裁庭适用法律有专业人士或专业机构的支持,不限于仲裁庭成员的仲裁员,即使仲裁员都是国际金融界的权威专业人士或金融业律师。

(四)适用法律与友好仲裁

仲裁庭必须适用当事人指定的解决实体争议的法律,当事人未指定实体争议适用法律的,仲裁庭可适用其认为适当的法律,考虑交易或争议的国际性及金融专业性。仲裁庭在任何情况下应严格解释合同,并考虑交易的行业惯例。仲裁庭只有在当事人授权时才可以作为友好调解人按照善意公平原则解决争议。② 该规定集中体现了金融仲裁的专业性,适用法律的专业性,在一般原则为当事人选择法律的条件下;如果当事人未选择适用法律,仲裁庭应该解释合同,并适用行业惯例,考虑交易的国际性及金融专业性。即仲裁庭应严格执行 国际掉期与衍生品协会主协议。

友好仲裁是指仲裁庭经争议当事人的授权,在认为适用严格的法律规范会导致不公平的结果的情况下,按照当事人认为的公平善意的标准进行仲裁,并且这一裁决将对当事人产生约束力。与依法仲裁相比较,友好仲裁的最大优点在于可以基于当事人的意愿,在仲裁庭并非严格按照法律规定的情况下,依照公平善良的原则作出裁决。友好仲裁的适用需要符合三个条件:第一,友好仲裁以当事人合意为前提要件,当事人应以书面形式达成是否采取友好仲裁的约定;第二,仲裁庭作出裁决是仲裁员从公平正义的角度,以人们公认的价值观和是非观为标准,形成公正合理的裁决结果;第三,仲裁庭在适用时不能违反法律的强制性规定。友好仲裁只是排除了

① Article 30.

② Article 36.

实体法的适用，而不能排除程序法的适用。

P. R. I. M. E. Finance 仲裁规则集中体现金融仲裁时效性和专业性，旨在维护 国际掉期与衍生品协会协议的强制执行力。但仲裁庭适用法律、行业惯例、善意原则时必须考虑法律强制性规定，否则其裁决在国家法院可能无法执行。

四、中国首例金融衍生品仲裁案分析

本案中申请人是一家外资银行，被申请人是一家企业客户，二者签订了《中国银行间市场衍生产品交易主协议》，在履行协议的过程中发生纠纷。当事人就合同是否有效、是否存在欺诈及违约金额的高低等问题存在严重分歧。仲裁庭根据中国法律，依照协议约定，进行了裁决。根据笔者了解，该案是中国金融衍生产品交易仲裁第一案，具有一定的示范意义。

（一）主要案情及争论焦点

1. 主要案情

被申请人与德国投资与开发有限公司（DEG）签订一份《借款协议》，约定被申请人向德国投资与开发有限公司借款，总额为 2500 万美元，借款期限约 7 年，被申请人按照美元 6 个月伦敦银行同业拆借利率（LIBOR）另加 3.5% 的年利率向德国投资与开发有限公司支付利息。为了规避使用美元长期贷款所可能发生的风险，申请人与被申请人签订《中国银行间市场金融衍生产品交易主协议》及其《补充协议》，并于 2009 年 7 月 21 日签订《交易商协会交易确认书》。

根据本案合同，双方约定进行美元与欧元利率挂钩的美元结构性掉期交易。分为十个计息期，每半年结算一次利息。交易的名义本金为 2500 万美元，并按照前述被申请人与德国投资与开发有限公司之间《借款协议》约定的本金分期还款的进度，相应减少名义本金。

本案合同签订后，双方开始履行合同。基于市场美元与欧元利率的数据，在第一个利息结算日，申请人根据计算结果，向被申请人支付了金额为 19,395.83 美元的第一期利息。此后，因美元与欧元利率各自的走势变化，被申请人在第二期利息结算日需向申请人支付 43,987.50 美元。被申请人拒绝了支付该款项的要求。

而后申请人根据本案合同向被申请人发出了《主协议项下提前终止通知函》，并确定了提前终止日。申请人向被申请人发出了《主协议项下关于提前终止应付额的计算报告及抵销的通知函》，称：根据主协议第 9 条第 2 款规定，申请人计算并且确定了提前终止应付额；申请人应收到的未付款项终止货币等值额为 43,987.50 美元；对于相关被终止交易而言，申请人使用替代交易法，计算并确定的所有被终止交易的公允市场价值总和的终止货币等值额为 1,879,000 美元；被申请人需要向申请人支付 1,922,987.50 美元，以及由于交易提前终止而应支付的利息与所有合理费用。

被申请人拒绝了申请人的上述要求，申请人遂向仲裁委员会提出仲裁申请。

2. 争议焦点

(1)衍生品交易的履行

本案证据显示，本案合同已经部分履行，履行事实相对简单。在第一个利息支付日，被申请人依约向申请人支付了 19,395.83 美元作为第一期结束时双方应结算的款项。当第二个利息支付日到来时，由于利率的变化，依据本案合同计算的结果，被申请人应向申请人支付 43,987.50 美元。但被申请人拒绝向申请人支付该款项。

《主协议》第 6 条第 1 项规定，交易一方未按协议的约定履行支付义务，且在另一方发出的未履约通知生效后的第 3 个营业日(《补充协议》将其修改为 1 个营业日)届满时仍未纠正的，构成违约事件。

仲裁庭认为，被申请人没有符合合同或法律的理由，拒绝依约在第二个利息支付日履行支付相应款项的义务，该行为构成违约，被申请人应承担由此而产生的违约责任。

(2)衍生品交易违约后的损失计算

申请人要求裁决确认主协议提前终止，并支付违约金 1,922,987.50 美元及利息。

仲裁庭认为，申请人的此项请求符合双方的约定，也符合法律的规定，仲裁庭对申请人的该项请求予以支持。

根据仲裁庭查明的事实，申请人于 2010 年 8 月 27 日向被申请人发出了《终止函》后，又向被申请人发送了《通知函》，要求被申请人向申请人支付

1,922,987.50 美元,以及因交易提前终止而应支付的利息与所有合理费用。

被申请人认为,申请人主张的损失证据不足,应予驳回。退一步讲,申请人主张的是违约金,而并非其实际损失。根据《合同法》,违约金过分高于实际损失的,应予调整。

仲裁庭同意被申请人的观点,《合同法》第 114 条的规定意味着,违约金的计算应以实际损失作为基础。同时认为,双方当事人在本案合同对被终止交易公允市场价值的计算的约定,属于《合同法》第 114 条规定的"约定因违约产生的损失赔偿的计算方法",因此可以界定为属于违约金范畴。

仲裁庭进一步认为,对当事人约定违约金的调整属于当事人的实体主张,需要由相关当事人提出请求并加以证明。主张违约金低于实际损失的,应由要求增加的一方当事人证明实际损失高于违约金的数额;主张违约金过高的,也可由要求减少的一方当事人证明实际损失明显低于违约金的数额。在本案中,被申请人应向仲裁庭举证证明约定的违约金过分高于实际损失。被申请人应就申请人的实际损失提出自己的数据证据,如其他金融机构关于被终止交易的替代交易的报价等,但仲裁庭没有见到这方面的证据。仲裁庭认为,被申请人陈述了正确的法律原则,但没有为自己的主张提供必要的证据支持。

(3)衍生品交易合同的有效性

被申请人认为,由于申请人未向被申请人详细说明本案合同内容并充分提示交易风险,未按照规定及时向被申请人告知衍生产品信息,故意误导并欺诈被申请人,本案合同中存在显失公平条款,申请人的行为导致被申请人对合同重大误解以及被申请人以合法形式掩盖非法目的等原因,本案合同应当视为无效。

本案合同基于中国银行间市场交易商协会制定的《中国银行间市场金融衍生产品交易主协议(2009 年版)》及其补充协议的文本。该两个协议文本经过中国人民银行和国家外汇管理局备案,是供在华进行金融衍生产品交易的双方当事人使用的规范、标准合同文本。尽管被申请人对《确认书》中的个别条款的有效性存在异议,但无论该个别条款是否有效均并不应影响本案合同整体的有效性。因此,上述被申请人提出的导致本案合同的无效的理由均不成立,本案合同对双方当事人具有约束力。

本案表明仲裁庭一般严格解释金融机构当事人之间的金融衍生品合同，较少因显失公平、欺诈、一方不理解合同内容等理由认定合同无效。即仲裁庭严格执行了当事人缔结的合同，即使合同条款表面明显偏向一方当事人。仲裁庭考虑的基础是当事人之间是平等的，都是大型金融机构，谈判实力相等。在此基础上，仲裁庭严格执行当事人订立的条款。特别是当事人采取了中国银行间市场交易商协会制定的《中国银行间市场金融衍生产品交易主协议（2009 年版）》及其补充协议的文本。该两个协议文本经过中国人民银行和国家外汇管理局备案，是供在华进行金融衍生产品交易的双方当事人使用的规范、标准合同文本。仲裁庭对标准文本给予尊重，一般予以强制执行，除非有特别例外的一方当事人缺乏缔约能力，或存在欺诈、胁迫、乘人之危。标准文本是采纳该文本的行业的行业惯例的有利证据。本案可以认为，仲裁庭在严格解释合同的同时考虑了行业惯例。该案体现了仲裁庭适用法律的专业性，即一般不以一般法认定基于标准文本的金融衍生品条款无效，标准文本是该行业惯例的有利证据。

（二）该案对衍生品仲裁中法律问题的启示

1. 衍生品交易的履行中存在的共性问题

不同于一些传统合同类型，金融衍生品交易履行一般没有实物的交付。例如，在本案中，交易双方协议选择无本金交割的履行方式。交易双方在到期日不需要向对方交付名义本金，只需要根据名义本金的远期汇率与实际汇率的差额进行交割清算。因此，对于衍生品交易系统场内交易，由于第三方交易平台的介入，人民法院可以较为容易地通过查询交易所的相关交易记录确定衍生品交易的履行；对于场外交易，认定交易实际履行就需要金融机构提供相应的证据予以支持。

2. 衍生品交易违约后的损失计算存在的共性问题

根据金杜律师事务所律师关峰、朱嘉寅在《金融衍生品交易纠纷审判思路》一文中的总结，可以将衍生品交易的损失计算问题分为以下几个类别[①]：

---

① 关峰、朱嘉寅：《金融衍生品交易纠纷审判思路》，载新浪博客：http://blog.sina.com.cn/s/blog_8f30351d0102vb8v.html，2016 年 1 月 12 日访问。

(1)交易到期或双方合意终止后,客户拒绝履行结算后付款义务而造成的损失

如果交易双方明确约定了交易的履行内容和结算方式,金融机构只需要按照约定的结算公式计算客户的应付款项。在此情况下,客户拒绝履行支付结算款项的义务时,金融机构寻求的救济实际应当被理解为要求客户承担继续履行的违约责任,即按照合同约定履行付款结算款的义务。这种情况下,损失计算问题实际上仅是金融机构按照合同约定要求客户支付逾期付款的罚息或者其他形式的违约金。

(2)有明确合同约定的情况下,金融机构单方将交易提前终止后的损失计算

客户发生违约事件或终止事件后,金融机构根据衍生品交易主协议的约定,单方行使提前终止所有交易的权利,并按照合同约定计算提前终止款项。衍生品交易主协议通常对提前终止款项的计算都有明确的约定,以2002年版的国际掉期与衍生品协会主协议为例,主协议第6(e)条及第14条"结算款项"定义规定了提前终止款项的计算方式。提前终止款项的计算恪守诚实信用原则和商业合理性原则,即遵守《合同法》有关违约责任的规定,也遵从金融衍生品交易相关行业惯例。进一步而言,如果提前终止款项的数额是被终止交易所体现的公允市场价值为准则进行计算,计算的相关数据是由向相关市场专业公司公允询价而得的,那么提前终止款项通常会被支持。当然,在把握上述原则的前提下,金融机构需要注意主协议约定的提前终止步骤及通知义务,合理、及时地确定提前终止日并计算提前终止款项,以履行《合同法》所规定的减损义务。

(3)在缺乏合同明确约定的情况下,金融机构单方解除/终止交易的损失计算

针对不同类型的衍生品交易,金融机构会根据内部政策决定是否签署交易主协议。在未签署交易主协议的情况下,金融机构就不能直接援引合同约定来计算提前解除/终止交易所产生的损失。在这种情况下,金融机构为证明自己的实际损失,至少需要提供以下两个方面的证据材料:一是金融机构与第三方达成背对背平盘交易相关文件,包括交易文件、交易确认书、操作系统后台记录、内部电子账目等;二是金融机构解除背对背平盘

交易或者卖出背对背平盘交易持有头寸的相关文件，包括交易平台询价记录、交易指令、交易确认书、付款或收款记录等。

(4)衍生品交易合同存在的共性问题①

根据银行业监督管理委员会的定义，金融衍生产品是一种金融合约，其价值取决于一种或多种基础资产或指数，合约的基本种类包括远期、期货、掉期(互换)和期权。既然衍生品交易是当事人之间订立的金融合约，那么合约的成立条件是否存在特殊性，特别是是否应当订立书面标准化衍生品交易主协议，则是衍生品交易面临的首要法律问题。

一方面，目前我国法律及行政法规并未规定金融衍生产品合同必须为要式合同，因此判断衍生品交易合同是否成立的标准仍应为合同当事人是否达成了一致的意思表示。另一方面，金融监管方面的部门规章也并未强制性要求所有衍生品交易必须签署特定的协议文本。诚然，从控制交易风险、规范衍生品市场的角度出发，国际衍生品市场及我国监管部门一直致力于推行标准化的衍生品交易主协议，特别是根据中国人民银行发布的《中国银行间市场金融衍生产品交易主协议》(以下简称4号文)的规定，市场参与者开展金融衍生产品交易应签署交易商协会制定并发布的《主协议》，并及时将签署后的《主协议》及其补充协议向交易商协会备案。但是，该规章并不意味着所有衍生品交易都必须签署《主协议》。4号文本身并未对“市场参与者”作出定义，因此，“市场参与者”的范围需要根据所涉及的交易品种，结合人民银行和外汇管理局针对特定衍生产品发布的相关规定来界定。举例而言，金融机构与非金融机构客户进行的场外外汇远期交易，就不应属于强制要求签署《主协议》的金融衍生品交易。实践操作中，金融机构也通常会针对不同类型的衍生品交易所需要签署的书面协议作出内部的政策规定。

那么，应当如何认定衍生品交易已经成立？根据衍生品交易的即时性要求，金融机构普遍会采用电话交易的方式达成衍生品交易。从《合同法》的规定来说，金融机构与客户通过口头方式达成合同并不存在法律障碍，

① 关峰、朱嘉寅：《金融衍生品交易纠纷审判思路》，载新浪博客：http://blog.sina.com.cn/s/blog_8f30351d0102vb8v.html，2016年1月12日访问。

因此客户在电话中确认交易内容、明确表示进行衍生品交易的,而该意思表示为金融机构所接受的,衍生品交易即应已成立。但是,仅以口头形式确立合同成立存在相当大的法律风险。主张合同成立的一方,须承担较重的举证责任,除提供电话录音以外,还须提供其他辅助证据,以证明双方对合同内容的合意。因此,实践中金融机构除了通过电话交易外,还应当签订主协议、授权文件、交易条款文件、交易确认书等交易文件,否则此类交易的风险将大大提高。另一方面,如果金融机构能够签署主协议等交易文件,对于解决合同履行,违约后的损失计算等法律问题都有所裨益。

需要指出的是,衍生品交易中常见的交易确认书不应被理解为衍生品交易合同成立的条件。交易确认书通常是在交易完成之后向客户签发的文件,应当理解为是辅助证明双方已经达成衍生品交易的证据。若将交易确认书视为交易合同的成立条件,则不可避免产生以下矛盾,即交易合同系在交易完成后产生。那么,当交易确认书未被客户确认时,无论交易是否已经完成操作,合同皆不成立。

金融衍生品仲裁的国际国内制度设计和实践充分表明,金融仲裁必须具有金融机构当事人所需的效率和专业性。同时金融仲裁不应无限制地适用金融市场惯例,应注重社会公共利益的保护,受制于相关国家的强制性规则。

第三节　融资租赁仲裁

融资租赁业务在20世纪80年代引入中国,与交易实践相比,有关立法则相对滞后。在立法尚付之阙如时,最高人民法院1996年颁布的《关于审理融资租赁合同纠纷若干问题的规定》解决了实务之需。1999年,融资租赁业务被单独规定在《合同法》的第十四章中。近年来,随着融资租赁业持续呈现高速发展态势,为了促进市场的持续稳健发展,最高人民法院于2014年3月1日开始实施《关于审理融资租赁合同纠纷案件适用法律问题的解释》(以下简称《融资租赁合同解释》),根据融资租赁业自身特点来均衡融资租赁关系中的各方权利。该司法解释在承租人基本权利得到保障的基础上,进一步加强了对出租人的保护,均衡双方的风险与权益,促进融资租赁业务中的相互信任。对于融资租赁业务中租赁物的登记以及仲裁中债权与物权的同时实现等问题,《融资租赁合同解释》仍未具体阐释,还需进一步探讨。

一、融资租赁业务情况概述

根据《合同法》,融资租赁合同是指出租人根据承租人对出卖人、租赁物的选择,向出卖人购买租赁物,提供给承租人使用,承租人支付租金的合同。① 融资租赁业务是结合了实物信用与银行信用的新型金融业务。其之所以能够繁荣发展,是由于操作灵活、高效针对性服务、合作预期稳定、避免通货膨胀等竞争优势。

根据《2013 年中国融资租赁业发展报告》显示,无论从融资租赁的公司数量、注册资本或者融资租赁合同金额上来看,2013 年中国融资租赁业总体都发展迅速。融资租赁公司突破 1000 家,达到 1026 家,比年初增长 83.2%。行业注册资金突破 3000 亿元人民币大关,达到 3060 亿元人民币,比上年增长 61.9%。全国融资租赁合同余额突破 2 万亿元大关,达到 21,000 亿元,比上年增长了 35.5%。

上海国际经济贸易仲裁委员会(上海国际仲裁中心)副秘书长黄文在首届"中国自由贸易区法治论坛"上表示,自 2009 年起,上海贸仲在直至 2014 年的 5 年内共受理了 50 多起融资租赁仲裁案,其中 24 件都在 2013 年受理。

案件数量的提升将会放大融资租赁中存在的风险,显现出法律监管中的缺失。这些案件提示着融资租赁业务中的风险包括:融资租赁业务中承租人故意隐匿租赁物、不支付租金;租赁物的等级制度不完善;在国际贸易相关的租赁业务中,对于外国法律的不熟悉等。融资租赁业务中的这些风险将会影响融资租赁业务的长期健康发展。融资租赁业务的风险是多方面的,由于其涉及的当事人比一般的银行融资业务涉及的当事人多,导致融资租赁的风险控制较普通银行融资业务的风险控制更复杂。融资租赁业务的风险主要有信用风险、利率风险、汇率风险、操作风险、流动性风险、市场风险等。复杂的当事人关系会加大融资租赁中的信用风险——承租

① 参见《合同法》第 237 条。

人的故意隐匿以及不支付租金会导致出租人对于承租人的不信任,从而强加对于租赁物的保护条款,增加了融资租赁成本。信用风险诱发的“恶性循环”很大程度上是由于融资租赁业务权利义务关系不均衡引发的。

司法解释的出台将更好地均衡承租人与出租人的权益与风险,比如帮助双方当事人控制信用风险。更好地发挥融资租赁业务的特性,在诱导融资租赁市场稳定有序成长的同时,推进相关贸易以及贷款业务的发展。

二、融资租赁纠纷仲裁中的常见问题

近年来,我国融资租赁业务得到了较快的发展,但争议也随之而来。中国国际经济贸易仲裁委员会上海分会2009年受理了6起融资租赁仲裁案,涉案标的人民币557.2万元、420万日元;2010年受理了8起融资租赁仲裁案,涉案标的人民币1836.9万元;2011年受理了4起融资租赁仲裁案,涉案标的人民币3463.5万元。此外,其还受理了一些近似融资租赁的案件。这些仲裁案件反映出融资租赁中存在的以下法律问题。

第一,合同的名称与实体内容、融资租赁参与方及角色因不同融资租赁模式而各有不同,相互间的权利义务亦有差别。法律的规定仅适用于融资租赁的一般情况,不同模式的融资租赁关系及争议的处理解决将更多地依赖于各方之间合同的约定。这种状况决定了一个良好的融资租赁秩序,不仅需要一个完善的法律制度给予保障,同时也需要当事人有良好的法律意识加以共建。从受理的案件来看,融资租赁的常态模式及其变化类型主要有以下几种:(1)设备生产商、承租人、出租人之间建立的供物及融资租赁关系。(2)承租人原为设备购买方,其将与供货商签订的设备购买合同转让给出租方,由出租方代替承租方成为购买方,再将所购得的租赁物出租给承租方。(3)出租人向承租人购买其已购进并使用的设备再回租给承租人,形成融资租赁关系。(4)出租人委托承租人向供货商购买设备,而后将设备租赁给承租人。(5)外国融资租赁企业以与设备用户(承租人)订立延期分期付款的外贸合同形式,从承租人特别指定的设备商处购进设备再转售给承租人,保留货物所有权,明确设备质量问题向作为合同外第三方的供货商主张权利,进行名为国际货物买卖、实为融资租赁的交易。(6)在另一类案件中,融资性财务公司在供货商与用户之间提供资金协助,先从供货商处购得用户特别指定的设备，而后以延期、分期收款的方式出售给用户，保留所有权至用户付清所有分期款项及利息为止，避免了前述交易方式中外债登记等复杂程序。因融资性财务公司对货物质量直接承担法律责任，而更接近于国际货物买卖，但仍可看出这一模式融合了融资和贸易两个特性，亦可划入类似融资租赁的范围。

第二，争议起因无一例外地归结于承租人欠付融资租赁费用，违约集中在承租人这一方，这种“一边倒”的法律现象在其他领域的纠纷中是极为少见的。如何保护出租人的合法利益，包括其权利主张的支持以及诉讼判决或仲裁裁决的有效执行应当成为高度关注的问题。出租方作为申请人在仲裁案件中提出的请求主要有：解除合同；索付到期和未到期的租金以及延期付款利息；确认租赁物所有权；返还租赁物以及要求第三方承担担保责任等。而承租人多以不答辩、不参加庭审方式回避出租人的仲裁程序启动，由仲裁庭作出缺席裁决。还有相当数量的案件以承租人承诺付清欠款的和解方式结案。在应诉的案件中，承租人的抗辩理由主要有：所租赁的设备存在质量问题；索赔的经济损失存在重复计算；作为租赁物的工程车辆登记在承租人名下；双方的交易并非融资租赁而是融资等。在仲裁实践中，对于被申请人因质量问题拒不支付租赁费用的抗辩，根据融资租赁特点及法律规定，毫无例外地都给予了驳回。相对而言，对于既索赔尚未到期的半年以上的全部租赁费并要求退回租赁物，又索赔违约金损失的主张，则存在依公平合理原则与严格执行合同约定处理的不同见解，这类案件只能视不同案情而定。

三、解决融资租赁纠纷的途径

1. 加快制定《融资租赁法》

有关融资租赁法律关系的调整、处理依据，目前主要有《合同法》第十四章的“融资租赁合同”篇，最高人民法院《关于审理融资租赁合同纠纷案件若干问题的规定》以及《关于审理融资租赁合同纠纷案件适用法律问题的解释》。

值得关注的是，2004 年 3 月全国人大财经委员会成立《融资租赁法》起草小组，意在制定一部综合性的、更完善的调整融资租赁公司设立、融资租赁交易、融资租赁业监管和促进等法律关系的专门法律。基于全球经济一体化,跨国融资租赁交易日趋频繁,司法长臂管辖等因素,《融资租赁法》的立法应当从国内、国际双重视角加以考虑,使之成为能兼顾国内和涉外融资租赁业务法律关系调整的法律。而且,作为一部融资租赁的专门法律,其调整的范围或者说适用的范围应该仅是对融资租赁企业、融资租赁交易和融资租赁物等的监管管理,还是应当包括对融资租赁交易合同关系的调整,在立法上应当予以明确,同时必须厘清与《合同法》"融资租赁合同"篇之间的关系。同一项业务的合同关系依两部交叉的法律进行调整,将会使融资租赁法律关系复杂化,如两者之间存在冲突,对融资租赁业务来说产生的将不是促进作用,而是负面的影响。所以,笔者认为《融资租赁法》应是一部以监管为重点的法律,而不应涉及融资租赁中的合同关系调整,对于完善后者法律关系的调整,可以通过修改《合同法》"融资租赁合同"篇的途径进行。

2. 适度放宽融资租赁的界定标准

对于融资租赁,《合同法》第 237 条已作了定义,即"融资租赁合同是出租人根据承租人对出卖人、租赁物的选择,向出卖人购买租赁物,提供给承租人使用,承租人支付租金的合同",这是界定融资租赁的最基本的法律依据。然而在融资租赁业务中,存在多种模式和变化类型,与前述规定的架构不能完全对应,如国外融资租赁公司与中国境内企业的融资租赁交易将依现时的外贸管理、外汇管理等制度进行,使原本较明确、较直接的融资租赁交易变得有些异化,不得不采用进口货物延期分期付款的模式进行,此种模式以及向承租人购买设备而后回租的类型中,均缺少《合同法》第 237 条所规定的"出租人根据承租人对出卖人、租赁物的选择而购买租赁物"的基本要素,倘若无统一并且较为宽泛的界定标准来理解融资租赁,就易使这些变化的类型被定性为其他类型的交易,如货物贸易,回购下的融资租赁变成了一般的经营性租赁。定性的差异将会导致当事人权利、义务发生质的变化,最典型的为原本出租人无需对租赁物质量缺陷承担任何合同责任和侵权责任,而作为一般的供货方或一般租赁合同下的出租人就将承担合同责任和侵权责任。

根据现时融资租赁的实务,其基本特征可归纳为:(1)出租人向承租人提供其所选择的租赁物。(2)出租人无需承担与租赁物有关的买卖合同责任或侵权责任。(3)承租人支付租金,取得租赁物的占有权和使用权。

所以,在制定《融资租赁法》或修改《合同法》时,应兼顾到实际操作中融资租赁常态模式及变化类型,明确将之界定为融资租赁,以保障当事人实际进行融资业务的本意及相互间融资租赁权利、义务关系的确立。

3. 保障契约自由原则的实现

在我国法律制度中,合同效力一直是非常重要的法律事项,它不仅体现在众多商事法律中有关于合同效力的专门规定,而且体现在一部法律中有较多的关于可归于无效的合同的规定。《合同法》第52条规定了五种无效合同的情形,最高人民法院《关于审理融资租赁合同纠纷案件若干问题的规定》也规定了四种无效情形。从某种角度上看,这种法律制度安排是监管意识强的反映,但将其置入与国际接轨的商业市场中考察,这种人为的束缚应予解除,应尽可能地减少法律对当事人契约自由原则的干预。《融资租赁法(草案)》似乎也有具体罗列多项合同无效情形的意图,这值得商榷。不恰当的或者说超出《合同法》范围的无效情形规定得越多,就越会影响融资租赁业自由竞争发展,特别是将严重影响涉外融资租赁业务的开展。因为无效情形的边际并不十分清晰,它将会使众多融资租赁业务处于合法性不确定的状态,至少当事人在订立合同时会产生很多顾忌。将商业上的风险上升为法律风险,并无必要。由于融资租赁带有的金融特性,各国基本上都对出租人提出了严格要求,其需取得一定的资质,否则所签订的融资租赁合同将被判为无效。比如,比利时1967年11月10日皇家敕令第55号第3条规定:"未得到经济部批准而从事法令第一条规定的专业交易,或以与批准的条件相矛盾的条款从事该项交易的人应处以8天至6个月监禁,或处以200~5000比利时元的罚款;法人应对施加于自然人(作为管理者,清偿程序的执行者或上述法人实体的经营者)的罚款及支付承担连带民事责任;而且,法官应当做出阻止融资交易完成的紧急或临时决定,同时应当命令违反法律的组织撤销或临时推迟这一交易。"葡萄牙法律对于从事融资租赁业务的公司也有资质要求。倘若我国在《融资租赁法》中建立从事融资租赁的资质审批制度及相关业务效力确认制度,并不与国际理念和做法相冲突,也完全有其必要性。

总体而言,在融资租赁法律制度的建立中,应当从风险当事人自担、风险自我防范的商业角度出发,在尽可能大的范围内保障契约自由原则的实现,减少人为的法律干预,以期与国际惯常做法同步同行。

4. 尊重意思自治原则在涉外融资租赁争议中的适用

在涉外或国际性的融资租赁合同中,当事人较之国内融资业务将多面临一个法律问题,即选择争议解决所应适用的法律。而法律适用中的意思自治原则,自法国著名学者杜摩林提出以后,已成为国际私法中的一项重要的原则。我国在重大法律的制定中,都对当事人意思自治原则给予了充分尊重,《合同法》第 126 条“涉外合同的当事人可以选择处理合同争议所适用的法律”的规定即充分体现了这一精神。《涉外民事关系法律适用法》第 3 条亦明文规定“当事人依照法律规定可以明示选择涉外民事关系适用的法律”。

毫无疑问,融资租赁虽然被看做金融产业中的一项特殊业务,而且我国又对金融业务施行较为严格的监管制度,但这并不排斥当事人在涉外融资租赁合同纠纷中选择适用外国法律。正是由于我国对金融领域施行较为严格的监管制度,使当事人对于中国法律的强制制约作用有了一定的认知,即使外方从其本意来说更愿意适用其所在国家的法律,但也不得不顾忌到中国法律的存在。因而,我们可以看到,当事人在商议合同条款时对于法律适用问题会达成一些妥协的、理性的方案。如在中日融资租赁业务下的买卖合同中,双方就约定“本合同适用中国法律、法规的强制性规定,除此之外,适用日本国法律”,既遵从了中国相应的强制性法律规定,又对一般合同权利、义务约定适用日本法,同时适用两国法律以满足意思自治和强制法律规定的要求。需要指出的是,当事人约定适用两个国家的法律,不应当引起相互间的冲突,即不能就同一法律事实或同一法律关系同时适用两国法律。因为不同国家的立法毫无疑问地会存在差异,无论在判断双方责任,还是在确定救济方式、手段以及尺度方面都会有重大不同,因而只能选择一国法律作为准据法。应当看到,同一融资租赁业务下存在有不同的法律事实或关系,对这些不同的法律事实或关系分别适用不同国家法律则应当被允许。

在当事人未约定适用法律的情况下,争议管辖法院或仲裁机构将依据内国冲突规范或国际私法原则确定争议解决的准据法。以中日之间的融资租赁案为例,出租方为国外公司,承租方为中国企业,融资租赁交易在中国进行,租赁物亦落地于中国境内,若双方未在合同中约定适用法律,则对于争议解决所应适用的法律就将会产生多种选择,如出租人所在地法、承租人所在地法、租赁物所在地法(假设租赁物在第三国安装使用)。在融资租赁的法律适用处理上,2007 年 6 月 11 日最高人民法院《关于审理涉外民事或商事合同纠纷案件法律适用若干问题的规定》第 5 条第 9 款明确规定,融资租赁合同适用承租人住所地法。在我国融资租赁业务起步发展阶段,这一规定有利于多作为承租方的中国企业,但从长远看,却显得有些保守。在"走出去"战略下,我国的融资租赁企业必会将业务做到海外,就如过去未曾想到中国发电机组、大型港口机械、电信设备会大量出口安装在国外一样。在金融危机尚未消退,世界经济依然疲软的情况下,经济发展势头强劲的中国完全有可能而且也应该用融资租赁的方式在国际上寻求商用飞机、船舶、港口机械、机电设备等的消费市场。这种商业模式一旦被采用,依司法解释只能适用承租人所在地国家的法律,这将给我国当事人权利的保护带来不利影响,对此我们应当高度关注。

5. 有序发展融资租赁产业的诚信体系

前面已述,当前融资租赁合同纠纷基本上都是因承租人违约而引起,这对于融资租赁企业业务的正常进行及产业的有序发展都会带来严重的负面影响。融资租赁业务的特点决定了各方当事人尤其是承租人应当严格按合同履行义务。因为承租人所需要的设备或其他租赁物在很多情况下用于其特殊目的,一旦其违约,不能再继续履行融资租赁合同,最终的解决结果只能是出租人收回出租物,或是收回到期未付的租金及提前收回未到期的租金(但在现实的案件中,出租人通常难以实际得到现金,最后只能选择收回租赁物)。对出租人而言,即使可以收回这些特定租赁物,也往往很难寻找到新的承租人,经济损失自不待言。融资租赁业务的正常进行,仅依靠合同进行自我约束在某种情况下并不能达到预期的效果,还需要社会参与的诚信体系加以保障。

不得不提及的是,在中国国际经济贸易仲裁委员会上海分会处理的融资租赁案件中,诚信问题是一个非常突出的问题。不少当事人因经营困难暂不能及时还款构成违约，这还属可理解、可通融的范围，尚不涉及诚信问题。但一些承租人故意将出租人安装在出租物上的GPS卸走，在争议发生后又将出租物藏匿到其他地方，躲避法院的强制执行，则显然是缺乏诚信的举动。在这些案件中，出租人之所以在出租物上安装GPS，原本就是针对违约后藏匿出租物的不诚信现象迫不得已而为的，但依然被更不诚信的举动所打击，这种状况极不利于融资租赁业务的正常运作，融资租赁产业的发展。因而在建立融资租赁法律制度的过程中，有必要强化诚信观念并完善与之相配套的诚信体系，如充分借鉴金融业的诚信制度，甚至于可直接利用“金融业统一征信平台”收集、提供客户在商业活动中的诚信信息，使之成为银行、保险、融资租赁等业务机构进行授信、结算、保险、融资租赁业务的重要前提，限制相关金融服务以制约缺乏诚信的企业，维护融资租赁市场的良好秩序。

第六章　我国金融仲裁制度构建的基本设想

我国的金融仲裁制度已经在实践中扮演了重要的角色，在我国的整个法律体系中，金融仲裁有利于金融类纠纷的妥善解决，也是化解金融风险、促进金融发展的必然之举。

尽管金融仲裁体制本身仍存有一定的不足与缺陷，但是这些不足与缺陷将会逐步被立法所完善。相比于诉讼的国家司法性质，金融仲裁具有一整套严格的原则、制度和程序，更加灵活、简便和高效，更能体现当事人的私权自主性。金融仲裁机构能够提供服务的内容不应仅是金融案件的审理和裁判，更应该采取“走出去、引进来”的方式与金融机构互相借鉴学习，宣传和扩展自身品牌，达到双赢的效果。

依托金融市场发展的大环境，如上海自贸区、天津滨海新区北方金融仲裁中心、广州南沙及深圳前海金融仲裁中心的构建战略等，金融仲裁制度构建具有较为宽松的制度、法律环境和政策支持。笔者在本章就金融仲裁程序规则和金融争议实体准据法两个方面提出基本设想和完善建议。

第一节　金融仲裁的程序规则

一、金融仲裁程序令引入的相关建议

根据笔者个人的实务经验，国内机构仲裁最大的问题之一是整个仲裁程序严重缺乏管理。以《金融争议仲裁规则》为例，尽管《金融争议仲裁规则》和其他的国内机构仲裁规则都规定了仲裁庭有发布程序令或举行庭前会议的权限，但是实际的仲裁操作中，仲裁庭还是倾向于将仲裁

程序的组织管理交由仲裁机构完成。笔者认为造成这种现象的原因之一在于仲裁员得到的报酬与他们工作量的投入不成正比,导致仲裁员缺乏管理仲裁程序的积极性。在无相应回报且有可选择余地的情况下,仲裁员自然倾向于把程序管理的事项推给仲裁机构,此外相关仲裁规则下仲裁员也没有召集程序会议或发出程序令的相关义务。笔者在参与贸仲的仲裁案的过程中,了解到贸仲的部分程序管理职能由贸仲秘书局来承担,但由于贸仲秘书局的人员有限,且专业水平和工作态度参差不齐,导致很多贸仲案件的程序管理变得形同虚设,极大地影响了程序的有效性和程序透明度,长此以往将严重损害该机构的形象和声誉。由于仲裁庭对仲裁程序的怠于管理还导致了"证据袭击"现象。具体而言,仲裁机构在向当事人发出立案通知和组庭通知后会在一段时间内与当事人中断联系,直到当事人突然接到贸仲秘书发出的非常简短开庭通知告知开庭的时间和地点。除此之外,对于开庭的具体程序和任何其他程序安排的都无从得知。一旦遇到对方当事人在开庭时突然提交新的证据,即"证据袭击",整个仲裁程序将被打乱。由于仲裁庭不敢贸然排除新增加的证据,导致的结果是第一次实体开庭变成了预备开庭,程序不得不延期,甚至不得不在双方提交补充质证意见后再次开庭。而第二次开庭时当事人仍有可能遭遇"证据袭击",如此反复,导致整个仲裁程序被拖入无止境的旋涡当中。由此可见,仲裁员推卸责任于仲裁庭,而仲裁庭又因为各方面的原因不能有效地管理仲裁程序,导致当事人对仲裁程序无从把握,也无法作出程序性的预期。由此带来的后果是,开庭审理往往无法达到预期效果,仲裁程序会因为对方的种种拖延策略或纯粹不专业的甚至恶意的做法而耽搁,如果这样的局面得不到改变,任由其发展,那么我国的机构仲裁只会越来越令当事人失望,直到当事人完全对仲裁这种本来更加灵活有效的争议解决方式彻底失去信心,或直接将涉外争议交由境外仲裁机构进行仲裁。

国际仲裁发展到今天,已经形成了很多行之有效的推动和管理仲裁程序的好的经验和做法。其中,由仲裁庭积极主动地对仲裁程序进行规划和管理,在听取当事人的意见后制作程序令对仲裁程序问题进行决策和引导,推动仲裁程序有效进行的做法,已经被国际仲裁界公认为值得推广的良好做法。但由于我国金融仲裁起步较晚且机构管理氛围浓重，仲裁庭在程序管理方面的主导地位体现不足，且因为仲裁员的报酬制度不合理而无法调动仲裁庭参与管理仲裁程序的积极性。尽管囿于制度限制，我们也许无法在短时间内在现有法律框架下对这种情况进行根本的改变，但将程序令这一有效程序管理方式引入我国仲裁实践不失为一种简便而有效的改善我国仲裁程序管理质量的做法。这一做法同时将有利于仲裁庭成员有效控制自己在案件审理中投入的精力和时间，并将因此可能间接避免国内机构仲裁程序中存在的不必要的拖延现象，进而有利于当事人尽快就争议获得裁决，以最终实现对我国金融仲裁的推动和促进。

为此，笔者将对引入仲裁令、准备仲裁令的具体操作方面，提出以下几点建议：

（一）限制仲裁机构的介入，扩大仲裁庭的管理权

我国《仲裁法》中关于仲裁员的程序管理权规定得较少，用语也较为含糊，没有在仲裁机构和仲裁庭之间明确权力归属。正因如此，导致实践中仲裁程序基本上靠仲裁机构推进，仲裁庭总是被动的。这种制度设计上的缺漏一方面会造成仲裁机构的权力日益膨胀，对程序性事项大包大揽；另一方面则会造成仲裁员依赖和惰性心理的滋长，这两方面结合起来就会导致上述仲裁程序的无限期拖沓，从而最终损害当事人的利益。这种潜在的危害性一旦浮出水面将严重影响我国金融仲裁的发展。笔者认为，要完善仲裁程序管理权的归属制度，就必须遵循一个原则：在现有法律规定的基础上，扩大仲裁庭在程序方面的管理权，同时明确限制仲裁机构对程序的介入。应将仲裁机构中秘书局的主要工作体现在仲裁庭与当事人之间的联系与沟通中；同时，应及时修改我国《仲裁法》和相关仲裁规则，在明确赋予仲裁庭仲裁程序指挥权的基础上，将仲裁机构对程序的安排权限定在仲裁庭组庭之前。

就仲裁庭而言，法律应允许仲裁庭基于仲裁协议决定仲裁审理的时间、地点、仲裁选用的语言、仲裁审理的方式（开庭或书面），还应允许仲裁庭根据实际情况决定可否进行缺席审理。从立法上授权仲裁庭采取其认为必要的临时性保全措施，当然这里所谓的赋予仲裁庭采取临时保

全措施的权力，并非排除法院的该项权力，而是指在规定法院拥有绝对的保全措施决定权的前提下，如果符合法律规定的条件，仲裁庭亦有权决定采取保全措施。此外，还应允许仲裁庭决定是否聘请专家或鉴定人以及决定证据取舍等。除了以上事项外，笔者认为仲裁庭的仲裁程序管理权还应包括对妨碍仲裁权行使行为的处理权，比如对哄闹仲裁庭的行为、恶意妨碍或拖延仲裁程序进行的行为等均可由仲裁庭予以责罚，这样可以及时有效地保证仲裁程序的顺利进行。就仲裁机构而言，其职能应主要体现于且仅限于两项工作上：第一，在仲裁庭组成之前，为仲裁的进行提供前期准备，可以说这是仲裁机构唯一介入程序安排的工作，但应受到严格的时间限制。第二，仲裁庭组成之后，仲裁机构原则上只应行使宏观管理职能，在仲裁庭与当事人之间起到桥梁的沟通作用，但对于个别程序问题可以根据仲裁庭的要求从事一定的协助工作：如转递实体或程序性材料；送达裁决书；根据仲裁庭的要求聘请专家或鉴定人；协助仲裁庭调查取证、鉴定评估；协助仲裁庭进行庭审记录或录音；协助仲裁员查找资料；在不影响仲裁独立裁决的情况下核阅并提请仲裁庭注意裁决书的形式。

（二）仲裁令作出时间

在大多数仲裁开始时，当事方与仲裁员往往具有良好的意愿。随着仲裁的推进，当事方逐渐对仲裁员产生积极或消极的倾向，而仲裁员也可能对一方当事人使用的策略产生好恶感，这是对抗式庭审的必然结果。

这种发展趋势会影响仲裁的基调，也可能因此而产生一系列的程序问题。如果当事方和仲裁员能在各方具有良好意愿时解决尽可能多的程序问题，则有利于创建更为平衡，当事方更易接受的仲裁程序。当事方对程序接受得越多，就越相信仲裁过程，否则后期更容易出现程序上的争论，破坏良好意愿，从案件实体争议上分散精力且增加成本。

仲裁开始时，仲裁员有机会减小当事方因不同法律背景和对立态度而产生的隔阂。相对于程序悬而未决、当事方对程序日程的缺乏预见性和开庭时的“证据袭击”等情况而言，各方与仲裁员透明且合作的方式更有利于解决文化差异和对立情绪。

(三)当事人的参与

"仲裁程序的一个特点是意思自治,仲裁的推进基于当事方与仲裁员商讨。"①在仲裁早期,各方主要对两方面加以商讨:一是建立基本的程序架构,二是对程序令的制作提出建议。

1. 构建基本程序架构

建构基本程序的行之有效之举是当事方提交一份关于程序时间安排的联合建议书(例如,提交文件的数量、开庭日期,等等),并指出双方的分歧点。这促使当事方以及他们的律师之间相互沟通,也会帮助他们建立和谐的关系,有利于当事方在诉诸仲裁员之前试图解决问题。另一个好处是仲裁员在仲裁开始时即可以改进程序。比如,如果各方同意没有必要开庭,那么程序令起草时就无需提及开庭的行为规范,出示书证就是一个很好的例子。对于提交书证,当事人及其代理人在仲裁开始时所抱态度不一,可能认为根本无需书证的提交;或者在特殊情况下提交书证;亦可能是在每个仲裁中都有一个完善的提交书证阶段。② 如果仲裁员在拟定程序令时规定了详细的提交书证程序,那么在一方要求提交书证时,仲裁员将对其请求予以支持。如果各方在仲裁员拟定程序令时参与其中,仲裁程序方面的风险将有所减小。但如果各方并没有提到书证的提交,程序令也就不应包含此项。

2. 对程序令的制作提出建议

仲裁员可以邀请各方对草拟的程序令进行评点。③ 这有利于增强程序令的效力,保证各方遵照已有程序规则推进仲裁。另外,对于仲裁员来说也是一个向各方及其代理律师学习的机会,在沟通过程中不断完善和改进程序令。

---

① 国际商会 ICArb. Bull 2010, Special Supplement, p. 6(多米尼克·哈舍尔的前言)。

② 见 *Pinkston* 一般内容,载 Klausegger et al. (ed.), Austrian Yearbook on international arbitration, 2011, pp. 87 - 111.

③ 在这种情况下,国际商会秘书处建议说:详细的程序令(比如,裁定设置程序性的诸多步骤)通常会是单独签署的形式。签署这样的命令是很好的做法,因为这保证了对于哪一版的命令为最终版且适用没有疑虑(仲裁庭经常会流转草拟的程序令供各方评点)。Fry/Greenberg/Mazza,国际商会仲裁秘书处指引,2012 年第 3 ~ 726 条。

(四)保留仲裁员修改程序令的权利

仲裁过程充满着不确定的因素和不期而至的情形,仲裁员不应被过度束缚。仲裁规则往往赋予仲裁员广泛的自由裁量权以处理程序问题,仲裁员不应在案件充分发展以前,就交出他们的自由裁量权。

应当注意的是,虽然拟定程序令时需要当事方的参与,但是,在出具程序令时,应当是仲裁员的单独行为,而不是与各方签署或达成一项有约束力的协议。德国的 ***Flex-n-Gate v. GEA*** 一案清楚地显示了这种风险。① 德国法庭因为程序事由驳回一项仲裁裁决,因为各方已经对于仲裁程序"达成了一项协议",而仲裁庭偏离了该程序。这一连串事件中难堪的是仲裁庭准备了一项程序令应对仲裁的程序,并请各当事方对此进行评点。之后各方对于几点达成了共识。法庭把这个共识解释为各方间具有约束力的协议,也同样适用于仲裁庭。当仲裁程序偏离程序令的规定时,法庭将其认定为是驳回裁定的程序事由。对此有学者建议(至少在德国举行仲裁时):"从今以后,仲裁庭需要清楚的表述,其作出的程序令是基于各方的协议还是仲裁庭的权能。在第一种情况下,如果仲裁员想要修改程序规则并偏离程序令,则需要取得各方的同意,而第二种情况下仲裁员则有权通过行使自由裁量权保留修改现有程序令的权力。"②

仲裁员应保留其修改程序令的权力。"仲裁程序过于地灵活并不一定有利,常常带来不合理的代价。"③如果仲裁员已经花费时间和精力制定了程序令并与各方商讨过,且各方信赖该程序令并以此作为行为的依据,那么仲裁员应该保留自由裁量权在极特殊的情况下修改程序令(或规定例外)。

在《2012 年国际仲裁调查:仲裁程序中现行与首选的做法》中提到:经验丰富的律师存在的顾虑是仲裁程序逐渐变得僵化与程式化。因此,

---

① http://www. lareda. hessenrecht. hessen. de/jportal/portal/t/s15/page/bslaredaprod. psml?&doc. id = JURE110014126%3Ajuris-r01&showdoccase = 1&doc. part = L,2014 年 8 月 6 日访问。

② Bert Peter,载 Kluwer Arbitration Blog:http://kluwerarbitrationblog. com/blog/2012/11/20/arbitrators-nightmare-when-procedural-orders-backfire-flex-n-gate-v-gea/,2014 年 8 月 6 日访问。

③ *Park*,Int'l Arb. 2003,282.

在仲裁一开始决定其程序框架的时候，仲裁员应该将各方的期待更多地纳入考量范围，根据每个案件的特点修改程序，而不是遵循一般的模式。

（五）遵循程序令与其他程序间的关系

起草程序令时还需考量程序令与其他程序步骤的关系，如“审理条款”①。国际商会仲裁院“审理条款”是国际商会仲裁院仲裁中的强制要求，在当事各方没有此文件的情况下，不允许启动仲裁程序。“审理条款”规定了仲裁中的沟通交流方式，庭上证人、指任专家，提交临时或部分裁决的程序、税务问题、仲裁语言等。通常而言，审理条款旨在对仲裁庭的审理范围予以规定，从而保证仲裁庭不会超裁。审理条款也与仲裁程序的时间安排有关，在签订审理条款后的一段时间及确定仲裁的时间安排。② “审理条款”的规定是对仲裁庭现有权力和义务的确定。仲裁员应该意识到他们所处的程序性框架，并相应地起草程序令。

与遵循程序令与其他程序步骤或设置之间的关系类似的是仲裁地法律。一般来说，国内立法机构和法院避免干扰在他们管辖区域进行的仲裁。但是仲裁员应该在起草程序令时意识到任何仲裁地的特点或偏好。

（六）仲裁成本效益③

仲裁员可以通过创建一个合理的程序结构推进效率，并且预见可能的程序冲突并尽量避免该冲突的发生。

---

① 仲裁庭在进入实体审理之前必须首先拟定一份名为“审理条款”（Terms of Reference，也有人翻译为“审理事项”）的文件。这也是国际商会仲裁程序中比较独特的一种做法。审理条款这一文件的内容在国际商会仲裁规则中作了规定，主要包括当事人和仲裁员的名称及基本状况的说明、仲裁地点、当事人索赔事实和理由的概括归纳以及对应适用的仲裁程序规则的说明。审理条款一般还应列举出本案争议和需裁决的焦点问题（但对某些案件仲裁庭认为没有必要时也可不予列举）。仲裁庭在起草审理条款的过程中，同时会拟定一份初步的审理日程表（a provisional timetable）。当事人各方可以对仲裁庭起草的审理条款及初步审理日程表提出自己的建议和补充意见。审理条款由各方当事人和仲裁员共同签署后开始生效执行；如果某一方当事人拒绝签署，则该审理条款须提交仲裁庭批准后生效执行。仲裁庭必须在秘书处将案卷材料移交给它之后的两个月内向仲裁院提交经过各方签署的审理条款。参见 http://www. tradelawchina. com/susong/HTML/1920. htm，2016 年 3 月 18 日访问。

② Thomas H. Webster, Dr Michael Buhler. *Handbook of ICC Arbitration: Commentary, Precedents, Materials*(3rd *edition*). Thomson Reuters, 2014, p. 348.

③ 国际商会委员会报告。掌控仲裁中的时间与成本（第一版），2007；国际商会委员会报告。掌控仲裁中的时间与成本（第二版），2012。

程序性问题不仅是效率问题，而且也是法律文化与历史问题。不同的法律体系发展出了不同的程序以适应他们特定的需求和考量。本部分列出仲裁员在起草程序令时需要考虑的不同因素以推进仲裁程序，加强仲裁效率。必须注意的是将不同法律体系的考量因素混为一谈可能会带来一定的问题，仲裁员应该谨慎地考虑不同的因素相互之间将如何互动。

我国仲裁机构的仲裁规则中，一般没有程序令的安排，导致仲裁程序冗长、随意，证据提交拖沓，仲裁成本畸高。因此，有必要在金融仲裁规则中引入上述程序令的安排。

二、金融仲裁临时措施的完善

结合《民事诉讼法》和《仲裁法》的相关规定，从我国仲裁机构目前采取紧急措施的法律规定情况分析，可以得出以下结论：第一，所有由仲裁机构转交法院的临时措施申请，均由法院绝对管辖。第二，所有紧急措施的决定权和发布权均由法院享有。这种模式是沿用了世界上少数国家采用的法院排他管辖模式。这种模式，将在一定程度上限制和损害仲裁程序本身应当具有的独立性、权威性以及不公开性。对此，无论是法学理论界、立法机关还是仲裁实务部门，都应当根据世界仲裁发展的趋势，借鉴有关国家的先进、合理、科学的立法经验，采用世界上大部分国家采用的法院和仲裁庭、紧急仲裁员均有权就仲裁案件发布临时措施的并存管辖模式。对我国在仲裁临时措施方面的法律依据不尽全面、科学、合理之处进行调整和完善，使仲裁机构有充分、直接的法律依据来体现其独立性、权威性和保密性，这也是我国的立法计划安排应当考虑的一个建立更加完善的民商事纠纷解决机制的必须战略思路。

（一）完善临时措施制度，提高金融仲裁效率

金融行业的特性要求金融仲裁在程序设置、期限安排上能够达到高效的要求。为了达到上述目标，一方面，可以通过缩短仲裁的相关程序所需要的时间，如送达程序上可以简化送达方式等。另一方面，当事人选择通过仲裁解决纠纷，往往就是追求仲裁的高效率。繁复的保全程序，可能消耗资金的流通效率，将难以体现出仲裁的特点。因此，为了提

升金融仲裁的效率，应当建立仲裁委和法院之间的通报机制，提高双方自己的互动和衔接。①

《自贸区仲裁规则》中对临时措施制度的规定，一方面体现自贸区在争议解决方面的创新性，赋予了仲裁庭更多的决定权，同时也紧跟国际主流的仲裁规则，为当事人的权利提供更多保护，保证仲裁裁决的最终执行力。

综观中国国际经济贸易仲裁委员会（China International Economic and Trade Arbitration Commission，CIETAC）《金融争议仲裁规则》，其对临时措施和紧急仲裁员制度本身并没有特别规定，而是参照《中国国际经济贸易仲裁委员会仲裁规则》予以适用。金融仲裁中应该全面提高对财产、证据、行为等的保全，建立仲裁前保全制度，体现出仲裁的高效和快速，消除当事人在采取保全措施前的担忧。

（二）落实金融仲裁中临时措施的执行

通过仲裁程序能否保全对方财产、能否真正执行对方财产是极其重要的。对于涉外合同中，选择何种仲裁机构，对仲裁程序中的财产保全和裁决的执行有着重要影响。例如，如果中外双方约定仲裁机构为中国国际经济贸易仲裁委员会，外方依据合同在中国国际经济贸易仲裁委员会提起仲裁，则申请保全中方的财产极其方便。外方可以向中国国际经济贸易仲裁委员会提交财产保全申请并提供财产所在地法院联系方式，中国国际经济贸易仲裁委员会会将申请转至法院，法院则依法办理财产保全。但是，如果双方约定的仲裁机构不是中国境内的仲裁机构，而是境外仲裁机构，外方难以将境外仲裁机构作出的财产保全指令拿到中国法院来申请执行。

根据《纽约公约》及我国相关法律规定，我国法院有义务依法承认和执行境外仲裁机构作出的仲裁裁决，但是，并不包括财产保全等临时强制性措施。另外，如果选择中国仲裁机构，该仲裁机构作出的裁决则会视为国内裁决，可以直接申请法院执行，程序相对方便和快捷。如果是

① 崔海洋：《我国金融仲裁制度的发展困境与解决对策》，载《经济视角旬刊》2015 年第 2 期，第 42 ~ 44 页。

境外仲裁机构作出的仲裁裁决,则应当遵照承认和执行境外仲裁裁决程序处理,程序相对复杂。

为了落实金融仲裁中临时措施的执行,我国在相应的金融仲裁规则上可以先行试点,对于境外仲裁机构就当事人财产保全所作出的临时措施决定,我国的法院能够予以相应的配合。甚至,赋予金融仲裁庭在此类涉外临时措施保全制度中的决定权。

三、加强当事人对仲裁程序的参与和监督

相对于诉讼而言,仲裁的特点或者魅力之一在于当事人的意思自治,当事人在仲裁开始前以及仲裁程序进行中有选择仲裁员、仲裁程序、仲裁规则、准据法、申请仲裁员回避等权利。但在仲裁程序结束后,当事人的参与与反馈对此后仲裁员的行为以及仲裁程序的推进具有很好的促进作用,然而各个仲裁机构对此却关注不足。

在此背景下,香港国际仲裁中心于 2015 年 7 月 23 日推出一项新的制度,即允许仲裁参与者对仲裁程序和仲裁员的行为进行评价,比如案件准备程度,对适用法律和规则的熟悉程度,促近公平、中立、有效仲裁程序的能力,案件管理能力,交流的技巧和裁决的作出等。这一制度是香港国际仲裁中心为了增加仲裁参与者的反馈,从而使仲裁程序更加高效、仲裁员的工作更加公正和称职,同时提高香港国际仲裁中心的案件管理和服务能力。

该评价体系是对 2010 年伦敦大学玛丽女王学院国际仲裁调查报告中的呼吁做出的反馈。该调查报告指出,仲裁服务的使用者对仲裁员的有效工作和正当行为正在寻求更大的透明度,75% 的受调查者希望在开庭结束后对仲裁员进行评价,他们之中的 76% 期盼向仲裁机构提交报告。为此,香港国际仲裁中心的评价体系向仲裁参与者提供了评价仲裁员和仲裁机构的鲜有机会。

我国内地的部分仲裁机构目前也存在这样的评价机制,在寄送仲裁裁决书的时候,同时也都会向当事人寄送对整个仲裁程序的评价表格。但当事人进行反馈的数量并不是很多,该制度并没有达到预期的效果。究其原因,可能是当事人觉得事后再寄回评价表格比较麻烦,并且达到的效果可能也不是自己所期待的。

虽然国内对仲裁机构、仲裁员都有相应的法律和仲裁规则的约束，但约束与监督力度存在明显不足。通过当事人的评价机制，在一定程度上可以督促仲裁员更加认真地对待庭审、仔细地研究卷宗，从而提高仲裁的效率。同样的制度，在不同的法制背景下，达到的效果可能有很大差别，国内的仲裁机构也应该不断更新制度，强化当事人对仲裁程序的参与和监管，提升国际竞争力。

四、仲裁费用规则的革新

如前所述，我国主要仲裁机构收费采取的是集中收费方式，存在收费项目和金额不透明、仲裁员与仲裁机构存在潜在冲突、争议金额大的案件仲裁费过高以及仲裁费用分担规定不明等弊端。针对上述弊端，笔者认为我国仲裁费用制度应当从收费的计价方式以及仲裁费用的分担两个方面进行革新。

（一）仲裁机构收费计价方式

对于上述弊端，国内仲裁机构可以考虑参考国际主要仲裁机构的做法，在收费项目上明确区分仲裁员报酬和仲裁机构管理费。事实上，中国国际经济贸易仲裁委员会香港仲裁中心的仲裁案件已经采取这种收费方式，分为案件受理费、机构管理费和仲裁员报酬。① 分项收费使每一项目的费用独立，限制仲裁机构分担费用的随意性，仲裁员与仲裁机构之间不存在利益的潜在冲突，仲裁当事人对于收费也可以进行监督。

对于每一收费项目的具体计价方式，应当根据收费项目的特点予以确定，而我国主要仲裁机构目前采用的以争议金额为唯一计价基础的方式显然存在公平性问题。参考国际主要仲裁机构的收费方式，对于仲裁机构管理费用和仲裁员费用，可以按照时间进行收费，对于仲裁员费率，仲裁机构可以进行一定的限制，并根据案件进行调整。

（二）仲裁费用分担

当事人意思自治和灵活性是国际仲裁的核心，因此，关于仲裁费用

---

① 《中国国际经济贸易仲裁委员会仲裁规则(2015 版)》，载中国国际经济贸易仲裁委员会网：http://www.cietac.org.cn/index.php? m = Page&a = index&id = 14，2016 年 3 月 16 日访问。

分担的仲裁规则和仲裁实践存在多样性的特点，并没有单一的普遍适用的仲裁费用分担方式。合理的仲裁费分担制度是鼓励仲裁当事人控制仲裁成本，提高仲裁效率，以及惩罚不诚信和不正当的当事人的有效机制，因此国际仲裁机构对于仲裁费用分担的探索一直没有停止。

而目前我国主要仲裁机构仲裁规则中对于仲裁费用的分配是没有规定的，因此，仲裁庭具有较大的自由裁量空间。事实上，由于缺乏普遍认可的做法和当事人的约定，仲裁裁决解释仲裁费分担的原因往往语焉不详，难以使当事人信服。

如上文所述，国际仲裁中已经有一些值得借鉴的探索，除了按照胜诉方获得仲裁费补偿的原则，仲裁庭在决定仲裁费用分担时，需考虑部分胜诉、当事人的行为等因素，胜诉方仅能在合理支付部分获得补偿。同时，仲裁庭在判决书中应尽可能详细地解释费用分担的原则、理由，并明确当事人之间具体的分担比例。

五、类型化金融仲裁规则的制定

金融市场是一个庞大的系统，由不同类型的金融交易构成。按照交易对象的不同，可以分为资金市场、外汇市场、黄金市场和保险市场。①在这些市场中，金融交易的主体、交易行为、交易内容、交易方式以及交易各方的权利和义务都各具特色，存在一定的差异，这也使得因此引发的金融争议存在类型化的区分。事实上，金融审判实践已经注意到这一类型化的特点。例如，最高人民法院于2013年最新修订的《民事案件案由规定》中即列举了多种类型的金融纠纷，包括证券纠纷、信托纠纷、保险纠纷、票据纠纷、信用证纠纷，更细致地划分出金融衍生品交易、融资租赁交易、存款贷款和支付结算等引起的纠纷。因此，总结理论和实践对不同种类金融纠纷的认识，在此基础上将金融纠纷类型化，一方面有助于金融仲裁机构对金融纠纷整体分布情况的认识，同时也有利于金融仲裁机构对不同金融纠纷的主要法律问题和程序特点加以把握，推进金

① 王莹丽：《试析我国金融仲裁机制的发展与完善》，载《上海金融》2011年第9期，第102页。

融争议仲裁的效率。

美国仲裁协会在制定基础仲裁规则的基础上，针对类型化金融仲裁另外制定了相应的仲裁程序规则，例如，商业金融纠纷仲裁规则（Arbitration Rules for Commercial Financial Disputes）、证券仲裁补充程序（Securities Arbitration Supplementary Procedures）、保险仲裁规则和调解程序（Insurance Arbitration Rules and Mediation Procedures）、商业遗嘱和信托规则（Commercial Wills and Trust Arbitration Rules）等。[①]

美国的做法值得借鉴，我国金融机构也可以尝试将金融纠纷的类型根据特点、权利义务关系划分成银行、证券、保险等类别，并在金融仲裁基本规则的基础上，就类型化金融争议的特殊问题的程序规则加以细化，提供更为精准的仲裁员名单。

此外，对于我国类型化金融纠纷应当设立相应的金融仲裁细则和特殊的仲裁程序，同时根据不同类型化金融仲裁中当事人提起诉求的特殊性，制定相应的细则。合并相关金融仲裁程序流程，通过对程序的统筹安排，提高仲裁程序的效率；随着信息网络技术的发展，将金融仲裁和网上仲裁相结合，充分将互联网即时、高效的优势运用到金融仲裁机制中，实现优势的叠加，提高金融仲裁的效率，实现金融仲裁机制的程序价值；引入临时金融仲裁的机制以补缺常设金融仲裁的不足，实现制度的优化配置。针对类型化的金融纠纷建立多元化的金融仲裁体系以完善我国现存金融纠纷仲裁解决机制。以证券纠纷为例，应当建立专业化的证券仲裁机构体系，改变中国当前仲裁机构单一的局面。具体来说，既有一般的商事仲裁机构来受理证券仲裁争议，同时又建立专门的证券仲裁机构。根据我国具体情况，在上海、深圳证券交易所建立证券仲裁部门，在一些中心城市的仲裁委员会（如北京、上海、深圳、武汉等）和贸仲建立专门的证券仲裁部门，扩大仲裁事项的范围，明确证券仲裁不仅适合于证券合同纠纷，还包括证券侵权纠纷，同时明确有些争议不属于证券仲裁

---

① https://www.adr.org/aaa/faces/rules/searchrules/rulesearchresult? x_rule_status = D&_afrLoop = 2022112277955859&_afrWindowMode = 0&_afrWindowId = m3wjdvqj0_576#%40%3F_afrWindowId%3Dm3wjdvqj0_576%26_afrLoop%3D2022112277955859%26x_rule_status%3DDD%26_afrWindowMode%3D0%26_adf.ctrl-state%3Dm3wjdvqj0_616，2016年3月18日访问。

的范畴。证券仲裁的审理应该反映证券市场对效率性的要求,通过对审理时间、审理地点等因素的具体规定提高效率;对涉及多数当事人仲裁特别予以规定;建立证券仲裁特有的证据规则,通过对规则的设置在一定程度上改变在举证方面对投资者不利的局面;建立完善的仲裁裁决执行制度,明确人民法院对证券仲裁裁决的监督是程序的监督,而不是实体的监督,还有建立通过自律组织或交易所的规定来执行证券仲裁裁决的制度。

第二节　金融仲裁员的回避与选任规则

一、金融仲裁的回避制度完善

(一)金融仲裁员的独立性问题

正如本书第三章所述,金融仲裁员的专业性意味着其与当事人往往是一个行业的共同体,金融仲裁员这种“独特”的地位应当得到承认。在这样的情况下,以法官独立性的标准要求仲裁员既没有必要也并不合理。独立性的根本目的在于保证裁决的公正性,换言之,独立性只有在公正性受到威胁的时候才有考量的必要性,独立性是确保公正性的必要非充分条件。[①] 在公正性得到保证的前提下,独立性应当让位于专业性。

(二)披露制度与回避制度相结合

笔者认为,解决金融仲裁员的利益冲突防范问题,应当将披露制度与回避制度相结合。在披露制度环节,以严格和具体的标准为原则,保证仲裁员的充分披露;在回避制度环节则应当降低回避的实体标准,结合某些指标在个案中逐一认定,而非作出简单划一的规定。

首先应当明确,披露的事实在范围上大于回避的事实,即披露的事项不等于回避的事项,在此认识的基础上,金融仲裁员应当进行充分的披露。建议在仲裁机构中建立双重披露制度,即一方面在仲裁员信息系统中,为金融仲裁员建立专项信息,由仲裁机构首先将其掌握的金融仲

---

① 任婧麾:《国际投资仲裁仲裁员回避制度析论》,西南政法大学 2012 年硕士学位论文,第 33 页。

裁员的信息予以专门披露，为当事人在选定仲裁员和是否申请仲裁员回避提供参考。北京仲裁委在这一方面已经有所实践，针对律师仲裁员建立了信息库。另一方面，针对金融仲裁员可以设计一些具体的便于操作和执行的披露条款，将常见的可能引起仲裁员利益冲突的情形加以列举。例如，成都仲裁委员会的《成都仲裁委员会仲裁员声明及公证承诺书》设计了针对律师仲裁员的三个条款，包括是否在本案受理前为本案事先提供过咨询；3 年内是否与本案当事人、法定代表人、负责人、代理人在同一单位工作过；3 年内是否担任过任何一方当事人的常年法律顾问、代理人、领取过报酬。相应地，针对金融从业者、金融监管机构工作人员以及金融行业协会专职工作人员也应当设计与律师仲裁员类似的披露和回避制度以及仲裁员声明条款。

在回避环节，有权机构应当根据案件的性质和具体情况，结合考虑被申请回避的仲裁员与当事人之间关系的密切性，交往的强度和频度，利益关系的依存程度和重大性，同时结合法律问题的相似性、可比性和时间段具体决定是否回避。围绕着"任何人不得做自己的法官"、防止表面偏见两个基本原则，最大限度地保证仲裁员的公正与独立。

二、公布回避决定理由

一些仲裁机构的仲裁规则中规定，回避问题的决定因属于仲裁机构内部行政性质的决议，故不需要说明理由。但是，这样的做法一方面使当事人对自身相似的回避申请理由是否能够得到支持缺乏预测，为当事人恶意拖延程序而提起仲裁员回避申请提供了土壤；另一方面，回避与否的决定对案件的实体正义至关重要，在当事人和仲裁员对此问题提出各自的意见或解释时，仲裁机构理应将其最终的决定附具体理由告知各方。

三、利益冲突问题对金融仲裁员的选任启示

（一）明确约定仲裁员任职资格

为避免当事人在争议发生后，利用仲裁员利益冲突和回避规则恶意拖延程序，当事人在订立合同，拟定争议解决条款时，即应当对仲裁员的

选任资格予以明确的约定。如纠纷已经发生,则双方应尽可能地沟通、协商,并确定最终仲裁员的选任标准和资格。

(二)仲裁员名册的开放

在《自贸区仲裁规则》和《金融仲裁规则》中,开放了仲裁员名册。如《金融仲裁规则》第6条规定:"当事人约定在仲裁委员会名册之外选定仲裁员的,当事人选定的或根据当事人之间的协议指定的人士经仲裁委员会主任依法确认后可以担任仲裁员。确认与否,不附具理由。"这一规定虽然在一定程度上限制了当事人的自主权,即仲裁员的确认仍然需要仲裁委员会主任来确认,并且仲裁委员会主任无需对此作出解释,但是保证了仲裁员的公正性和独立性,即有效地防止当事人利用指定仲裁员的权利而拖延仲裁程序的执行。

(三)当事方积极选任首席仲裁员

《自贸区仲裁规则》第28条中对于仲裁员的选择也规定了当事人可在仲裁员名册内各自选定仲裁员,也可以各自推荐一名仲裁员名册外的人士担任仲裁员。较之《金融仲裁规则》,《自贸区仲裁规则》还赋予了当事人再次选择的机会。"不同意的,推荐该名人士的一方当事人应在收到不同意决定之日起5日内,在仲裁员名册内选定或委托仲裁委员会主任指定仲裁员。"仲裁的生命力在于仲裁员,正如"有什么样的仲裁员就有什么样的仲裁"一样。仲裁员尤其是首席仲裁员的选定是"当事人意思自治原则"最根本的体现。而国内的仲裁机构一再强调其充分尊重当事人意思自治,却不肯在首席仲裁员的选定上修改仲裁规则,即首席仲裁员由已被当事人指定的仲裁员共同选定,虽然一些仲裁机构尝试当事人推荐名单制或仲裁委推荐名单制的做法,但成效甚微。根据统计,国内仲裁委的首席或独任仲裁员百分之九十九以上是由机构指定。[①] 而国际商会仲裁院在2003年~2007年的统计数字披露,其指定独任仲裁员占全部案件的比例是15.42%,指定一般仲裁员占全部案件的2.81%,指定首席仲裁员的比例只有11.05%。[②] 笔者

① 王红松:《铸造公信力——王红松文集》,法律出版社2010年版,第179页。

② ICC International Court of Arbitration Bulletin . Statistical Report. Vol.15-19.

关于100份仲裁裁决的分析也再次验证了这一点。

在笔者从事仲裁员10余年间裁决的三百件左右国内仲裁委受理的案件中，只有6件属于由当事人共同选定首席仲裁员的情况。第一件是贸仲北京的案件，当事人的仲裁条款中即明确约定由双方选定的仲裁员共同选定首席仲裁员，笔者和另一方选择的上海政法学院的副校长刘晓红女士共同选择中国政法大学的黄进校长为首席仲裁员，此次选择非常快，笔者让刘晓红女士提供几个仲裁员名字，并从中挑选出一名作为首席；第二件还是在贸仲北京，当双方当事人各自向仲裁委提交其选定的仲裁员时，秘书发现双方都选择了笔者，便建议让双方再各自选择一名仲裁员，而笔者来担任首席仲裁员，双方欣然接受，这样笔者和白萍女士及闫立兵先生组成了仲裁庭且双方在仲裁庭的调解下结案；第三件是在2014年上海国际仲裁中心的一起股权争议案中双方当事人的代理人共同推举我作为首席仲裁员，与郭伟先生及刘忠定先生于1月28日组成仲裁庭，2月13日开庭审理，2月底前便审结了此案；第四件是北京仲裁委于2014年2月13日组庭，由双方根据北仲提供的推荐名单共同选定我为首席仲裁员，与方濛及赵秀文两位老师一起组成仲裁庭于3月4日开庭审理，现已结案，第五件及第六件分别是上海国际仲裁中心和北京仲裁委受理的影视节目播放授权及合作经营纠纷案，目前仍在审理中。①

而在笔者参与的两件境外仲裁机构案件中，根据国际商会仲裁院及香港国际仲裁中心的仲裁规则，首席仲裁员均是由笔者和另外一位仲裁员共同选出来的。国际商会仲裁院案是一家秘鲁公司和一家中国公司因购买协议而发生纠纷。作为申请方的秘鲁公司的代理人，一美国纽约律师提名了同样来自纽约的Gerald. Aksen律师作为仲裁员，因被申请人中国公司既没有委托律师也没有提名仲裁员，因此，国际商会仲裁院的

---

① 《北京仲裁委员会仲裁规则》第18条第2款规定：经双方当事人申请或同意，本会也可以提供五至七名首席仲裁员候选名单，由双方当事人在15日内从中选择一至三名仲裁员作为首席仲裁员人选。选择名单中有一名相同的，为双方当事人共同选定的首席仲裁员；有一名以上相同的，由主任根据案件具体情况在相同人选中确定，确定的仲裁员仍为双方当事人共同选定的首席仲裁员。

秘书处后任命笔者为上述案件被申请人方提名的仲裁员。[①] 在香港国际仲裁中心案件中，笔者作为中国公司选择的仲裁员与BVI公司选择的香港退休法官一起选择了陶景洲先生为首席仲裁员。

从以上笔者列举的实例可以看出，在仲裁案中当事人选择仲裁员的积极性并没有得到充分的发挥。笔者认为，这是由于我国《仲裁法》对仲裁庭的组成程序和首席仲裁员的产生方式的规定过于简单，以至于在实践中并未能很好地体现当事人的意思自治，特别是关于首席仲裁员的确定，由仲裁委员会主任指定首席仲裁员成为首席仲裁员产生的主要方式，而这样实施的效果有悖于仲裁的自愿原则。进一步讲，仲裁委员会主任指定首席仲裁员带有很大的个人主观性，极有可能指定当事人原本不愿意选择的仲裁员，或不能指定最佳的首席仲裁员人选。而目前尚未

---

① 该案合同争议解决条款规定：(a)合同双方同意自收到书面通知起30日，通过协商解决因本合同引起的或与本合同有关的争议或主张，或合同解释、合同违约、合同终止、合同效力，或依合同的计划交易，以上争议包括侵权纠纷、合同纠纷或股权纠纷（以下简称争议）。若双方当事人无法达成协议，争议应提交仲裁，并适用国际商会仲裁院仲裁规则（以下简称“国际商会仲裁规则”），该仲裁结果为终局性且立即生效。与本合同第13.6条或国际商会仲裁规则不一致的，仲裁受《联邦仲裁法案》9 U. S. C. §1 et seq和联合国《承认及执行外国仲裁裁决公约》（1958年）管辖。仲裁庭应由三名仲裁员组成，一名由买方或其代表任命，另一名由卖方代表任命。根据国际商会仲裁规则，在仲裁院确认第二名仲裁员提名的20天内，由双方提名的仲裁员提名第三名仲裁员，该仲裁员为首席仲裁员。(b)仲裁地为纽约市，仲裁裁决应在此地做出。(c)仲裁语言为英语，仲裁裁决应为英语。(d)在仲裁的证据审理中，任何一方当事人或其律师均有权询问其证人或交叉询问对方证人。除非争议当事人另有书面约定，或除非仲裁庭因司法利益决定对某特定证人采取不同的程序，所有证人证言不得仅以书面形式提供，导致对方不能交叉询问该证人。(e)仲裁庭有权根据合同条款和纽约州法律裁决采取补救措施或救济，包括永久禁令和要求履行合同条款下的特写义务。仲裁庭无权裁决间接性、惩罚性的、多重的或示范性的损害赔偿，在此，双方当事人放弃主张这类赔偿的权利。(f)仲裁裁决为终局的且有效约束双方当事人，并是当事人所有提交至仲裁庭的请求、反请示、争议或财务问题唯一且排他的救济方式。裁决可在任何对当事人或其财产有管辖权的法院执行。为执行裁决，双方当事人不可撤销地、无条件地提交至一方当事人财产所在地享有管辖权法院，并放弃因属人管辖或不便原则提出的执行抗辩。本合同和双方的权利义务在裁决做出前的仲裁程序中继续有效。(g)双方同意仲裁，但并不因此丧失依本合同第13.6条申请法院签发以维持现状或防止不可挽回的损害仲裁前禁令、仲裁前附件或其他有助于仲裁程序进行或仲裁裁决执行的命令。在不影响有管辖权法院行使临时救济的情况下，仲裁庭有权授予临时救济措施，并指导当事人申请修改或撤销法庭签发的临时或初步救济，并裁决不当救济造成的损害。(h)任何因为或关于本买卖协议或因此违约而产生的仲裁程序可以包括合并仲裁，追加当事人，或者买方或者代理人和买方或代理人认识实质影响法律或事实问题的其他人（包括但不限于本项目中的其他供应商或分销商）选择的其他方式。

建立当事人对这种情况的异议制度,当事人只能被动接受主任指定的首席仲裁员人选。一旦在仲裁过程中主任对已指定的首席仲裁员不满意而不得不更换首席仲裁员时,影响仲裁的效率,其结果不能彰显仲裁的高效与公正。因此,在《仲裁法》实施十多年后,检视我国《仲裁法》的有关规定,进一步修改和完善仲裁法显得尤为必要。为此,笔者提出如下建议:

1. 从总体上重新考虑仲裁庭的组成程序设计,修改《仲裁法》第四章第二节"仲裁庭的组成"第30条至第32条。参考世界各国最新仲裁法的相关规定,结合我国的具体国情,提出具体的修改方案。

2. 在程序设计上最大限度地体现当事人意思自治原则。现代商事仲裁制度的仲裁员选定的法理基础是当事人意思自治,只有充分尊重当事人的意思自治,才能体现仲裁的公正与公平。因此,建议确立由当事人自由约定仲裁庭组成程序和确定首席仲裁员产生方式为首要原则。无论是仲裁庭的人数,还是仲裁庭的组成程序,当事人都可以自由约定。对首席仲裁员的产生方式也应当授权当事人有优先的自由约定之权利。而不能简单地规定仲裁庭只有三人庭和独任庭两种模式,也不能简单生硬地规定首席仲裁员的产生方式只限于"当事人共同选定"或者"共同委托仲裁委员会主任指定"。

3. 重点考虑首席仲裁员的产生方式,赋予当事人直接和间接选定首席仲裁员的权利。在这个问题上,要将当事人的自由意志放在第一位考虑,充分尊重当事人的意愿和智慧。赋予当事人自由约定选定首席仲裁员程序之权利。当事人既可以约定指定首席仲裁员的独立机构或独立第三方,也可以授权双方当事人已选定的仲裁员共同协商确定首席仲裁员,还可以授权仲裁机构或者法院在当事人约定的其他方式失败时作为最后确定首席仲裁员的机构。

4. 明确规定双方当事人各自已选定的仲裁员有共同协商确定首席仲裁员的义务和责任,并给予足够的时间以充分协商,增强可操作性。从立法技术上考虑如何将由当事人各自已选定的仲裁员协商确定首席仲裁员的方式作为实际执行过程中的主要方式,从而改变目前实践中由仲裁委员会主任确定首席仲裁员的模式。

5. 确立仲裁机构或者人民法院作为确定首席仲裁员的最后保障机

构之地位，赋予仲裁机构或者法院在当事人约定的其他产生首席仲裁员方式失败时确定首席仲裁员的权力，以保障仲裁的效率，避免一方当事人在确定首席仲裁员时可能故意拖延仲裁程序的情形发生。

6. 具体规定仲裁委员会或者人民法院指定首席仲裁员时的程序规则，以增强可操作性。首先，赋予仲裁机构或法院作为主体有指定首席仲裁员之权力和职责，而不将此项权力授予仲裁委员会主任或法院院长，以尽量减少个人的主观性对确定首席仲裁员的影响；其次，借鉴国外关于机构确定首席仲裁员的程序规定，并总结我国仲裁机构在实践中积累的经验，完善关于仲裁机构指定首席仲裁员的具体程序规定，制定示范仲裁规则，细化仲裁庭组成和首席仲裁员产生方式等规定，充分体现当事人的意愿。

第三节　我国金融争议实体法的完善

我国金融实体法的空洞化是我国金融仲裁发展的重要障碍之一。我国的金融法条文少，原则性强，宣示性条款和授权性规则较多，大多没有实质内容。法律不是详细规定、预期性强、具有可操作性的规则，而是对相关部门进行授权，好像国务院及其各部门的一份"分工清单"。[①] 这样的法律无法在仲裁时进行法律适用，而金融监管部门的规章和规范性文件以及司法解释在仲裁时不是当然适用的，而是参照适用的，这就将自由裁量权授予了仲裁员，案件裁决结果的不确定性加大，影响了当事人的预期，使部分当事人不敢选择仲裁。[②]

一、破产情形下国际掉期及衍生工具协会主协议终止净额结算条款的完善

（一）国际掉期及衍生工具协会主协议终止净额结算条款

衍生品市场的不断创新导致有些问题很难适用现行法，因此，衍生

① 邢会强：《政策增长与法律空洞化——以经济法为例的观察》，载《法制与社会发展》2012年第3期，第117～132页。

② 北京市金融工作局课题组课题：《首都国际金融仲裁发展现状与建设研究》，2015年，第45页。

品市场会存在法律风险。法律风险包括适用法律、法规不同，导致衍生品协议不能强制执行带来风险和损失。

终止净额结算制度指的是为了规避金融衍生品场外交易风险的一项制度协议，其主要作用在于控制风险、简化交易。国际掉期及衍生工具协会主协议项下的终止净额结算条款是指“当发生主协议项下规定的违约事件或终止事件，交易双方之间所有现存未到期交易提前终止，并对上述提前终止的交易项下的盈利和亏损轧差结算净额，以该净额的价值作为交易双方权利义务的最终确定金额，以替代或更新之前存在于双方之间的权利义务”。① 国际掉期及衍生工具协会主协议项下的终止净额结算条款主要包括三个方面，一是终止净额结算条款的适用条件，二是在出现所约定的情况下享有提前终止权，三是终止后的净额结算。

（二）破产情形下国际掉期及衍生工具协会主协议终止净额结算条款

国际掉期及衍生工具协会主协议项下的终止净额结算条款从本质上来说是一项合同规定，即是由双方当事人意思自治一致而产生的一项合同约定。其中，对于非破产情形下的终止净额结算来说，其完全符合合同意思自治原则，其适用并不存在较大问题，具有法律上的可执行性。而对于破产情况下的终止净额结算来说，若发生引起破产事件，则在此情况下应适用破产主体所在国的相关破产法律。问题焦点在于，破产主体所在国的相关破产法律与国际掉期及衍生工具协会主协议项下的终止净额结算条款并不完全相容，即两者会存在交叉甚至冲突的情况。因此，双方当事人所约定的国际掉期及衍生工具协会主协议项下的终止净额结算条款，在破产主体所在国并不能保证完全适用，甚至会有冲突，从而导致终止净额结算条款的法律效力和可执行性存在很大不确定性。

（三）破产情形下国际掉期及衍生工具协会主协议终止净额结算条款在中国的适用问题

国际掉期及衍生工具协会主协议终止净额结算条款与《合同法》《担

---

① 刘全雷：《ISDA 主协议的三项制度基础及在我国的适用性分析》，载《银行家》2010 年第 5 期。

保法》《破产法》有冲突，只在少数国家法律被承认，在很多国家没有正式的法律地位。从我国目前现行的立法现状来看，没有对“终止净额结算”作出相应的立法规定。我国场外衍生品市场处于发展阶段，参与者主要是银行和金融机构，银行间市场交易商协会是行业组织，其发布的《中国银行间市场金融衍生产品交易主协议》和其他相关协议，类似国际掉期及衍生工具协会协议中的制度，但并没有被我国法律正式承认。因此，终止净额结算条款的可行性没有得到我国法律的认可，双方当事人即使约定了该条款，在破产情形下的适用与我国现有的法律制度存在诸多冲突与矛盾。结合我国《企业破产法》的相关规定，虽然不能断言，在破产情形下的终止净额结算条款必然无效，但是，要完全确认其可行性还是存在一定风险。

我国的场外金融衍生品交易正处在飞速发展的阶段，而作为有效控制风险的国际掉期及衍生工具协会主协议项下终止净额结算条款在适用上和我国破产制度存在冲突和矛盾。而且终止净额结算制度被视为有效减少金融衍生工具在交易过程中所暴露的风险敞口大小的一种功能设计。终止净额结算权人不同于破产人的一般债权人，其不仅对破产人享有债权，而且对破产人负有债务，因此，其对破产人享有的债权相当于一种附带有担保权的债权，非破产方行使终止净额结算的法律效果近似于破产人的担保债权人行使别除权。此外，破产抵销权是破产人的相对方实施单向形成权的方式，若不禁止债务人实施抵销权，有可能出现对债权人的个别偿还现象。是以，债务人被禁止不能主动提前进行债务的清偿。我国只吸收了终止净额计算的方法，并把轧差前的金额仍然视为一个关联债务，这使终止净额结算的效果在中国类似于主张抵销。但是破产抵销权要经历烦琐而漫长的甄别确认程序，非破产方可能由于管理人进行挑拣履行而处于被动的地位。巨额的金融风险已经通过产品链条传导开了，甚至引发系统性风险。终止净额结算虽不能使金融衍生交易完全避免风险，但能有效控制交易对手之信用风险和防止其可能面临风险敞口扩大之亏损，这无疑为其加上了一把保险锁。另一方面，金融机构可依终止净额结算减少交易成本或者提高资本金的周转率。事实上，出现违约事件或终止事件时，交易者可自行终止尚未完成的合同以便及时凝固风险敞口，并对已经进行的交易相互冲抵得出一个支付的净额，此时交易双方的风险微乎其微。实质上，终止净额结算是交易双方有效摆脱因违约方破产而陷入困境的努力。笔者认为，对于净额结算条款的制定可以效仿美国的“安全港规则”对金融机构的破产问题作出专门规定，设计出一套能与国际掉期及衍生工具协会主协议项下终止净额结算条款相适应的破产法律制度，以促进金融衍生品市场的健康、快速发展。笔者认为，由于我国法律并没有全部确认国际掉期及衍生工具协会终止净额结算代表的交易惯例，因此，《破产法》确认终止净额结算的效力问题可以考虑在现有的法律框架下进行立法，在已纳入国务院立法计划的《金融机构破产条例》中引入终止净额结算条款，完善金融机构破产法律制度，在法律层面上赋予终止净额结算制度的合法性，并以但书的方式规定其与破产程序相互独立，不受破产程序的限制。

1. 单一协议条款之更进

法律应明确规定终止净额结算条款豁免适用《金融机构破产法》所有条文，豁免条款承认单一协议条款，即交易双方签订的衍生品交易主协议所管辖的所有类型的衍生品交易合约，均被视为不可分割的一笔整体交易的构成部分。承认单一的协议条款将有助于跨产品类型进行轧差结算，亦有利于债权人持有的净额结算权与管理人拥有的挑拣履行权进行有效对抗。

2. 终止权之更进

法律应该明确规定即使交易双方出现约定的违约或提前终止事件以致交易结束，涉及净额结算的约定也仍然有效。同时金额衍生交易主体一方破产时，不应该通过立法赋予破产方单方决定终止或继续履行合同的权利，应该由管理人及交易对方平等协商来决定是否继续履行双方生效的合同。可以考虑增加“金融衍生交易主体可以在衍生品交易合约中约定一方发生破产等事件时的提前终止条款”的规定。然后选择提前终止合同的权利和履行的权利之间将不复存在矛盾，因为破产管理人应当尊重当事人之间的合意约定和排除《破产法》以便适用选择履行权。

3. 抵销权之更进

法律应明确规定对终止净额结算与破产抵销权作技术性地区分，因为债权人牺牲了其他债权人的利益而获得了独占性的满足是不能被允许的,必须防止牺牲全体债权人的利益而牟取不当利益的现象,限制债权人个别地行使权力是根据法律程序实施破产处理的必要性之一。

二、统一资产管理类产品监管体系

目前,各类金融机构都向投资者提供了种类繁多的资产管理产品,如银行、信托、保险、证券、基金管理公司等金融机构广泛从事资产管理业务,"受人之托、代人理财"。但对于这些不同类金融机构从事的资产管理业务,由于受制于"分业经营、分业监管"的金融制度体系,一直没有统一适用的监管制度和法律制度支持。

具体而言,从业务监管角度看,我国法律目前对资产管理类产品的监管不是按照其功能和法律属性划分,对同类产品进行统一监管,而是将其"碎片化"地潜入不同监管机构的监督体制中,不同监管机构制定不同监管标准形成了宽严不一的监管体系。各监管机构的规章在发行条件、募集对象、审批或备案程序、投向范围、信息披露等均有不同的规定,出现了监管差异和监管套利,使金融机构之间的实质是借用牌照的所谓"通道业务"仍然盛行。从业务或产品的法律基础看,对于资产管理类产品,根据现行法律,只有信托产品和基金产品是属于信托关系的产品,适用《信托法》,其他资产管理类产品都不适用,事实适用由不同监管机构制定的多达50部以上的部门规章和规范性文件,这些部门规章没有明确相关资产管理产品的法律属性,即是信托类产品还是非信托类产品,这给金融机构的业务开展、风险控制乃至纠纷处理都造成了不少的困惑。①

建立有序、统一的金融产品为中心的大监管体系,从机构监管转化为功能监管,可以防止监管套利,保护投资者,有利于保护金融创新和降低资金成本,更容易实现全面、高效、精准的监管目标,有利于宏观审慎监管,维护金融系统稳定,最终使金融更好地服务于实体经济。

---

① 北京仲裁委员会编:《中国商事争议解决年度观察2015》,中国法制出版社2015年版,第188页。

各类资产管理业务的本质是“受人之托、代人理财”，与信托法律关系的受托财产独立、破产隔离、全责关系等属性高度一致。因此，资产管理产品的法律属性是信托。在目前无法出台统一的资产管理法的情况下，可以将《信托法》作为资产管理产品的上位法；在统一上位法的基础上，进一步出台行政法规明确银行、证券、保险等资产管理产品各自的特点和市场定位；在部门规章层面，通过梳理和整合部门规章，增强不同仲裁规则之间的协同性。

代结论——金融仲裁内涵和外延的扩张趋势

一、金融仲裁主体范围有待扩充

随着资本在全球范围内的流动更加自由,金融交易活动不再仅发生在私人的金融机构之间,其主体逐渐朝向多元化方向发展,金融机构与国家之间的投资仲裁、源于金融机构之间以及金融机构与其客户之间的纠纷进而上升至世界贸易组织贸易纠纷的金融仲裁案件不断发生。将金融仲裁当事人的主体扩充至国家层面。下面两个与中国相关的案例进一步说明了这种扩张的新趋势。

(一)平安诉比利时政府

1. 案情介绍

2007 年,中国平安先后两次注资比利时富通集团成为富通集团的最大单一股东。而在金融危机爆发后,比利时政府注资收购富通比利时银行(以下简称富通银行)全部股份后,又将其低价转售给法国巴黎银行。此举导致中国平安在富通集团的投资面临重大损失。在平安与比利时政府磋商无果的情况下,2012 年中国平安就其损失补偿问题提交国际投资争端解决中心进行国际仲裁。

本案中,比利时政府之所以会介入,究其根本在于平安的投资对象涉及富通银行这一对其国家而言具有系统重要性的金融机构。正如比利时政府所明确指出的,其行为的目的是为了对金融体系实现有效的管控,即为保障公共利益,这恰恰向我们表明了金融机构这一投资对象的特殊性。金融行业不同于其他行业,其性质决定了它势必与国家金融稳定、金融安全息息相关,金融业也通常容易受到国家或政府行为的干预。而这样的特性就使针对海外金融机构的投资纠纷更容易从普通的私人机构之间的纠纷上升为投资者与东道国之间的纠纷。可见,在金融投资的实践中所涉及的主体范围,显然已经不局限于以往的平等私人主体。

2. 国际投资争端解决中心特殊的管辖范围

2012年,平安将其争端提交国际投资争端解决中心(The International Center for Settlement of Investment Disputes,ICSID)。国际投资争端解决中心系依据《解决国家与他国国民间投资争端公约》(以下简称《解决投资争端公约》)而建立的国际仲裁机构,其旨在通过调解、仲裁的方式解决投资者与投资东道国之间的争端。[①] 根据《解决投资争端公约》的有关规定,国际投资争端解决中心(ICSID)对争端享有管辖权需要满足以下条件:[②]

(1)主体:须满足争端一方为缔约国政府,另一方为另一缔约国国民;

(2)客体:提交国际投资争端解决中心的争端必须是直接产生于投资的法律性质的争端;

(3)同意:争端双方须书面同意将争端提交国际投资争端解决中心。

从国际投资争端解决中心的管辖范围来看,国际社会也已经认同了在某些特殊的仲裁领域将仲裁争议主体扩大到私人主体与国家之间,从而使在与国家博弈中经常处于弱势的私人主体得到更好的救济。该案目前以仲裁庭不具有管辖权为由驳回了平安集团的申请,笔者将进一步关注其发展。

(二)VISA与银联之争

1. 案情介绍

2010年9月,美国就中国对外国电子支付服务采取的限制措施向世界贸易组织提起申诉,认为中国对于在其境内的电子支付服务商进行限制的行为违反了《服务贸易总协定》第16条、第17条的相关规定,即开放金融服务业市场的承诺以及服务贸易领域的国民待遇原则。[③]

---

① 参见国际投资争端解决中心官网简介:https://icsid. worldbank. org/apps/ICSIDWEB/about/Pages/default. aspx,2016年3月8日访问。

② 朱榄叶主编:《国际经济法学》,北京大学出版社2012年版,第267~278页。

③ 参见WT/DS413/R,16 July 2012,p.4。

事实上，事情的根源在于中国本土的电子支付服务供应商“银联”占据了中国电子支付服务市场的较大份额，加之中国政府对于境外电子支付服务的一定限制，使美国电子支付服务供应商“VISA”在中国市场发展受阻。

在世界贸易组织框架下，各成员国应当遵守《服务贸易总协定》的有关规定，而当成员国行为被认为违反了该协定时，相关成员国可以依据世界贸易组织独有的争端解决程序（Dispute Settlement Understanding, DSU）将争端诉诸世界贸易组织的争端解决机构（Dispute Settlement Body, DSB）。基于这样的制度设计，使原本是“VISA”与“银联”之间的争端，或者说是“VISA”与中国政府之间的争端由于诉诸世界贸易组织而成为美国与中国两个国家之间的争端。

2. 世界贸易组织争端解决机制下的金融仲裁

世界贸易组织争端解决机制虽为世界贸易组织框架下单独的争端解决机制，但其亦为成员国提供了相应的仲裁程序，主要规定在：争端解决程序第25条将仲裁作为一种替代性争议解决方式（Alternative Dispute Resolution, ADR）；争端解决程序第21条和第22条在裁决的执行过程中出现的某些特定争端的辅助仲裁；争端解决程序附件2列明的涵盖协定中有关解决争端特殊规则中所涉及的仲裁，如《补贴与反补贴措施协定》第4条、第7条和第8条以及《服务贸易总协定》第22条中的相关内容。①

此种世界贸易组织下的仲裁，在程序上与国际商事仲裁程序基本相同，但仍具有一定的世界贸易组织特色，主要表现在：

（1）仲裁主体：世界贸易组织之仲裁程序系为争端解决程序框架下的程序，因而其仅适用于发生在成员国之间的争端，即仅适用于国家主体；而国际商事仲裁则更具多样性，包括自然人、法人、国家机关及国家。

（2）适格争议：世界贸易组织之仲裁适用争议是“双方已明确界定问

---

① 李广辉、张晓明：《国际商事仲裁与WTO仲裁之比较》，载《汕头大学学报》（人文社会科学版）2009年第25期。

题的争议”,[①]如争端解决程序规则第 22 条第 6 款规定的有关中止减让的义务与所受损害是否相抵的争议,这也就使世界贸易组织之下仲裁实际可裁决的范围受到限制;而在国际商事仲裁中则可裁决争议的范围通常由仲裁协议来确定,事实上范围较广。[②]

(3)适用法律:世界贸易组织仲裁中,毫无疑问世界贸易组织各涵盖协定是仲裁员进行裁决的最基础的法律渊源,但关于其他的国际法规范能否在世界贸易组织的仲裁中适用,则存在很大争议;而在国际商事仲裁中,适用的法律通常由双方当事协议确定或者在一定条件下依据一定的冲突规范来确定。

(4)裁决执行:世界贸易组织仲裁裁决的执行,是参考争端解决程序专家组裁决的执行来进行保障的。如争端解决程序规则第 25 条第 4 款条规定对于仲裁裁决的执行在修改必要细节的情况下适用争端解决程序规则第 21 条(仲裁裁决的执行)、第 22 条(补偿与中止减让义务)的规定。可见,世界贸易组织仲裁的执行问题由世界贸易组织中的特殊规则来保障,在一定程度上对成员方产生了强制力。而在国际商事仲裁中,仲裁裁决的执行则通常涉及一国对于仲裁裁决的承认问题,需要仰赖《纽约公约》及他国的法院来进行强制执行。

世界贸易组织争端解决机制中的仲裁与国际商事仲裁有相似之处,却又独具特色,从而为提高国家之间的争端解决起到了良好作用。但无论其具体程序如何,我们都应当看到,金融机构之间的争端能够借由世界贸易组织争端解决机制的平台而上升为国家之间的争端,从而成为国家层面的博弈。这也无疑向我们证明了:在国际实践中,金融仲裁亦可能发生在两个或多个国家为主体的争议中。

二、金融仲裁向更多争端解决平台拓展

诚如上文所介绍的,金融仲裁以其解决争端的诸多优势越来越为争

---

① See Understanding on Rules and Procedures Governing the Settlement of Disputes, Article 25.

② 胡彬:《DSU 仲裁机制与国际商事仲裁机制的比较分析》,复旦大学 2009 年硕士学位论文,第 11 页。

端当事人所接受,从而出现在越来越多争端解决的平台之中。例如,上文提及的世界贸易组织争端解决机制即规定仲裁为一种“替代性争议解决方式”,其能够极大地促进世界贸易组织成员方之间争端的解决。又如,跨太平洋伙伴关系协定(Trans-Pacific Partnership Agreement,TPP)协定中,要求各国尽最大可能鼓励并便利当事人使用仲裁解决纠纷。

但在金融仲裁走向更多争端解决平台拓展的同时,笔者认为,有许多新的问题留待研究。例如,金融仲裁程序与其他争端解决程序的衔接与排他性问题。私人投资主体在通过国内法的金融仲裁取得了一定救济之后还能否继续通过国际投资争端解决中心中的金融仲裁程序继续向政府请求救济?抑或国家在执行了国际投资争端解决中心金融仲裁裁决之后是否还需要基于世界贸易组织有关规定而继续承担相应责任?此类情况下,金融纠纷会在不同争端解决平台上的仲裁程序中呈现不同的结果,其产生的法律效果又会有重叠与交叉,这种交叉又将如何解决?诸如此类的问题,亦要留待学者通过更多的探索与金融仲裁实践的进一步发展去论证与解决。

附录：国际商会仲裁与替代性争议解决委员会金融机构与国际仲裁报告

目　　录

一、简介

(一)概览

国际商会(ICC)仲裁和替代性争议解决委员会(以下简称委员会)同意有必要研究金融机构对国际仲裁的观点和经验。[①] 本报告由委员会金融机构和国际仲裁工作组(以下简称工作组)编写。

工作组成员采访了全球约50家金融机构和银行律师。[②] 这些采访成果、对相关文献、内部政策、有关仲裁裁决的回溯,及从13家参与调研的仲裁机构处获得的数据,共同构成了本报告提出的结论和建议的基础。

工作组发现,银行和金融部门对国际仲裁的使用和期望,在许多方面都是独一无二且不断变化的。虽然不是持续或大规模地使用仲裁,但在各种银行和金融交易中金融机构都会应用到仲裁。人们普遍未能意识到在银行和金融事务中使用国际商事仲裁和投资仲裁的潜在益处,并且对其抱有一些常见误解。

历史上,金融机构倾向于通过主要金融中心(即纽约、伦敦、法兰克福和中国香港)的法院解决纠纷,但试图避开新兴市场的法院。然而,随着监管环境及2008年全球金融危机后金融纠纷性质的不断变化,金融机构越来越多地将国际仲裁视为诉讼的重要替代方式。

---

① 本报告中"金融机构"的定义广泛,详见本报告第五、六段。

② 附件二列出了除要求匿名的机构之外,受访的金融机构名单。附件一中囊括了受访的问题。

(二)范围

工作组所研究的银行和金融活动范围广阔，包括持牌银行(股权、投资和主权财富)、基金的各种活动，[①]考察了金融衍生品、主权贷款、金融监管事项、国际融资、贸易金融、伊斯兰金融纠纷、咨询事项、资产管理、银行间纠纷等领域的仲裁应用情况。

这项研究涵盖了许多类型的金融机构，包括多边和双边发展金融机构及提供信用提高或风险缓解工具的出口信贷机构，这些机构不时会使用仲裁，且常提议和说服其参与或担保的贷款银团使用仲裁。

工作组同时分析了国际商业仲裁和投资仲裁，后者是银行和金融业使用仲裁的一个相对新颖的领域。一些投资裁决规定，从直接贷款到可转让票据、证券和石油期权，这些金融工具都是依据有关条约进行合格投资。它们在条约索赔方面为银行和金融部门开辟了广阔视野，可能会催化其对仲裁的整体接受程度。

(三)报告概要

报告结构如下：

第二章列出了工作组关于调整仲裁程序以适应银行和金融部门需求的详细建议；

第三章讨论了金融争议不断变化的现状；

第四章描述了金融机构的仲裁经历，包括他们使用仲裁程序的偏好，及其认为银行和金融争议仲裁的优势和局限性；

第五至第十二章旨在解决与金融和银行业专门领域仲裁使用实践相关的问题：

第五章讨论了金融衍生品纠纷仲裁；

第六章讨论了主权金融产品争议仲裁；

第七章讨论了适用于银行和金融纠纷的投资仲裁；

第八章讨论了有关管理事项争议的仲裁；

---

① 工作组没有考虑消费者和抵押贷款，该领域仲裁案件数量规模较小；也未考虑保险和第三方资助的诉讼/仲裁，它们构成了一个具有自身特有规则和方法的专门领域，通常具有特定管辖权且不断发展。

第九章讨论了国际融资纠纷的仲裁；

第十章讨论了伊斯兰金融争端的仲裁；

第十一章讨论了国际金融机构、发展金融机构和出口信贷机构使用仲裁的情况；

第十二章讨论了有关咨询事项争议的仲裁；

第十三章讨论了有关资产管理争议的仲裁。

国际商会官网 www.iccwbo.org 上提供了探讨其中某些议题更详尽的补充材料。

二、建议

国际仲裁的关键优势之一是，无论是在起草争议解决条款时，还是在仲裁过程中，它都赋予当事人根据其需要定制仲裁程序的灵活性。工作组提出以下总体建议，以调整仲裁程序，适应银行和金融部门的需求。每个案件都应咨询法律建议。

案件管理/减少时间和成本。工作组注意到，《国际商会仲裁规则》（以下简称《规则》）“附录四”中所列的案件管理技术，可以供仲裁庭和当事各方使用以减少时间和费用。尤其《规则》第24条规定，仲裁庭成立后，应尽快召开案件管理会议，就可能采取的程序措施征求当事各方意见，其中可能包括一项或多项“附录四”中所述的案件管理技术。

此外，工作组还注意到，国际商会仲裁与替代性争议解决委员会（以下简称委员会）《仲裁案件有效管理指南：给企业法律顾问和其他方代表的指南》中特别收录：

“主题表5”，研究通过限制材料提交的轮次数避免重复和降低成本的可能性；

“主题表6”，探讨文件的编写，及是否有可能不编写文件，或将其限制为特定或狭义类型的文件及与争议结果相关的材料；

“主题表7”，研究事实证人问题，及可否选择没有事实证人，或确定将提供事实证据的案件；

“主题表8”，讨论证人陈述词的使用和可否限制其应用范围；

“主题表9”，研究专家证人，及可否选择或者“没有任何专家证据”，

或者"有一位仲裁庭任命的专家";

"主题表10",列出了关于听证会的选项,包括取消听证会或限制听证会的时长。

如果双方当事人希望减少国际商会仲裁规则和惯例规定的组成仲裁庭、提交材料或仲裁庭作出裁决的时间,他们可以在制定争议解决条款时写明缩短后的时限。在此之前,建议其不仅就拟定时限的可行性征求法律意见,还需联系国际商会国际仲裁院秘书处,核实是否可按照所草拟的条款进行仲裁。

决定性裁决。《规则》附录四(案件管理技术)明确鼓励在确实预期以此能更为高效地解决争议案的前提下,分阶段审理案件,或针对关键事宜作出一项或多项部分裁决。如果双方当事人希望明确规定仲裁员有权处理决定性事宜,他们可以在争议解决条款中写明。①

即决裁决。能从纽约和伦敦等地的法院获得即决裁决,尤其在"未付款"这一事实不存在争议的情况下能即决裁决,是金融机构传统上选择在这些地方诉讼的原因之一。如果双方当事人希望授权仲裁庭根据简要原则考虑申诉或抗辩,或立即驳回明显没有法律效力的申诉或抗辩,其可以将这些条款纳入争议解决条款中。

保密性。除非适用法律另有规定,国际商会仲裁本身无保密要求。当保密性非常重要时,当事人可以在其争议解决条款中规定仲裁须保密,还可在《审理范围书》中约定保密。此外,《规则》第22条第3款规定:"经任何当事人提出要求,仲裁庭可以裁令对仲裁程序或任何与该仲裁有关的其他事项予以保密,亦可采取措施保护商业秘密及保密信息"。另一方面,当事人也可以要求更高的透明度,例如,规定公开仲裁裁决、程序或双方提交的材料。该选择或与具有透明义务的公立企业和机构相关。

仲裁员的专业知识。当事人可以在其争议解决条款中规定仲裁员

① 在"Travis Coal与Essar环球基金"案中,英国高院认为,在适当情况下仲裁庭可采用简易程序,特别指出《国际商会仲裁规则》第22条要求仲裁庭"迅速高效地进行仲裁",并授权仲裁庭在其认为适当时采取此类程序措施。

必须具有金融行业基本专业知识，或有关某一特定金融工具的专业知识。尽管如此，经验表明，条款要求越具体，仲裁过程中仲裁员被指称缺乏所需专业知识的风险就越大。此外，最好至少有一名仲裁庭成员，通常是首席仲裁员，具有仲裁经验。

临时救济。在仲裁庭组成之前，当事人有两种申请采取临时措施的方式。首先，根据《规则》第28条第2款，当事人可以向有管辖权的司法机关申请采取临时措施或保全措施。第二，根据《规则》第29条，一方当事人需不待仲裁庭组成而采取紧急临时或保全措施的，可根据“紧急仲裁员规则”提出申请。此种情况包括需申请一项裁令，命令提交一份以见索即付保函为基础的索赔声明，或命令采取保护措施保护易腐坏的抵押品等。根据《规则》第28条第1款，一旦仲裁庭成立，仲裁庭可应一方当事人申请，裁令实施其认为适当的临时措施或保全措施。如果当事人希望限制其获取临时救济的能力，可在争议解决条款中修改这些规定。

追加当事人和合并仲裁。《规则》第7条至第10条包含关于多方当事人和多份合同仲裁的具体规定。在多份合同仲裁中，如果当事人认为合并处理同一项目多份协议所产生的所有争议可行，他们有可能会明确同意在单次仲裁中处理由相关协议引起的争议。一个特定项目的全球或主仲裁协议也可以实现这一目标。另一方面，如果一家金融机构作为合同缔约方，希望避免卷入涉及该多份合同的争议仲裁程序，其需考虑是否应明确排除在单次仲裁中由同一当事人根据不同合同提出索赔的可能性。在多方当事人仲裁中，所有当事人都需确保其接受仲裁条款的约束。

成本转移。在国际仲裁中，任何一方当事人都无权自行收回仲裁费用。《规则》第37条第4款规定，终局裁决中应确定仲裁费用，决定由何方承担此费用或明确各方分担此费用的比例。① 需要确定费用分配的当事人，可以明确规定仲裁庭判还胜诉方的律师费和仲裁费；或者，只要适用法律允许，当事人可以明确要求各方各自支付律师费和仲裁费。

---

① 对此议题的全面讨论，请参见委员会《国际仲裁费用决定报告》。

上诉程序。有少数金融机构表示对仲裁的上诉程序感兴趣。鉴于仲裁的契约性质，可以在争议解决条款中纳入上诉程序，但是这种情况很少见，因为如若如此，需要仔细地制定仲裁程序来处理一系列问题，尤其是上诉庭的审理范围，并需明确此条款可能在一些司法管辖区是非强制执行的。上诉程序也必然会增加获得最终裁决的时间和成本。

在争议发生后同意进行仲裁。大多数仲裁协议在争议出现之前便制定了。各方也可以在争议发生后才决定进行仲裁，虽然彼时可能很难达成一份协议。

涉及主权当事人的仲裁。关于如何调整仲裁协议和程序以适应涉及主权当事人的仲裁，金融机构和主权机构可参考委员会《国家、国家实体和国际商会仲裁报告》(2012)中的见解和建议。

评估在投资条约下的追索渠道。金融机构应在投资前确定其是否受到所适用的投资条约的保护。一国提起诉讼后，金融机构应确定适用的投资条约是否为其提供了通过仲裁进行追索的渠道，该渠道可能无法从其契约关系中获得。①

金融衍生品。国际掉期与衍生品协会制定的《2013 年 ISDA 仲裁指南》可以帮助起草涉及金融衍生品的争议解决条款。为了推动逐步转用仲裁解决金融衍生产品争议，金融机构可以将仲裁作为解决特定类型金融衍生品争议的首选方式，但也可能在特定情况下不选择仲裁(而不是像目前一般情况一样选择仲裁)。金融机构可以强调涉及特定大宗商品衍生品的争议应通过仲裁解决，或者涉及特定区域交易对手的争议应通过仲裁解决。

伊斯兰金融。伊斯兰金融在国际仲裁方面仍是一个未开发的领域。为了帮助对可能产生争议的涉及伊斯兰金融的交易进行初步评估，金融

① 根据委员会《国家、国家实体和国际商会仲裁报告》(2012)(第 11 段)，已知双边投资条约中有 18% 允许适用《国际商会规则》。2012 年版《规则》包括了一些确保其与投资条约仲裁兼容的条款变化。尤其第 1 条第 2 款仅称“争议”，而非 1998 年版《规则》第 1 条第 1 款中的“商业争议”；第 13 条第 4 款规定，如果涉及国家或国家实体，如有必要，则由国际商会仲裁院直接任命一名仲裁员；以及有关适用法律规则的第 21 条第 2 款取代了 1998 年版《规则》第 17 条第 2 款，规定仲裁庭“应考虑合同规定”，原文为“应考虑当事人之间合同(如有)的规定”，表示其承认了投资仲裁程序中当事人之间可能没有合同。

机构可以从伊斯兰教令(fatwa)或教法(sharia)合规议会中指定一名精通伊斯兰金融交易和纠纷的争议解决专家。另外,鼓励参与伊斯兰交易的金融机构和提供伊斯兰金融产品的金融机构发展并加强全球性和地区性的联系,从而促进其对伊斯兰教法合规问题的讨论,以及其与伊斯兰教法委员会和伊斯兰教令议会之间的沟通。这也会促进一般惯例的发展,帮助形成适用法律规则的基石。

内部政策。建议金融机构制定自身内部政策,根据特定情况和业务部门规定对国际仲裁的使用和仲裁协议的首选条款内容。

持续与行业协会对话。金融机构可以持续评估如何通过与贸易协会、大学、律所和仲裁机构的联系来最合理地利用仲裁。代表金融机构的贸易协会,包括银行家金融与贸易协会(BAFT)、新兴市场交易者协会(EMTA)、国际资本市场协会(ICMA)、国际掉期与衍生品协会(ISDA)、贷款市场协会(LMA)和贷款联合与贸易协会(LSTA)等,都可以代表其成员与仲裁机构开展有效合作,确定适当方式规范各自行业部门的仲裁条款。

三、金融争议不断变化的形势

仲裁正越来越成为跨境银行和金融争议会考虑的战略选择之一。例如,Euronext 等有组织的交易所将仲裁作为解决市场交易争议的一种方法。[①] 有时贸易、出口和项目融资合同/文件规定了相关仲裁协议,尤其是涉及新兴国家国家债券等工具的交易合同。在最初未曾考虑仲裁的情况下,也可在行使介入权或出借含有仲裁规定的合同所产生的应收款之后再考虑仲裁。

最近,特定行业仲裁倡议的数量有所增加,例如,2013 年《ISDA 主协议》中纳入了专门制定的可选仲裁条款。这些倡议与现有专注于银行和金融领域仲裁的机构和规则相辅相成,如海牙的 PRIME Finance(与常设仲裁院合作)、香港金融纠纷调解中心(FDRC)、美国金融业监管局(FINRA)和中国国际经济贸易仲裁委员会的《金融争议仲裁规则》等。

---

① See Euronext Rule Book, Book 1: Harmonised Rules, Rule 1701 (Euronext Group, 1 July 2016).

此外,近期还有无数的座谈会、文章和学术著作都探讨了该议题。[①]

银行监管机构有时会主动建议银行业使用仲裁机制。例如,在雷曼兄弟(Lehman Brothers)破产后,香港当地银行监管机构(香港金融管理局)和仲裁机构(香港国际仲裁中心)联合倡议成立香港金融纠纷调解中心。在其他地方,该倡议由国家银行协会提出,如西班牙的DIRIBAN是西班牙银行协会在中央银行支持下建立的准仲裁机制,旨在解决其成员间的争端。[②]

工作组发现,银行和金融领域中国际仲裁确实以各种形式和业务种类存在,但未能充分发挥其潜力。仲裁应用程度有限的原因似乎在于银行界对国际仲裁的益处缺乏认识,另外,传统观点认为银行业有些部门不适用仲裁。

银行业和金融业的特点。银行和金融领域的一些交易不适合使用“一刀切”的方法。例如,出口融资与二级市场上的套利证券不同;涉及国家债券等工具的项目融资,其风险加权方法与抵押贷款的方法有很大不同。此外,银行业很大一部分业务根本不涉及贷款,如银行和专门基金在公司重组、主权贷款、证券上市和私有化方面提供的咨询服务。

金融机构通常也会像任何其他公司实体一样参与商业交易。它们购买产品、提供服务、投资其他公司的股权、同意与他方开展合资项目、从其金融工具组合中套利、贴现其长期应收款、向公众发行股票……所有这些都是常见的商业交易,只是独具一些银行业的特征。2003年著名的国际清算银行仲裁案就是例子之一。[③]

对此种交易背景下产生的争议,仲裁员将以与非银行当事人仲裁同样的方式解决。但银行业同时也广泛存在特定的交易,需要深入了解银

---

① 工作组编制了一份关于银行和金融仲裁的参考书目,可在www.iccwbo.org上查阅。

② 国际商会还通过其国际替代性争议解决中心提供了一个机密、快速、性价比高的程序,解决与贸易金融票据有关的争议,即《跟单票据争议专家解决规则》(DOCDEX)。《跟单票据争议专家解决规则》决定通常在两到三个月内以英语移交,且具有机密性,只有在各方当事人都明确同意的情况下才具有约束力。但是,《跟单票据争议专家解决规则》决定不是一种仲裁裁决。

③ 国际清算银行(BIS)成立于1930年,旨在促进中央银行间的合作。其章程规定,银行与其股东之间的争议须经仲裁解决。2001年,BIS股东大会决定仅限中央银行持股,并取消了当时所有的私人股权证书。被除名的股东对BIS强制赎回其股份的报价提出异议。随后,案件在常设仲裁院的主持下进行了仲裁,仲裁庭就已取消股份的适当估值问题作出裁决。常设仲裁院官网(www.pca-cpa.org)上全文公布了2002年11月22日的部分裁决和2003年9月19日的最终裁决。

行监管规定、做法和金融机构使用的组织模型。例如：

(a)根据买方信用证提交的装运单据不一定要按照适用跟单信用证的标准来进行文件合规性审查。

(b)银行担保和反担保被设计为独立的金融工具，但是，如果仲裁庭作出相互矛盾的裁决(例如，一项裁决要求担保人向被担保人付款，而另一项裁决决定担保人不得向反担保人索赔)，就会否定间接担保链的基本原理。

(c)为了确定投资条约是否适用而将投资局限于基础设施项目，不同于将投资局限于无纸化证券或掉期的情形。对于后者而言，在确定金融投资是否与东道国具有地域联系时，可能需要考虑东道国的连结因素。

(d)破产银行的债权人在争议解决程序中所处的地位，与一般破产案件中持有几乎相同债权的公司债权人在争议解决程序中所处的地位不同。尽管银行自救决定应当公平、无歧视，并且应当尊重债权人和股东的正当程序权利，但势必会涉及强有力的债务减记及转换措施，而这些措施是需要基于保护国家银行体系和避免破产银行公开融资的重要程度来确定的。

(e)在确定外国的经济处罚法规是否适用于银行活动时，可能需要采用不同于确定类似法规是否适用于其他行业的公司实体时所适用的分析方法。分析时必须考虑到，以外币支付的银行发起付款清算只能通过外国代理银行进行。无论收款人的国籍和住址在何处，即便全球银行设有国际分支网络，即便多数国家要求银行持有指定用途的资本，仍需要考虑上述问题，这使得它们极易受到当地强制性收费和强制性执行的影响。

(f)伊斯兰金融近代的融资技术依赖于当事人关于遵守伊斯兰教法的承诺。一些国家的法院对于适用宗教性质的规则规范金融交易表示不安。国际仲裁开创了在国际合同背景下将非法定的法律规则认定为适用法律的观念。经验丰富的机构，包括 ICC，能够提供更适合的仲裁庭，当事人指定的仲裁员不仅具有专业知识，并将承诺使当事人充分受益于其最初在达成要求遵守伊斯兰教法的交易时所选择的法律环境。

在所有这些案例中，以及许多其他案例中，银行和金融业的仲裁都需要根据交易的具体情况量身定制。相关建议将在下文说明。

投资仲裁和金融工具。工作组发现,过去三十年内,有不少于47件投资仲裁案件是涉及金融机构或金融产品的[无论是否通过国际投资争端解决中心(ICSID)系统解决的]。这些案件的申请人或被申请人来自欧洲、非洲、亚洲和美洲。投资条约中通常都会提及银行和金融工具,并且它们变得越来越重要,这似乎是银行界对仲裁兴趣不断增加最重要的原因。银行投资者不仅能够通过国际中立的仲裁庭寻求救济(即使在其与东道国签署的投资合同中约定了由当地法院排他管辖的条款),也可以通过主张公平公正待遇权受到侵害要求银行监管机构对受监管投资者银行的歧视性待遇追责。[①] 近期欧洲的银行复苏和清算法规可能会引发要求确认投资仲裁可以保护自救银行债权人和股东权利的主张。

最近几年内,大量仲裁裁决表明,多种合格投资的金融工具均得益于相关条约的保护。进行合格投资的金融工具包括直接贷款、可转让票据、主权债券和石油期权,[②]不过合格投资的界定需基于条约规定和案件事实确定。主权债券已在三个ICSID案例中被视为合格投资,但尚未发生第四例。[③] 类似地,银行担保在海牙常设仲裁法院(PCA)根据联合国国际贸易法委员会(UNCITRAL)仲裁规则裁决的案例中被认定为合格投资,但在ICSID案例中未被认定为合格投资。[④]

全球金融危机。2008年全球金融危机引发了一波前所未有的涉及

---

① 参见"德意志银行与斯里兰卡民主社会主义共和国"案(ICSID案例 仲裁/09/2),裁决(2012年10月31日)【德意志银行案】;"Antoine Goetz与布隆迪共和国"案,(ICSID案例 仲裁/95/3),裁决(1999年2月10日)。关于ICSID仲裁庭支持就针对国家银行监管机构提起的索赔适用属物管辖但未裁决损害赔偿的案例,参见"Levy de Levi与秘鲁共和国"案(ICSID案例 仲裁/10/17),裁决(2014年2月26日)。

② 参见"Oko Pankki Oyj与爱沙尼亚共和国"案(ICSID案例 仲裁/04/6),裁决(2007年11月19日);"Fedax N. V.与委内瑞拉玻利瓦尔共和国"案(ICSID案例 仲裁/96/3),裁决(1998年3月9日);"Abaclat与阿根廷共和国"案(ICSID案例 仲裁/07/5),管辖权和受理决定(2011年8月4日)【Abaclat案】;德意志银行案。

③ 参见Abaclat案;"Ambiente Ufficio S. p. A与阿根廷共和国"案(ICSID案例 仲裁/08/9),管辖权和受理决定(2013年2月8日);"Giovanni Alemanni与阿根廷共和国"案(ICSID案例 仲裁/07/8),管辖权和受理决定(2014年11月17日);"Poštová banka, a. s.和ISTROKAPITAL SE与希腊共和国"案(ICSID案例 仲裁/13/8),裁决(2015年4月9日)【Poštová案】。

④ 参见"Joy Mining Machinery Ltd.与阿拉伯埃及共和国"案(ICSID案例 仲裁/03/11),管辖权裁决(2004年8月6日)。

金融机构的索赔浪潮。索赔理由包括债务追索、担保物止赎诉讼,借款人及其股东针对金融机构过失提起的主张,以及因贷款人违约和财务顾问失职提起的主张。其中大量是集团索赔。处在金融危机的情绪中,仅有寥寥数家金融机构,特别是外国金融机构,接受陪审团裁决。另外,大量索赔的影响也激发了金融机构对仲裁的兴趣。

回溯 2008 年至 2010 年间在仲裁机构登记的案例,也说明索赔数量有略微增长可能是由于金融危机的推动。仲裁机构对调查问卷的答复没有说明涉及金融机构的案件比例有明显变化。我们认为,这主要是因为许多受调查的仲裁机构没有追踪这类索赔的系统方法。

全球金融危机对监管争议也具有重要影响,并且该等影响预期未来还会扩大。政府为防止全球系统重要性银行(G-SIBs)崩溃所采取的金融救援措施经常会引起征收或歧视性措施,并且在某些案例中,可能违反政府救济法律和外国投资公平公正待遇原则。自救债券持有人和存款人、国有化金融机构的无担保债权人和股东(其中一些本身也是金融机构)针对这些国家措施向投资仲裁庭提起了仲裁,也有一些向法院提起了诉讼。① 银行自救措施制度化之后,欧盟《银行复苏和清算指令》②即开始试行,也可能引发可能被诉至投资仲裁庭的银行自救债权人和股东提起索赔。

四、金融机构的仲裁经验

工作组的采访表明,大多数金融机构没有大量国际仲裁的经验:70%的受访机构不清楚它们在最近五年内是否有参加任何国际仲裁案件;24%的受访金融机构在最近五年内参加了少量国际仲裁案件,占金融机构纠纷的比例约为 5% 或更低;6% 的受访金融机构参加过较多的仲裁程序。③

当(i)交易非常重要或异常复杂;(ii)高度关注保密性;(iii)交易对手是国有企业;(iv)交易对手所在司法辖区可能不认可外国判决,或者

---

① 参见 Poštová 案;“Marfin Investment Group Holdings S. A., Alexandros Bakatselos 与塞浦路斯共和国”案(ICSID 案例 仲裁/13/27)。

② 指令 2014/59/欧盟委员会、欧盟议会、欧盟理事会于 2014 年 5 月 15 日确定了债权机构和投资公司复苏清算的框架。

③ 一家受访金融机构指明,该机构曾参加了 100 多件仲裁案件,而且其参加的仲裁案件数量超过了诉讼案件,特别是在美国。

预期根据《纽约公约》执行仲裁裁决比执行法院判决更方便时，金融机构更倾向于选择仲裁。

一家金融机构答复称，若争议方认为仲裁的保密性可以促使各方在裁决作出前达成和解的，则更可能将争议提交仲裁解决，并且引用了因对冲基金收购公司股权且受强制排除权限制而产生的纠纷作为例子。

（一）金融机构进行仲裁的偏好

（i）政策和方针

多数受访金融机构并未制定关于通过仲裁解决争议的内部政策或明确方针，但少数金融机构针对不同地区会采用不同的争议解决方式。例如，一家金融机构称，由于费用原因，只有在交易对手所在的司法辖区不认可外国判决或者交易对手是主权实体的情形下，它才会选择仲裁。

（ii）机构仲裁和临时仲裁

多数受访金融机构倾向于选择机构仲裁，因为仲裁机构已有既定的仲裁规则，并且习惯于处理复杂及高标的额的争议。选择 ICC、LCIA、HKIAC 和 SIAC 仲裁规则的频率最高，不过，偶尔也有选择根据联合国国际贸易法委员会仲裁规则进行临时仲裁的情况。

仲裁地通常选择在日内瓦、香港、伦敦、纽约、巴黎和新加坡（按字母顺序排列）。

仲裁语言通常选择英语。

（iii）仲裁员的选择

金融机构一般倾向于选择由三名仲裁员组成的仲裁庭，其中，首席仲裁员由双方当事人选定的仲裁员共同选定。但是，金融机构认为，在较为简单的案件中，选择独任仲裁员可能更为恰当。金融机构在选择仲裁员时比较看重的标准包括：行业知识和经验、当选可能性及响应度、常识、语言技能、独立性及公允性。

（iv）特殊条款（多层次条款、不对等条款、上诉条款）

涉及金融机构的协议里很少使用多层次争议解决条款（即仲裁前的协商或调解等替代性争议解决方式）。但是，即使没有事先在合同中约定，还是会经常通过调解解决争议。

不对等条款或单方选择条款，即允许一方选择有管辖权的机构（包括仲裁),但另一方只能接受预先确定的排他管辖的约束。过去经常使用这类条款,但是现在,由于其强制执行性受到质疑,在某些地区便不太常使用。[①] 不过,许多金融机构仍然认为这是一项重要条款,它们认为,诉讼的法律确定性较大。

多数金融机构认为,相较诉讼而言,仲裁裁决的终局性以及有限的质疑理由是其优势。但是,一些金融机构则希望可以对仲裁提起上诉,前提是不影响其确定性,并且当事人已预先约定了一方可以提起上诉的情形以及仲裁程序的全部期限。

(二)金融机构认为仲裁存在的优势

强制执行性。随着仲裁逐渐普及,许多银行和金融案件中非常关注的问题是跨境执行。一些受访金融机构认为,可以根据《纽约公约》强制执行是仲裁相较诉讼的重要优势。仲裁裁决比法院判决更可能得到执行——也更容易执行。但是,一些银行也表明,它们在执行仲裁裁决时也阻碍重重,甚至在《纽约公约》的缔约国也是如此。一家机构回应,对于在发展中市场的贷款和融资而言,评级机构更偏好在交易文件中约定仲裁条款,而不是将争议提交至法院的管辖权条款。

技术专长。在银行和金融案件中,能够指定行业专家作为仲裁员也是仲裁的重要优势。一些金融机构表示,仲裁员应当具有金融行业的专业知识和从业经验。尽管金融机构所在司法辖区的法院可能人员配置合理,能够做出公正判决,但是,交易对手所在司法辖区的审判人员则可能缺乏类似的专业技能,或者可能会在中立性方面令人担忧。

灵活性。对于金融机构而言,仲裁的另一优势是程序灵活,包括可以视其需求调整仲裁程序、仲裁语言、选择仲裁员及证据出示方式。但是,在受访金融机构中,没有几家能充分了解当事人在仲裁之前或仲裁

---

① 参见保加利亚最高法院2011年9月2日判决71,案例1193/2010;俄罗斯最高商事仲裁法院,2012年6月19日,“CJSC俄罗斯电话公司与索尼爱立信移动通讯俄罗斯有限公司”案,No. 1831/12,决议(2012年6月19日);法国翻案法院第一民事庭2012年9月26日,“Mme X与Banque Privée Edmond de Rothschild Europe”案,No. 1126.022[不过,最近一项法国判决确认,只要包含确定有管辖权法院的客观标准,不对等管辖条款就是有效的:翻案法院第一民事庭No. 14 - 16898(2015年10月7日),参见G. Affaki & H. Grigera Naón著:《管辖权选择困境》(ICC, 2015)]。

期间可以灵活约定的程序性事项的范围。认可仲裁优势的金融机构表示，希望能够得到一份有关仲裁中可自由选择事项的重述说明（用户手册）。如一家支持仲裁的金融机构所述，“银行希望得到清楚说明的程序以及公司交易的规则”。

保密性。在仲裁地法规定、仲裁机构规则确认或者当事人在协议中约定保密要求的情况下，保密性经常是金融机构优先选择国际仲裁的决定性因素。但是，在某些银行活动中，比如衍生产品和银团贷款，保密则是不恰当的，这些活动要求高度标准化。在这些银行和金融领域内，对于先例的要求胜过了保密性这一优势。根据ICC规则，仲裁是非公开的，但并未强制要求保密，因此，如果希望达到这样的保密效果，应当在争议解决条款中约定。

终局性。当事人仅可在有限范围内对仲裁裁决提起上诉是国际仲裁的另一优势。一家仲裁机构认为，允许败诉方选择类似于法院诉讼的上诉程序，会使仲裁程序丧失终局性。另一家金融机构则认为，仲裁终局性是必要的，但前提是仲裁程序应当完整。基于近期投资仲裁和商事仲裁的发展情况，一些金融机构乐于在仲裁中纳入上诉机制，但需要明确约定当事人一致同意方可提起上诉。

中立性。金融机构认为，仲裁的政治中立性有利于银行业，特别是跨国机构以及向发展中国家提供贷款或为发展中国家提供咨询服务的其他机构。若将争议提交至中立的仲裁庭仲裁，即使适用客户公司当地法律或中立的法律体系，也比提交至英国或纽约等地的法院诉讼的争议性小。

（三）金融机构认为仲裁存在的限制

临时措施。仅有少数几家金融机构知道ICC规则——和大多数其他仲裁机构的规则一样——现在规定了在仲裁庭成立之前指定紧急仲裁员审议临时救济申请的程序。银行业曾认为，在仲裁庭成立之前需向法院申请临时救济是仲裁的劣势，如今紧急仲裁员程序的设立将消除这种担忧。一家金融机构说，通常它会将仲裁地点选择在纽约、伦敦、巴黎、新加坡及中国香港地区等可以确定向法院申请临时措施的地点。

简易/缺席裁决。（除非当事人有约定）仲裁缺乏可以在简单案件中快速对仲裁请求作出裁决的简易程序，这一直被银行业视为缺点。同样地,即使一方未出席仲裁程序,仲裁庭也不能作出缺席判决,这在成本和效率方面都是仲裁的劣势。不过,这个问题是可以解决的,只要当事人明确授权仲裁庭以简易程序审理仲裁请求或其任何部分即可。另外,如果没有该等约定,一方当事人可以申请仲裁庭行使适用法律或仲裁机构规则赋予仲裁庭的职权,以加速或有限方式处理仲裁请求。通常认为,即使一方未参加仲裁程序,只要已适当通知该方仲裁情形,仲裁庭即可继续审理。

合并审理。对于涉及多个合同的复杂交易,金融机构担心发生牵涉多个平行但相关联的诉讼程序的风险。国际商会仲裁允许按照《规则》第10条规定的条件将独立的未决仲裁案件合并审理。但是,如果银行交易隐含的经济原理支持将有关合同项下的交易分开审理,则不会设置或要求进行合并审理。例如,在项目融资案件中,项目公司对借款人的还款义务不会受到合同履行、当事人没有合同约定或者其他相反情况的影响。

遵循先例。除了M&A、资产管理和银行咨询服务等认为保密性至关重要的领域,一些金融机构认为,缺少先例参考是仲裁的缺点。设立关于贷款市场协会(LMA)贷款协议或ISDA主协议等国际公认标准模板的先例非常重要。如果当事人同意,本应保密的仲裁裁决也可以公开(为避免披露敏感信息,可能会重新编辑)。在重视遵循先例的行业分支中,可以约定行业标准,强制要求仲裁机构公布经编辑的当事人同意披露的仲裁裁决。ICC和其他仲裁机构会定期公布经编辑的仲裁裁决,除非当事人明确禁止公开。

费用。在一些司法辖区(其诉讼程序极少——比如无需询问证人的简易庭审),会认为仲裁比诉讼成本高。为有效管理案件程序并节约成本,当事人可以采用委员会《关于控制仲裁时间和成本的报告》中建议的一种或多种技巧。

缺乏透明性。一些受访者表达了对仲裁缺乏透明性的担忧,更具体而言,他们认为仲裁是专属俱乐部。一些受访者承认,他们在仲裁世界"航行"时会感到不舒服或不安心。但是,需要注意的是,透明性已成为ICC近期改革的重点。例如,ICC已做出决定,自2016年1月1日起,只要当事人未提出异议,ICC将公开案件所有仲裁员的姓名。

破产及强制执行担保权益。仲裁庭不能裁定进入破产程序,也不能无视法院作出的有关进入破产程序的命令。仲裁庭无权指定破产管理人，也无权确认债权人在仲裁庭提出的主张是否需要提交给法院的破产管理人。类似地，对于受到未决破产程序保护的债权人，仲裁庭不能因该等债权人未支付临时命令或裁决中要求该方支付的款项而对该等债权人进行处罚。但是，不因破产程序中止的合同索赔一定是可以仲裁的，即使该等裁决可能影响该等主张的效力和金额。例如，仲裁庭对银行针对借款人的主张是否到期的问题具有管辖权，即使借款人已进入破产程序。同时，仲裁庭也具有管辖权审理个人进行破产程序是否会触发其与相关方之间贷款合同或衍生产品合同中约定的交叉违约条款。实际上，仲裁庭对所有不属于破产法院专属管辖的事项都有管辖权。

当代有关担保交易的法律规定被担保的债权人可以不通过法院强制执行其对担保物的权利，无论通过自我拨付还是法外出售，只要担保人和债权人同意即可。尽管仲裁庭不能代替法院处理相关法律规定由法院专属管辖的执行事项，但是，仲裁庭可以处理当事人约定的且相关强制执行法律允许的个人强制执行的纠纷。工作组对《美洲国家间关于担保交易示范法》第 68 条的注释（经批准）中说明："经各方一致同意，并依照本国适用的法律，对于因担保权益的解释和履行而产生的任何争议，当事人可以提交仲裁解决。"

五、金融衍生品

金融衍生品可以在专门的衍生品交易所交易（场内衍生产品或 ETD），也可以在场外交易市场交易（场外交易或 OTC）。金融衍生品交易中大部分是场外衍生品交易。2014 年底，OTC 市场未结清合约的总名义金额约为 6300 亿美元。这是金融活动的重要领域，因此，对金融衍生品纠纷的争议解决方式选择也值得研究，并且，如果可能，值得为市场参与者的利益对争议解决方式的选择进行改进。①

金融衍生品交易产生了大量纠纷，包括涉及下列事项的纠纷：（a）不

① 对于金融衍生产品争议仲裁的担忧也适用于其他资本市场领域，例如，债权和股权投资市场。但是，鉴于金融衍生产品争议的重要性，而且在同样债权和股权投资市场中也会产生类似的问题，因此，我们着重关注前者。

当销售和非法投资建议;(b)支付流及和解款项的计算;(c)发生特别事件或日期的计算;(d)大宗商品的数量和质量;(e)规范多数 OTC 衍生品交易的 ISDA 主协议中规定的各类权利和义务。

金融衍生品争议仲裁的国际框架在不断变化。ISDA 主合同以往通常约定在英国或纽约法院以诉讼方式解决金融衍生品纠纷,但仲裁开始逐渐成为替代诉讼的可行方案。2013 年《ISDA 仲裁指引》中规定了关于金融衍生品争议仲裁的内容和指引,并向当事人提供了可纳入 ISDA 主协议的大量标准仲裁条款。① 这类纠纷可以根据仲裁机构的规则解决,其中一些是专门适用于金融纠纷的特殊程序性规则。

金融机构对于仲裁的认知正在加深。工作组对从事金融衍生品交易的银行和金融机构代表的访谈表明,他们对于仲裁的熟悉度以及选择仲裁的意愿都在上升,但是,访谈情况也表明,若想进一步扩大这种趋势,仍需投入大量工作。受访者还说明,尽管金融衍生品仲裁作为一种争议解决方式很少在欧洲使用,但是,若交易对手来自新兴市场,选择仲裁非常重要。这很大程度上是因为:(a)在一些新兴市场的司法辖区内执行法院判决十分困难,而且(b)迄今为止,普遍都满意欧洲对法院判决的执行情况。

另外,鉴于多数金融衍生品的复杂本质,受访者强调,作出裁决的人员具备金融方面专业知识对于争议处理结果至关重要。就此而言,仲裁可能胜过诉讼,在诉讼中,当事人是不能选择审理纠纷的法官的。类似地,仲裁裁决的可执行性也可能使当事人选择仲裁来降低执行程序的费用和不确定性。尽管金融行业的市场参与者重视可预测性以及判例的公开性,但是,保密性和快速解决争议的可能性是当事人在情况允许时选择仲裁而非诉讼的重要因素。②

尽管受访者对于金融衍生品纠纷仲裁的看法好坏参半,但是,如果交易对手建议选择仲裁的,他们一般愿意以仲裁方式解决纠纷。这点非常关键,因为这表明,在欧洲很少使用仲裁的主要原因是,仲裁在欧洲并

---

① 参见 http://www2.isda.org/search? keyword = arbitration。

② 一些机构向工作组声称,擅长金融衍生产品争议的专家认为,由于金融衍生产品争议经常导致系统性风险,因此,金融机构希望通过非公开方式解决某些争议,从而避免对市场产生影响,在这种情况下,他们会考虑在争议发生后提交选择仲裁的协议。

不是一种可以“缺席判决”的争议解决选择,相反,银行和金融机构会考虑其在特定交易中能否出席相关程序。

ISDA 主合同已经规定了相关框架供银行和金融机构更好地利用仲裁。目前的问题是如何走得更远,即如何使该框架可以实际适用并且更加简易频繁地使用。

六、主权金融

金融机构和主权国家之间有多类关于使用仲裁作为争议解决机制的协议。本章着重说明债券和资本市场工具,主权国家广泛运用债券和资本市场工具,融集了上百亿美元的信贷资金。主权国家签署贷款协议、贷款保证、监管协议、投资管理协议、金融衍生品协议、收购协议、股东协议、大宗商品合同,以及投行等金融服务合同时,也会使用仲裁作为争议解决方式。本报告的其他章节有很多关于此类关系的研究,结合本章,提供了很多涉及主权国家的信息。[①]

为了确定目前在主权融资领域内使用国际仲裁的情况,工作组研究了 92 个主权政府发行的债券。[②] 在这 92 类主权债券中,[③]有 82 类是在 2010 年至 2015 年期间发行的。在这 92 类主权债券中,有 18 类选择了仲裁作为争议解决方式。这 18 类债券约占 92 个债券样本的 20%,但在主权融资领域内选择仲裁作为争议解决方式的情况可能比想象中更普通。

在上述 18 类约定了使用仲裁方式的债券中,有 16 类约定债券持有人和发行人均可选择仲裁,另外 2 类仅约定债券持有人可以选择仲裁。同样在这 18 类债券中,有 7 类约定仅债券持有人可以选择诉讼,有 6 类约定双方均可选择诉讼,有 5 类约定仲裁是唯一的争议解决方式。

在工作组访谈的 50 多家金融机构中,有 33 家回答了关于“在与主权国家签署合同时,金融机构是更倾向还是不倾向选择仲裁作为争议解

---

① 另一个有关主权国家作为一方当事人的国际仲裁的实用材料是委员会《关于国家、国家实体和国际商会仲裁报告》(2012)。

② 与主权机构(如国有企业)相反,工作组找到的涉及主权融资的商事仲裁程序的资料很少。

③ 为本次评估目的,阿布扎比和香港发行的债券,以及马来西亚发行的伊斯兰债券,都属于主权债券。

决机制”的问题。[①] 在这 33 家机构中，有 22 家（67%）表示更倾向选择仲裁，仅有 5 家（15%）表示比较不倾向选择仲裁。剩余的 6 家金融机构（18%）表示将均等地选择仲裁，或者将根据合同的实际情况选择。

一些受访机构还额外说明了其与主权国家签署协议时更偏好选择仲裁作为争议解决方式的因素。最常提到的因素是中立性，即避免将争议提交给主权国家司法辖区的法院，并且可以在不受主权国家影响的范围内指定仲裁员。提及的其他因素也反映了通常认为仲裁具有的一般优势：仲裁程序灵活、保密性、可以指定具有相关专业知识的仲裁员，以及仲裁裁决的可执行性。

在主权融资领域，不付款是最常见的纠纷事由。在该等情形下，审判者的专业性可能不太重要，能够控制仲裁程序的期限对仲裁机构而言可能更加重要。在关于不付款的主权融资纠纷中，投资者—国家争议仲裁的好处可能比在其他纠纷中的好处要少。[②] 但是，对于比较复杂的主权融资纠纷（如关于主权债务重组程序的纠纷），投资者—国家仲裁的特点，包括国民待遇和最惠国待遇的义务，可能更加适合。

七、投资仲裁

投资仲裁在过去 20 年间有成倍增长。双边投资条约（BITs）已超过 3000 个，几乎包含了每个国家，对外国投资者提供了实质性保护，并且可以通过仲裁强制执行。投资争议仲裁仍是美国和亚太地区多边条约[跨太平洋战略经济伙伴关系协定（TPP）]、美国和欧盟多边条约[跨大西洋贸易与投资伙伴协定（TTIP）]、欧盟和加拿大多边条约[全面经济与贸易协定（CETA）]谈判的主要议题。这些条约或国际投资协议（IIAs）中一般都包含有公平与公正待遇的权利、国民待遇权利和最惠国待遇权利、禁止专横或歧视性待遇的权利、强制性征用补偿，以及向东道国境内自由转移资金的权利。

工作组分析了国际投资协议和投资者—国家争端解决（ISDS）机制提供的保护措施，并研究了：（i）金融机构在投资时或投资后考虑通过该等机制确定保护的范围；（ii）金融机构和国家对近期的条约草拟稿（如

① 参见附件一，问题 16。该问题是围绕合同询问的，因此不限于债券。

② 本报告第七章研究了更广泛的国际融资领域内投资者—国家争议仲裁的情况。

CETA、TPP 或 TTIP)中规定的保护程度是否满意;(iii)投资仲裁庭的水平是否足以作出适当的判决。这些问题具有高度相关性,因为国际投资协议对东道国的外国经济实体同时提供了实体和程序方面的保护,因此,国际投资协议可以或应当是金融机构的有利工具。

首先,工作组查阅了涉及金融机构或其股东和/或金融工具的 ISDS 案例中五个最重要的管辖权问题:

(a)属物管辖问题:该问题至少在 18 个涉及金融机构的投资仲裁程序中有提及,其中 16 个针对管辖权作出了裁决或决定,①或者同时对管辖权和事实作出了裁决。② 绝大多数仲裁庭都保留了对于争议标的事项

---

① 在投资仲裁术语中,如果任何异议被驳回,并且案件已经进入事实审理阶段,则关于管辖权的决定通常称为"管辖权决定";如果提出异议得到支持,案件未继续进入事实审理,则通常称为"管辖权裁决"。

② 参见"ABCI 投资有限公司与突尼斯共和国"案(ICSID 案例 仲裁/04/12)【ABCI 投资案】;"Alex Genin 等与爱沙尼亚共和国"案(ICSID 案例 仲裁/99/2),管辖权决定(2011 年 2 月 18 日);"Blue Bank International&Trust (Barbados) Ltd. 与委内瑞拉玻利瓦尔共和国"案(ICSID 案例 仲裁/12/20),裁决(2001 年 6 月 25 日)【Blue Bank 案】;"British Caribbean Bank Ltd. 与贝里斯政府"案(PCA 案例 2010-18,UNCITRAL 仲裁规则),裁决(2014 年 12 月 19 日);"Československa obchodní banka, a. s. 与斯洛伐克共和国"案(ICSID 案例 仲裁/97/4),裁决(2004 年 12 月 29 日)【Československa obchodní banka 案】;"Continental Casualty Company 与阿根廷共和国"案(ICSID 案例 仲裁/03/9),裁决(2008 年 9 月 5 日)【Continental Casualty 案】;"Daimler Financial Services AG 与阿根廷共和国"案(ICSID 案例 仲裁/05/1),裁决(2012 年 8 月 22 日)【Daimler Services 案】;"德意志银行与斯里兰卡社会主义共和国"案(CSID 案例 仲裁/09/2),裁决(2012 年 10 月 31 日)【德意志银行案】;"Fireman's 基金保险公司与墨西哥联邦"案(ICSID 案例 仲裁(AF)/02/1),裁决(2006 年 7 月 17 日);"Hesham Talaat M. Al-Warraq 与印度尼西亚共和国"案(UNCITRAL 仲裁规则),最终裁决(2014 年 12 月 15 日)【Hesham Talaat M. Al-Warraq 案】;"Invesmart BV 与捷克共和国"案(UNCITRAL 仲裁规则),裁决(2009 年 6 月 26 日)【Invesmart 案】;"KT Asia Investment Group B. V. 与哈萨克斯坦共和国"案(ICSID 案例 仲裁/09/8),裁决(2009 年 6 月 26 日)【KT Asia Investment Group 案】;"Metalpar S. A. and Buen Aire S. A. 与阿根廷共和国"案(ICSID 案例 仲裁/03/5),管辖权决定(2006 年 4 月 27 日),事实裁决(2008 年 6 月 6 日)【Metalpar 案】;"Oko Pankki Oyj, VTB Bank (Deutschland) AG and Sampo Bank Plc 与爱沙尼亚共和国"案(ICSID 案例 仲裁/04/6),裁决(2007 年 11 月 19 日);"Poštová banka, a. s. and ISTROKAPITAL SE 与希腊共和国"案(ICSID 案例 仲裁/13/8),裁决(2015 年 4 月 9 日)【Poštová 案】;"Rafat Ali Rizvi 与印度尼西亚共和国"案(ICSID 案例 仲裁/11/13),管辖权裁决(2013 年 7 月 16 日);"Renee Rose Levy de Levi 与秘鲁共和国"案(ICSID 案例 仲裁/10/17),裁决(2014 年 2 月 26 日)【Renee Rose Levy de Levi 案】;"Valle Verde Sociedad Financiera S. L. 与委内瑞拉玻利瓦尔共和国"案(ICSID 案例 仲裁/12/18)【Valle Verde 案】。Blue Bank 案和 Valle Verde 案仍未作出裁决。

的管辖权。

(b)属人管辖问题:基于属人管辖提出异议的不少于13个投资纠纷,其中有2个仍未作出裁决。[①] 在多数案例中,异议主要涉及投资者实际是外国投资者还是境内投资者的问题,[②]不过也有关于申请人受国家而非私人投资者控制时,其提出的申请是否有效的争论。[③]

(c)属时管辖权问题:至少有7个投资争议[④]就下述问题提出了异议,索赔主张是在相关法律文书生效前提出的,或者索赔主张是在已生效的保护不再约束提出主张一方之后提出的。

(d)属地管辖权问题:该问题至少在七个投资仲裁程序中提及。[⑤] 争议点主要是投资是否受到保护,特别是出于确定管辖权的目的,金融工具或活动是否可以视为在东道国"领域内"进行的投资。对于金融工具而言,确定投资是否实际在东道国领域内做出,涉及对于模糊不清的事实和法律的评价。仲裁庭一直采用的是完全实用性的方法确定投资是否会对东道国产生影响。相较评价投资的本质而言,仲裁庭更关注投资造成的结果。这是专门适用于金融工具的评价方法,有利于保留管辖权。

(e)合意问题:五个涉及金融机构或者金融机构权益的案例中提出了"没有仲裁约定"的异议,[⑥]但是,截至目前,没有一个仲裁庭基于这个

---

① 参见ABCI Investments案、Blue Bank案、Československa obchodní banka案、Continental Casualty案、Daimler Financial Services案、Deutsche Bank案、Hesham Talaat M. Al-Warraq案、Invesmart案、KT Asia Investment Group案、Renee Rose Levy de Levi案、"Saluka Investments与捷克共和国"案(UNCITRAL仲裁规则),部分裁决(2006年3月17日)。

② 参见Renee Rose Levy de Levi案和Valle Verde案。

③ 参见Československa obchodní banka案和Blue Bank案。

④ 参见ABCI Investments案、Blue Bank案、Continental Casualty案、Daimler Financial Service案、Metalpa案、Poštová案、Valle Verde案。其中,Blue Bank案和Valle Verde案尚未作出裁决。

⑤ 参见"Fedax N. V.与委内瑞拉玻利瓦尔共和国"案(ICSID案例 仲裁/96/3),裁决(1998年3月9日)【Fedax案】;British Caribbean Bank案;Československa obchodní banka案;德意志银行案;"Abaclat等与阿根廷共和国"案(ICSID案例 仲裁/07/5),管辖权和受理决定(2011年8月4日);"Ambiente Ufficio S. p. A等与阿根廷共和国"案(ICSID案例 仲裁/08/9),管辖权和受理决定(2013年2月8日)【Ambiente案】;"Giovanni Alemanni等与阿根廷共和国"案(ICSID案例 仲裁/07/8),管辖权和受理决定(2014年11月17日)【Alemanni案】。

⑥ 参见ABCI Investments案、Československa obchodní banka案、Continental Casualty案、Hesham Talaat M. Al-Warraq案和Metalpar案。

理由放弃了涉及金融实体投资争议的管辖权。

其次,工作组研究了实体性问题。投资者在有关国家对金融机构进行干涉的案件中提出了两项基本标准:(a)公平公正待遇,和(b)禁止没收。

(a)公平公正待遇(FET),特别是保护合理预期,[①]是投资者在涉及金融机构的案件中保护其权益的主要标准。投资者不应预期绝对的法律稳定(当然,国家向投资者特别承诺的情况除外),一般来讲,国家的治理权不应受到不合理的影响。[②] 此外,关于公平公正待遇,(i)预期应当合理,(ii)必须基于投资时的商业环境,(iii)在分析投资者投资时履行尽职调查义务时应考虑投资者自己的行为(因为这是金融机构的惯常做法),[③](iv)该预期也可基于国家做出的直接承诺,(v)投资者不应受到歧视(在金融紧急案件中尤其重要),并且(vi)国家不得作出可能导致存款人恐慌或者对投资财务状况造成严重不利影响的官方声明。

(b)金融机构投资者将征收主张放在次要地位,主要是因为对于金融机构和金融产品投资而言,公平公正待遇的主张更易得到支持。对于申请人来说,一个主要困难在于,若主张征收,投资者必须证明其投资的经济价值因为国家干涉被实质性剥夺,[④]但同时,通常很难区分是因国家干涉造成的投资价值减少还是因金融危机造成的投资价值减少。

再次,工作组研究了投资的构成要素。基本上,只有五个涉及主权债权产品的投资条约仲裁针对本报告的重要问题作出了有约束力的决定。*Fedax* 案是唯一一个有关二级市场可转让票据的仲裁决定,直至15年后,*Abaclat* 案针对无纸化政府债券的事项审议了同样的问题。*Abaclat* 案之后,又有三个有关这个问题裁决:*Ambiente* 案、*Alemanni* 案和 *Poštová* 案。

尽管这些决定引起了激烈的讨论,但争议基本上集中于两点:第一,以无纸化证券发行的主权债券是否属于典型 BIT 中所定义"投资"的通

① Invesmart 案裁决(2009年6月26日),第202段。

② Saluka 案部分裁决(2006年3月17日),第305段。

③ Invesmart 案裁决(2009年6月26日),第254段。

④ 参见 R. Dolzer & C. Schreuer,《国际投资法原则》(第2版)(Oxford,2012),第67页。

常含义;第二,这类产品,特别是在二级市场上购买的产品,是否也要满足确定投资是否具有“投资”属性时必要的客观标准。

至于大宗商品对冲合约(金融衍生品),好像只有一个案例(德意志银行案)涉及了“该等协议是否可以视为受保护的投资”的问题。

第四,工作组分析了在何种情况下会针对监管行为提出投资仲裁主张。这是近期的新发展,也是银行业感兴趣的问题。就此需要记住一些关键要素:

(a)由于金融机构的资产负债表规模巨大,需要吸收存款,并且在经济中发挥着重要作用,因此,几乎所有国家的金融实体都需遵守国内的实体法规。因此,在确定何种情况下会针对监管行为提出投资仲裁主张时,几乎总是涉及对于法定监管权益和非法定权益之间的平衡。①

(b)金融机构需要承担的监管压力通常不是专门针对金融机构的,而是针对整体经济的。比如,特定国家的外汇管制即是如此。

(c)在某些情形下,监管活动会与国家职权机构出售金融资产相重叠。尽管常常与监管有关,但这种情况不在本报告的分析范围内。②

由于金融机构服务于公共利益,因此,总体上,投资仲裁庭对于何种情况下构成针对金融机构的法定监管活动的观点不同。③ 但是,存在国家对国家机构不正当的歧视性监管行为承担责任的情况。④

第五,工作组注意到 ISDA 对金融机构之间争议解决适宜性的变化,以及这些变化对金融机构选择仲裁可能产生的影响。由于许多(即使不是大部分)国际投资协议都是在资本进口国积极引进外国投资的情况下签署的,因此,受到国际投资协议保护的外国投资类型包括传统的矿产、油气和制造行业(实体行业),也包括金融机构和金融产品的投资。

因此,金融机构和金融产品投资者没有受到相关 BITs 和自由贸易协

① 参见 Renée Rose Levy de Levi 案裁决(2014 年 2 月 14 日),第 157ff 段。

② 为了解释,请见Československa obchodní banka 案裁决(2004 年 12 月 29 日)。

③ 参见 Continental Casualty 案、Renée Rose Levy de Levi 案、Invesmart 案等,对于特定事项,特别是某些证券交易的中止情形,见 Saluka 案。

④ 参见“Antoine Goetz et consorts 与 République du Burundi”案(ICSID 案例仲裁/95/3);“Valeri Belokon 与吉尔吉斯斯坦共和国”案(UNCITRAL 仲裁规则);对于特定监管事项的决定,特别是监管机构处理金融机构坏账的方式,见 Saluka 案。

议（FTAs）的明确保护。投资定义的不确定并没有阻碍投资者提起索赔主张，但却使其更加模糊，特别是遇到金融机构和金融产品投资保护可预测性的问题时。

条约谈判的新时期已经开始，这可以帮助解决这种不确定性。近期的案例法和金融危机的背景都推动着国际投资协议的起草者在协议中特别提及金融工具。国家在主权债务重组时并未持更加怀疑的态度，而且允许国际仲裁庭审议因主权国家行为而产生的此类问题。的确，涉及金融机构时，有明确限制 BITs 和 FTAs 范围的趋势。

最后，应当注意的是，本章提到的仲裁裁决多数是在最近三至五年内作出的。很多争议尚未作出裁决（比如希腊案和塞浦路斯案），还有一些可能造成大量可以通过 ISDS 解决的纠纷（可能因为欧盟《银行复苏和清算指令》导致作出错误的争议解决决定）。这个领域的法律尚未确定，但仍在继续发展，需要继续跟进。

八、监管事项

对于金融机构而言，"监管事项"这一词语包含很多方面，包括开展商业行为规则的适用和施行，对金融产品和金融市场的监管，以及审慎监管等。在研究涉及金融机构监管事项的仲裁时，工作组关注了三个问题：（i）客户或投资者与金融机构之间关于监管违约争议的可仲裁性；（ii）金融机构或其股东通过投资仲裁针对监管部门不当行为的主张寻求救济的情况；和（iii）擅长处理客户和金融机构之间争议解决程序的专业仲裁机构。

经验情况。很少有金融机构具有监管事项或可仲裁性问题的仲裁经验。可能原因是监管事项通常是关于公共政策的问题，一般是由监管机构自己解决，或者在提交至法院的主张中提出。但是，工作组收到的回复表明，部分金融机构希望就有关监管机构违约导致的民事或金融后果相关争议寻求仲裁解决。

可仲裁性。一般而言，和其他商业合同相关纠纷一样，对于金融机构作为一方当事人的协议所产生的纠纷，一般是可以仲裁的。但是，基于违反公共利益或第三方利益的法律规定而提出的主张，比如违反证券法，过去曾发生过可仲裁性的问题。近期，多数司法辖区趋向于认定因监管机构违约引起的金融方面的争议是可以仲裁的。不过,这个一般性结论也有一些例外,而且不同司法辖区的情况不同,往往不能排他地适用于所有关于金融机构的纠纷。这些例外包含投资者保护、破产等情况,也可能包括公共利益考虑。

投资仲裁。由于金融机构监管背后是重要的公共利益,因此该类监管是比较严格且宽泛的。相应地,关于监管行为的投资仲裁主张需要平衡法定的监管权益和非法定的权益。两者之间的区分并未有明确定义,但是,可以发现,仲裁庭在行使“警察职权”时存在差异。不过,对于监管机构针对外国金融机构或受外国管制的金融机构采取的歧视性或专断性行为,仲裁庭的处理态度区别较小。

专业机构。通常,确定金融机构是否违反了监管规定时,不认为仲裁是恰当的争议解决机制。① 这些决定通常在诉讼或行政程序中作出。但是,仲裁可以有效处理因这些违约造成的民事纠纷,特别是有助于解决客户与金融机构之间的纠纷。以下作为替代传统诉讼方式的两类机制可以说明这点:

第一,美国金融业监管局(FINRA)是一个非政府自律机构,可按照其仲裁规则审理纠纷。客户可以(确实)针对监管违约行为提起 FINRA 仲裁程序,其中一些是涉及大型银行的券商的。FINRA 根据仲裁请求的数额确定仲裁程序。对于 100,000 美元以上的仲裁请求,FINRA 要求由三名仲裁员组成仲裁庭,并且要求开庭审理。对于小额仲裁请求(50,000 美元 - 100,000 美元),通常由一名独任仲裁员审理。对于不超过 50,000 美元的仲裁请求,适用简易仲裁程序,仲裁员仅根据当事人提交的材料裁决,无需开庭。如果证明有经济困难,可以免交申请费。对于提前开庭日期 10 天以上和解(或撤回)的仲裁请求,可能有权取得部分退款。FINRA 的程序精简,因而对成本更加敏感,适合解决小规模投资者的争议。

第二,香港金融纠纷调解中心(FDRC)为小规模客户针对香港金融

① 在投资仲裁章节中,本报告提到了很多由银行或其股东针对国家银行监管机构实施监管职能时的歧视性待遇或其他违反职责行为提出主张的案例。

机构的索赔主张（不超过500,000港元，包括利息）提供调解和仲裁服务。FDRC适用的调解和仲裁规则旨在于仲裁阶段开始前解决争议。[①]符合适格性要求[②]的争议会首先提交调解。如果未能通过调解解决争议，仅有客户可以决定对相关金融机构提起仲裁，而且不要求金融机构同意。FDRC适用的规则规定了加急的简易仲裁程序。争议将由独任仲裁员审理。多数案件仅进行书面审理。仲裁员也可命令开庭审理，但是，仅在案件情况要求开庭并且当事人同意承担开庭相关的额外费用的情况下使用。FDRC仲裁的这些特点使得费用降低，使得不能承担成本高额的诉讼程序或仲裁程序的投资人可以进行仲裁。FDRC仲裁通常的保密要求可能符合多数金融机构的诉求，特别是希望避免公开先例，或者涉及声誉风险的金融机构。

九、国际融资

国际融资是指通过贷款和过桥协议（不包括债权证券）或短期担保融资进行的交易，并且交易当事人和/或资产分布在不同国家。

国际融资包括：

（a）无担保的双边贷款或银团贷款，包括由代理行代表的多个贷款人，可能有多层融资方，他们各自的权利根据债权人之间的安排确定；

（b）有担保或保证的双边贷款或银团贷款，涉及资产担保或者母公司或子公司提供的保证；

（c）项目融资，涉及对项目公司的不可追索贷款（即没有针对保证人的权利，主要由项目现金流和有形资产提供担保），如果借款人未适当履行义务，贷款人即有权接管或收购项目；和

（d）贸易融资，主要包括：

---

① 根据2015年报告，自FDRC开始运营之后，FDRC已受理了103项调解申请，仅有8项仲裁申请。这表明，大比例的索赔主张是通过调解解决的，因此，现今提交仲裁的索赔主张很少。

② 满足下列标准的争议是合格争议：（i）具有金钱属性；（ii）索赔请求不超过500,000港元（包括利息）；（iii）因合格申请人与金融机构之间在香港签署的合同而导致的争议，或者因金融机构作为代理人在向合格申请人提供金融服务时的作为或不作为导致的争议。"合格申请人"是指是金融机构客户或者金融机构为其提供金融服务的个人或独资企业。参见《金融争议解决中心（FDRC）关于金融争议解决机制（FDRS）的术语参考》（2014年2月），可在FDRC网站（www.fdrc.org.hk）上查阅。

——短期贸易融资交易[如信用证(LCs),包括跟单信用证和备付信用证,保函(LOIs)];

——保理/福费廷/应收账款融资协议,银行付款义务;

——中期贸易融资交易(如循环信用贷款、买方/卖方信用/担保贷款、出口前融资、加入和不公开保兑);和

——复杂贸易融资工具:补偿贸易和补偿协议。

工作组注意到,部分金融机构在国际融资交易中很少使用仲裁,他们更喜欢诉讼。在新兴市场,相较国际项目融资而言,金融机构更不愿在银团贷款和资产融资中使用仲裁。但是,最近有态度转变的迹象。明显地,对于经常在项目融资交易和担保/无担保贷款中使用仲裁的地区,多国参与的贷款人和商业贷款人使用仲裁的情况有明显增加。

特别是当一方当事人或者资产所在地的法院不受信任,或者当事人不能就法院地的选择达成一致的情况下,相比诉讼,金融机构更愿意选择仲裁。

项目融资比贸易融资等其他国际融资领域使用仲裁的情况更多,因为项目融资中经常存在贷款人认为当事人或资产所在地的法院,或者当事人或资产受到约束的法院不适合处理因其交易所产生纠纷的情况。当项目贷款的借款人因为其他项目参与人(如承包商、承购人)的作为或不作为导致违约的情形下,也会产生类似的问题。

尽管贷款协议与其他项目参与人之间的合同是独立的,但是单个争端解决机制的实施可能有利于贷款人,如果选择独立的法院分开审理,则可能导致项目整体分离,使得获得有效救济的时间延长。仲裁允许贷款人约定在同一次仲裁程序中审理多方争议。同时,仲裁也允许贷款人就有关项目公司签署的商业合同导致的事项提起单独的赔偿诉讼。

在项目融资中,市场参与者不再有对于传统法院诉讼或者仲裁的明显偏好。相反,金融机构不再像之前那样总是优先选择传统的诉讼方式,反而认为诉讼并非在所有情况下都能符合其最大利益。

在担保交易中,仲裁作为争议解决方式对于动产担保权益的执行是否充分受到质疑,因为,通常认为国家法院的干涉是不可避免的。但是,认为有关担保协议的纠纷不可以进行仲裁的观点是没有根据的。只有

很少几类执行担保的程序需要法院干涉(如果未自愿执行),而且,一般在这种情况下,选择仲裁也是不合理的。但是,只要该等担保是可以自行实施的,就没有理由一定要将该等担保所产生的纠纷提交给法院处理,而不提交给仲裁处理。

在特定交易中是否仲裁更具有吸引力,这取决于交易的具体情况(即替代仲裁可选法院的质量、确保任何诉讼提交或不提交给特定法院的意愿)。在涉及破产程序的案件中,仲裁庭关于执行的决定需要符合对该案件有强制专属管辖权的破产法院的决定(如在回溯期设置担保的效力、担保索赔声明的批准),且应符合破产程序的时间(如资产执行的停留期)。因此,第三方债权人的权利在任何情况下都不会因为选择仲裁而受到影响。

因此,问题不在于关于创设担保权利或执行担保权利的争议是否具有可仲裁性,而是在该等情况下基于适用法律的特性选择仲裁是否合理。

十、伊斯兰金融争议

伊斯兰金融在最近几年里的高速发展使得其国际金融产品的广度和复杂程度都有所提高。但是,在伊斯兰金融交易中使用国际仲裁的潜力依然完全未被开发。

伊斯兰金融可以定义为按照符合伊斯兰基本原则的方式开展的财务中介行为。这些原则在伊斯兰教法中约定,说明了金融中介机构可以采用的方式。伊斯兰的金融中介机构是合伙形式的,所有合伙人都应承担风险,且应平均分担利润和亏损。在伊斯兰金融交易的整个周期内都需遵守伊斯兰教法——不仅是融资和集资阶段,而且在投资期间和回报分配阶段也需遵守伊斯兰教法。

伊斯兰金融是在国际金融市场中运行的,因此,其提供的金融产品必须同时符合伊斯兰教法和全球金融市场的运行要求。因而,所有的伊斯兰金融产品都需要同时符合伊斯兰教法和金融中介机构适用的世俗法。这不仅会带来资本充足、风险管理、公司治理、透明度、信息披露方面的挑战,也会产生争议解决方面的挑战。伊斯兰委员会将首先核查合规性,不过,在争议解决阶段仍可能存在问题。针对争议处理的结果,可能存在两个并列的决定，一个是由英国法院作出的，另一个通过仲裁裁决作出的。

在第一种情形下，涉及穆拉巴哈(成本加费用销售)融资协议，①曾通过英国法院解释了下列管辖法律条款："受限于伊斯兰教法的基本原则，本协议应适用英国法，并据其进行解释。"②法院认为，"受限于伊斯兰教法的基本原则"这一限制性条款，不足以将伊斯兰法律原则纳入当事人的协议中，因此，规范交易的是英国法，而不是伊斯兰教法。

这一裁决得到了上诉法院的支持，③确定了对于伊斯兰教法的援引不是强制性规定：

【...】【限制性条款】中的内容仅反映了银行在从事商业行为时应遵守的伊斯兰教的教义原则，而不是一套法律体系，也不会"妨碍"英国法律作为根据合同条款确定当事人能力的适用法律。

在第二种情况下，与伊斯提思纳融资安排有关，④选择仲裁作为争议解决方式，仲裁地点在伦敦，适用的实体法规定如下："本争议应适用英格兰法律，英格兰法与伊斯兰教法冲突的情况除外，若发生冲突，应以伊斯兰教法为准。"

仲裁裁决在英国执行，这导致当事人选择英国法律，但同时也需遵守伊斯兰教法。精通伊斯兰教法的仲裁员作出了本金加利息的现金裁决，但不允许额外赔偿，因为，尽管索赔主张应符合英国法律，但也不能与伊斯兰教法的原则冲突。

英国法院有可能不支持当事人选择伊斯兰教法规范双方争议这一潜在风险，并不会导致所有参与伊斯兰金融交易的参与方都拒绝将争议提交英国法院解决。不过，英国法院的不确定态度也鼓励了仲裁的使用，特别是宗教是其参与投资的主要动力的参与者，如存款人。

---

① "Shamil Bank of Bahrain 与 Beximco Pharmaceuticals Ltd."案【2003】，EWHC 商事 2118。

② Ibid.，第1页，第5段。

③ "Beximco Pharmaceuticals Ltd. 与 Shamil Bank of Bahrain"案【2004】，EWCA 民事 19，第54段。

④ See "Sanghi Polyesters Ltd.(India)与 The International Investor KCSC(Kuwait)"案【2000】，1 Lloyd's Rep. 480。

长期来看,应当通过汇编伊斯兰合同法,设立伊斯兰金融的全球法律框架。但近期内,另一个选择是,如果当事人希望伊斯兰教法的强制性原则优先适用,则应当约定通过仲裁方式解决争议。仲裁方式也使得当事人可以确保在争议解决阶段不从事任何伊斯兰教法禁止的行为。因此,了解仲裁作为争议解决机制在伊斯兰金融领域的好处对存款人很有帮助。培养处理伊斯兰金融纠纷的专业人士也至关重要。

近年来,有两家仲裁机构宣传其是专为伊斯兰金融纠纷设立的仲裁机构。2007 年,一些主要位于中东和北非(MENA)地区的伊斯兰金融机构设立了伊斯兰和解调解国际中心(IICRA),总部设在阿联酋的迪拜。据报道,IICRA 已经处理了少量仲裁案件,但尚未被伊斯兰金融行业广泛接受。2012 年,吉隆坡区域仲裁中心(KLRCA)公布了关于处理基于伊斯兰教法原则签署的商业协议相关争议的仲裁规则。这些规则允许当事人指定任何国家作为仲裁地点。但是,这在可行性方面受到质疑,因为目前尚未遇到在东南亚以外地区的重要案例。值得注意的是,ICC 规则也适合伊斯兰金融纠纷的仲裁,如同其适用于任何其他有关金融机构的争议一样。

多数赞成通过仲裁解决伊斯兰金融争端的人士认为,仲裁能够确保伊斯兰金融业满足客户关于遵守伊斯兰教法的期待。他们通常谴责行业中指定英国法律或纽约法律(排除了伊斯兰教法)作为合同适用法律的惯常做法,认为这种惯例会对行业发展造成负面影响,因为客户逐渐开始怀疑其签署的合同是否符合伊斯兰教法。他们赞成伊斯兰金融纠纷应当通过仲裁解决,并且仲裁员必须按照伊斯兰教法和国内法(世俗法)审理当事人之间的纠纷。

如英国商事法院判决驳回申请撤销"Sanghi Polyesters Ltd (India)与 The International Investor KCFC (Kuwait)"案仲裁裁决的判决所述,这类仲裁是存在先例的。① 此外,KLRCA 和 IICRA 的仲裁程序中专门提到,除国内法外,当事人之间的合同也受伊斯兰教法管辖。

但是,伊斯兰的大型银行和金融机构对于通过仲裁方式解决伊斯兰

① 参见 supra 注释 49 及附随内容。

金融纠纷的反应不高。这可能是因为他们并没有按照伊斯兰教法解决争议的要求。

世俗仲裁是伊斯兰金融交易的另一选择。在这种仲裁中,伊斯兰金融交易的当事人可以在合同中约定,任何争议均提交仲裁,但要求仲裁员仅适用英国法律或纽约法律(伊斯兰教法除外)。目前来看,这个选择还是有优点的,因为:(1)当事人可以约定在便利地点且接受仲裁的司法辖区进行仲裁;(2)当事人可以选择擅长处理金融纠纷的仲裁员;(3)在国际范围内,仲裁裁决要比法院判决容易执行;(4)仲裁程序灵活,可以根据争议的具体情况进行调整。

2010年,ISDA和国际伊斯兰金融市场(IIFM)在起草ISDA/IIFM Tahawwut(对冲)主协议时,引入了世俗仲裁的选项。协议第13条(c)款中约定,当事人可以选择ICC仲裁,仲裁地点在伦敦或纽约,适用法律为英国法律或纽约法律。为避免任何疑义,第1条(d)款特别说明适用法律不包括伊斯兰教法。

十一、国际金融机构、发展金融机构、出口信贷机构

国际金融机构(IFIs)、双边发展金融机构(DFIs)和出口信贷机构(ECAs)在金融市场中扮演着重要角色。他们经常在项目融资和出口融资中与私营行业的融资方(比如商业银行)密切合作。因此,他们对于融资文件的确定也产生了重要影响,包括在国际融资交易中使用的争议解决机制。

对于国际金融机构、发展金融机构和出口信贷机构的访谈也支持了我们最初的设想,即这些机构通常在其业务中对使用国际仲裁作为争议解决方式具有强烈兴趣。但是,国际仲裁不是唯一使用的救济方式。他们的选择也依赖于有关具体项目甚至具体合同的法律建议。

事实上,这些机构中多数都没有书面的政策,要求选择国际仲裁而不选择传统诉讼,或者要求选择传统诉讼而不选择国际仲裁,说明这些机构此方面具有灵活性。另一方面,调查结果也表明,这些机构非常清楚他们偏好的仲裁的具体特点,例如,(多数案件中)选择机构仲裁而不是临时仲裁,选择三名仲裁员而不是独任仲裁员,选择对标的事项具有丰富经验的仲裁员,而不是没有该类经验的仲裁员。

每家国际金融机构、发展金融机构和出口信贷机构具有不同的目标、运营特点、地域范围和组织架构。因此，不能复制或使用相同的方式对他们来说非常重要。通过这些受访者，我们有以下重要发现：

（a）国际金融机构、发展金融机构和出口信贷机构在新兴国家的业务量将扩大，也导致他们更喜欢选择国际仲裁作为争议解决机制，特别是东道国不认可外国判决，或者外国判决需要再次进行事实审理的情况；

（b）国际金融机构、发展金融机构和出口信贷机构更加关注仲裁庭的中立性，特别是在交易对手是主权国家或国有企业的情形下，他们认为国际仲裁比法院诉讼更加中立；和

（c）一些国际金融机构是多边机构，享受多边条约成员国的特权和豁免，这对其选择仲裁具有重要影响，因为他们认为仲裁可以保护他们的特权和豁免权不受国家法院管辖。

没有上诉机制——可以较早地作出最终裁决——也被认为是优势。很多国际金融机构、发展金融机构和出口信贷机构应该有反应他们选择偏好的标准争议解决条款。这些条款通常包含不对等的争议解决条款，约定通过仲裁解决争议，同时也允许金融机构选择诉讼作为替代争议解决方式。这在某些情况下是有利的，比如涉及担保物执行的案件。

总体而言，尽管国际金融机构、发展金融机构和出口信贷机构没有参与太多国际仲裁（也没有参与太多诉讼），但基于上述原因，这些金融机构相对比较乐于接受国际仲裁作为适用的争议解决方式。

国际贷款对于选择争议解决方式具有实质性影响的一个具体特点是，争议通常涉及发生借款人逾期付款情形之后的金钱赔偿请求，很少会有复杂的法律问题。这可以帮助解释一些金融机构——包括一些国际金融机构、发展金融机构和出口信贷机构——对于因国际贷款业务和交易产生的争议，通常选择在英国法院或纽约法院解决这一根深蒂固的传统。

十二、咨询事项

投资银行，通常会通过其公司融资部门，向客户提供 M&A（合并和收购）和股权资本市场两方面的咨询服务。简单而言，M&A 交易是指出

售或收购其他业务或公司的交易。[①] 在法律上讲，该等交易可以采取多种形式，比如直接出售或收购、合并、资产置换、公开要约收购或私有化。

这些服务包括协助客户在 M&A 过程中达到其（希望的）结果。为此目的，银行需要进行大量工作，可能包括：对收购目标进行估值、起草交易文件（如摘要、信息备忘录）、监控数据库、在谈判期间为客户提供建议、协助沟通/与监管部门联系，或者在收购阶段担任发起行。

M&A 服务并不止这些。金融机构自身也可以作为卖方或买方。在这种情况下，金融机构在购买或出售其部分业务或子公司时，也会通过 M&A 交易进行。银行可以投资银行内部的投资组合。他们在进行这些交易时将使用与客户趋向型交易相同的方式和技术。

股权资本市场活动主要包括：起草和签署首次公开发行文件（使公司首次公开发行股票并上市，也称为"IPO"），或者通过在受监管的市场上发行上市证券（如债权或权益性工具）为发行人融资。私有化也能够通过这种方式进行。

在所有这些情形下，金融机构都会与其客户（主要通过聘请函的方式，其中应约定授权其作为财务顾问提供专业服务）或者交易对手（在其以自身名义进行交易的情形下，如股份购买协议或股东协议）签署大量合同，其中，自然也包含有争议解决条款。

由于 M&A 和咨询服务通常较为复杂、要求保密性、对于费用和声誉一般比较敏感，而且考虑到执行法院判决的潜在困难，使得国际仲裁成为理想选择。金融机构在这些情况下使用仲裁的经验有限，可能是因为仲裁的费用较高（至少在一些司法辖区如此），而且他们不了解仲裁程序。

十三、资产管理

资产管理是指个人或公司代表他人管理投资或为他们投资提供建议的活动。根据具体情况和其扮演的角色，可能有也可能没有自由决定权。银行和金融资产管理旨在通过对公司进行调研、访问，并对公司、市

---

① 该等交易的价值非常高：国际 M&A 活动（交易价值）在 2014 年约达 32 亿美元，在 2015 年上半年约达 17 亿美元。

场和趋势进行数据化分析，实质性扩大客户的金融投资组合。资产管理也包括评估资产融资选择和资产会计方法，从而使客户的金融投资组合价值最大化。

开展资产管理业务的业务部门（或公司）通常与开展银行活动（如M&A）的业务部门（或公司）大不相同。资产管理涉及的当事人也可能不同。在M&A和贸易融资中，当事人一方一般是商业公司（如银行或其他金融行业的公司），另一方通常是工业、商业公司（上市公司、大型公司或中小型企业）。这种公司对公司的关系使得在交易的谈判、签约和履行过程中当事人的权利义务通常是对等的。在资产管理中，私人银行家通常会为一个或多个缺乏金融投资经验的个人（有时是家族信托）、中小企业和/或非盈利性机构服务。在欧盟，支持消费者保护的趋势已反复编写在《欧盟金融工具市场指令》中，这为信贷机构（投资公司）设置了宽泛的义务，并且大致按照“交易对手”、“专业客户”和“零售客户”进行了分类。这些情况对本报告中讨论的问题具有重要影响。

工作组对金融机构的调查表明，在资产管理行业很少使用仲裁。在一些情况下，受访者甚至完全不知道存在仲裁这种争议解决方式。但是，资产管理行业的所有机构和参与者（如投资基金、投资机构和经理人、私人客户）都是如此。关于此议题的学术文章、法律资料很少，案例也非常有限。

通过仲裁解决有关资产管理的争议，受访机构对此具有的担忧与其一般对于仲裁的担忧相同。对于一些受访者而言，不选择仲裁的主要原因是费用、低速并且无先例可循（没有设立遵循先例的制度）。但是，对于另外一些机构而言，仲裁有明显优势，包括保密、专业、费用和速度合理、无上诉机制，并且在世界范围内可以执行。

资产管理纠纷通常涉及偿付问题、虚假陈述、缺乏对价、错误、不当引诱、侵占、不可抗力/王之行为、发生无法预期的变化、法规变更等问题。同时，也会产生一些棘手的问题。例如，一类问题是基于协议的表面含义，以及贸易惯例和/或特殊的客户说明，银行在特定活动中的行为是否属于机构与客户的约定范围？如果授权仅限于“通常的银行投资工具”，何种投资工具属于该等范围？也可能产生其他问题：何时投资才是合理的？对于资产的监管是否充分？客户是否同意对特定交易或系列交易提供有效指示？未正确执行的交易隐含的负面影响和正面影响是什么？如果金融机构审慎完成交易或者未全部完成交易，会造成哪些影响？

这些问题更加确定了解决资产管理纠纷需要裁决者具有足够的技能和专业知识，这在全世界很多司法辖区法院都无法实现。仲裁可以提供擅长于当事人认为特定交易或纠纷所需专业知识的仲裁员。仲裁也可以确保决策者是中立的，这点对涉及两个或多个司法辖区的资产管理纠纷非常重要。

仲裁非常适合保护仲裁程序和争议本身的保密性，这对于不愿披露身份的资产管理服务者特别重要，尤其是违约的情况，对于不愿泄露财务状况的客户也非常重要。如上所述，保密性可以通过仔细分析仲裁程序适用的法定或机构监管框架，并且通过起草仲裁条款和其他协议得到保护和确认，确保仲裁程序的所有阶段内，所有参与者都遵守保密义务和要求。

附件一

为本报告目的提交给受访金融机构的调查问卷

简要说明

本调查/访谈的目的不是为了专门推广 ICC 仲裁，而是为了确定金融机构对各类协议仲裁的看法及仲裁经验。

我们认为，答案可能因不同业务有所区别，因此，我们希望能够得到不同的答案。

A. 背景/介绍

1. 请说明贵机构的名称、您的姓名和职务。

(a)您的答复能否共享给工作组成员？还是您要求匿名答复？

(b)贵机构的名称能否以参与本次调查机构的身份列入报告中（不会有任何具体评价）？

B. 对国际仲裁的基本认识

2. 贵机构是否制定了关于跨境合同争议解决机制的政策或指引？若有，请予说明，是否有制定书面文件，是否可以共享？该等政策/指引在过去五年内是否有变更？全球金融危机是否对其有影响？

3. 适用于多边/国际/政府所有的机构：贵机构作为多边/国际/政府所有的机构，是否对贵机构在特定司法辖区选择或者不选择仲裁具有影响？

4. 在何种情形下，贵机构或者与贵机构交易的交易对手会选择国际仲裁？

(a) 如果选择仲裁还是诉讼依赖于合同的性质，贵公司在确定何种争议解决方式(诉讼或仲裁)更为适宜时会考虑哪些相关因素？

(b) 贵机构决定纳入仲裁条款(或选择特定仲裁机构或仲裁条款的类型)是否会依赖于交易中的第三方(保证人、保险人、信用风险抵减服务商等)，或者受到该等第三方的影响？

(c) 您认为，仲裁相比诉讼而言的主要优势是什么？诉讼相比仲裁的主要优势是什么？

C. 起草仲裁条款

5. 贵机构倾向于机构仲裁还是临时仲裁？

6. 贵机构是否有优先选择特定仲裁机构的内部政策？为什么？

7. 贵机构是否有选择仲裁员的惯用方法：顾问推荐、自己选择、公司制定的名册、目录等？

8. 贵机构是否认为应当鼓励仲裁机构在仲裁员名册中加入银行业专家？

9. 贵机构倾向于选择一名仲裁员还是三名仲裁员？

10. 贵机构如何选择仲裁地点？

11. 贵机构是否使用多层次争议解决条款？若使用，贵机构在仲裁之前会选择何种机制(比如调解)？

12. 如果贵机构选择了仲裁，对于向法院申请临时措施是否会有担忧？

13. 贵机构是否支持不对等条款，即允许金融机构选择将争议提交仲裁或者指定国家的法院(假设不对等条款在相关司法辖区是可执行的)?

14. 贵机构是否对仲裁上诉机制感兴趣?

15. 如果交易对手是主权国家时,贵机构对上述问题的答复是否会改变?若是,会如何改变?特别是以下问题:

16. 在该等情形下,贵机构是更倾向于或是不倾向于选择仲裁作为争议解决方式?

17. 贵机构是否会因为与主权国家签署合同而修改仲裁条款的内容或性质?

18. 对于起草争议解决条款是否有其他建议?

D. 管理/参加仲裁程序

19. 在过去的三至五年内,贵机构参加过几次仲裁?相较诉讼情况如何?

20. 贵机构目前是否曾有作为一方代表参加任何仲裁的情况?您是否作为证人或专家参加过仲裁?在此之前,您是否作为顾问参加过仲裁?若(上述任何问题回答)是:

(a)这些仲裁经验对您今后起草仲裁条款有何影响?

(b)如果您能够参加仲裁员的选择,您对仲裁员有什么期待?

(c)在您参加的案件中,是否有为具体案件定制的程序(比如文件披露、证人证言、通过交叉审查进行口头审理,或者根据实际情况确定解决特定争议实际必须提交的资料)?

(d)您在执行仲裁裁决方面有何经验?

21. 对于管理仲裁程序是否有其他建议?

E. 今后的考虑

22. 您认为,影响贵机构(或者一般金融机构)选择国际仲裁最重要的因素是什么?

23. 贵公司认为仲裁程序应当如何修改/改进才能更符合贵机构的要求?

24. 是否有贵机构希望在仲裁程序中选择的特别要求(例如,简易程序或加速程序、仲裁前的调解程序、加入第三方/案件合并审理的规则)?

哪一种会提高贵机构在一份或多份协议中纳入仲裁条款的机会？

25. 是否有其他您认为在贵机构选择仲裁处理跨境纠纷时非常重要的原因？

F. 贸易融资

26. 在贵机构与第三方存管人之间的担保物管理协议和存管协议中，贵机构是否会偏好于选择仲裁或诉讼？若会，请说明理由。若不会，请说明理由。

27. 您认为是否有其他意见可以帮助理解贵机构目前对于选择仲裁作为解决贵机构贸易融资事项纠纷方式的态度/意愿？

G. 投资条约仲裁(包括自由贸易协议)

28. 贵机构是国有机构还是私有机构？除贵机构控股股东所在国之外，您是否还在一个或多个其他司法辖区经营业务？

29. 贵机构是否认为对金融机构的监管能(或者应当)受到外国投资者保护的投资法的影响？

30. 如果与外国投资者之间产生关于金融监管的争议，需要取得当地法院决定后方可提交至国际投资仲裁庭仲裁，贵机构认为这将对金融系统产生有利影响还是不利影响？

31. 您认为处理金融监管争议的国际投资仲裁庭会更支持外国投资者还是主权国家？

32. 您认为国际投资仲裁庭是否足够专业能够对金融监管事项作出公正恰当的决定？由于ICSID是世界银行集团的一部分，CISID仲裁庭是否比其他仲裁庭更适合处理金融监管事项？

33. 对于将国家与外国投资者之间涉及金融监管事项的争议提交投资仲裁的意愿或不便，若您有任何建议或想法，请说明。

H. 监管纠纷

34. 您认为仲裁在处理因违反(或涉嫌违反)金融服务行业监管规定导致的纠纷时是否具有优势？

35. 若是，是否仅限于处理因客户或投资者违反监管规定造成的民事或金融纠纷？或者您认为其优势范围更广？

36. 您是否在有关银行和金融服务行业的争议中遇到过可仲裁性的

问题？若有，是与哪个领域相关的？

37. 您是否参与过该等纠纷的仲裁？

38. 若有，是基于合同约定的仲裁条款开始仲裁程序的，还是基于纠纷发生后签订的仲裁协议开始仲裁程序的？

39. 是机构仲裁还是临时仲裁？如果是机构仲裁，是由哪家仲裁机构进行的仲裁？

40. 仲裁是否是解决这类纠纷的适当方式？

41. 在这类纠纷中，仲裁相较诉讼的优势和劣势是什么？（请考虑仲裁员的专业水平、程序的适当性、时间和成本、是否有临时措施、裁决执行等）

I. 银行间争议

42. 贵机构与其他金融机构（其他银行或投资基金、私募股权基金、主权财富基金等）签署协议时，您（或者您的同行）通常是否会选择仲裁作为争议解决机制？若不是，请说明理由。若是：

43. 贵机构目前是否有关于与其他金融机构间纠纷适用仲裁的一般政策？还是以个案情况确定是否使用仲裁的？

44. 您认为在确定金融机构之间纠纷的争议解决机制时应考虑哪些因素？

45. 您通常会选择机构仲裁还是临时仲裁作为争议解决机制？

46. 什么是妨碍仲裁成为解决金融机构之间争议最恰当方式最主要的因素？

47. 贵机构是否会考虑与其他金融机构签署双边或多边仲裁协议，约定签署机构方之间的所有争议均应通过仲裁解决，除非在特定交易中排除适用仲裁？

48. 是否存在任何您认为不适合仲裁的金融机构之间的争议？

49. 您认为是否还有其他对于建议使用仲裁解决金融机构之间纠纷非常重要的因素？

J. 金融衍生品和结构化产品

50. 贵机构在参与金融衍生品或结构化产品交易时，是否会使用ISDA 主协议或其他相关的国内主协议？

51. 贵机构关于金融衍生品或结构化产品的合同文件中是否有通过仲裁方式解决争议的要求或选择?为什么?

52. 贵机构在哪类金融衍生品或结构化产品的合同文件中纳入了仲裁条款?

53. 贵机构是否仅针对特定类型客户在合同中纳入仲裁约定?若是,请说明是交易对手是哪种类型,包括其地点。您是否有签署仲裁条款?

54. 贵机构的仲裁条款是否是基于标准仲裁条款(如 2013 年《ISDA 示范仲裁指引》)拟定?

55. 仲裁条款是如何安排的?是强制性的还是选择性的?是否是多层次式的?选择的哪种仲裁机构规则?选择的仲裁地点在哪里?

56. 是否有任何具体原因或事项使得贵机构认为仲裁是最佳选择?

57. 贵机构知道 ISDA 示范仲裁指引和 ISDA 示范仲裁条款[替换第 13(b)条]吗?

58. 贵机构是否参加过有关金融衍生品或类似结构化产品的仲裁?大约参加过几个案件?

59. 该等案件是关于哪种金融衍生品或结构化产品的?仲裁时使用的什么仲裁规则?仲裁地点在哪里?

60. 您对仲裁程序(仲裁程序的速度、仲裁员的专业性、仲裁费用和其他方面)有什么看法?

61. 您会再次通过仲裁解决金融衍生品或结构化产品相关争议吗?

62. 您认为仲裁对于解决金融衍生品或结构化产品相关争议有作用吗?

63. 在这类争议中使用仲裁的优势和劣势是什么?

64. 是否有哪些您认为特别适合通过仲裁解决争议的金融衍生品或结构化产品(如掉期、期权、远期、期货、信用衍生品)?如有,请说明是哪类金融衍生品或结构化产品,并请说明理由。下次再遇到金融衍生品或结构化产品相关争议时,您会选择仲裁还是诉讼?

K. 担保贷款和项目融资

调查问卷本节内容关注担保贷款和项目融资[项目融资和辛迪加组织、资产融资、担保大宗商品融资、杠杆收购融资(LBO),即通过贷款安排而不是债权工具或金融市场股票工具进行的交易]。

65. 在您的过往经验中,下列争议中有多少实际是通过仲裁解决的?

——担保贷款交易

——项目融资交易

66. 是否有任何特定因素(交易性质、项目或当事人的地点、所提供担保的性质/地点等)使您认为或可以设想通过仲裁解决下述交易相关争议是公正的?

——担保贷款交易

——项目融资交易

67. 您认为是什么原因妨碍了仲裁在下列领域的广泛运用?

——担保贷款交易

——项目融资交易

(若存在任何关于这类交易的特殊原因,并且在上文讨论中未提及,则请说明。)

68. 对于银团贷款,您是否认为多方参与的银团是贷款方拒绝仲裁的原因?

69. 若有某些特别约定(若担保贷款和项目融资交易有哪些专属特点,并且上文讨论中未提及),比如下述内容,是否仲裁在(i)担保贷款交易和/或(ii)项目融资交易中会更具有吸引力?

(a)约束所有交易参与者或者部分交易参与者(即融资过程中涉及的其他协议的当事人)的整体项目仲裁协议

(b)约定加速仲裁的仲裁条款

(c)约定可以对仲裁裁决提起上诉的仲裁条款,如有,是针对(事实和法律)提起全面上诉,还是仅针对法律提起上诉。

(d)约定公开仲裁裁决的仲裁条款

(e)单方仲裁条款

L. 资产管理和私人银行

70. 您认为资产管理和私人银行的特点和性质是否对选择争议解决方式(诉讼还是仲裁)具有重要影响?

71. 资产管理/私人银行中的顾问和咨询服务是否会产生任何特殊

问题?这些问题对您选择仲裁还是诉讼解决纠纷是否存在影响?

72. 您是否推荐通过仲裁解决下列主体之间的资产管理/私人银行纠纷?

——投资公司之间的纠纷或者投资公司与专业客户或合格交易对手的纠纷

——投资公司和零售客户之间的纠纷

73. 关于因资产管理/私人银行的特殊性而产生的下列问题,您是否具有相关仲裁经验?

——区别于其他银行活动(如 M&A)而单独管理的业务部门(或公司);

——避免利益冲突的“中国墙”,或者为确保经营情况保密的任何其他措施;

——因银行或其他金融行业公司作为一方当事人,与工业或商业公司(上市公司、大型公司、中小型企业)作为另一方当事人,造成双方在协议谈判、签署和执行中权利义务不对等。

74. 在纳入单方选择仲裁条款或者单方选择管辖地条款时,是否会考虑到对于弱势方的保护?

附件二

受访的金融机构名单

ABN AMRO
African Development Bank (AfDB)
Asian Development Bank (ADB)
Banco de Sabadell
Bank of Tokyo-Mitsubishi UFJ
BAWAG
BNP Paribas Fortis
Central American Bank for Economic Integration

Commerzbank

Corporación Andina de Fomento

Crédit Agricole

Crédit Suisse

Deutsche Bank

DZ Bank

HSBC

ING Belgium

Islamic Finance Council UK Ltd.（IFC）

Japan Bank for International Cooperation（JBIC）

JP Morgan Chase

Lazard Frères

MIGA

Morgan Stanley

Netherlands Development Finance Company（FMO）

Nomura

Oesterreichische Entwicklungsbank AG（OeEB，Development Bank of Austria）

Overseas Private Investment Corporation（OPIC）

Rabobank Rothschild Cie

Société de Promotion et de Participation pour la Coopération Economique（Proparco）

Société Générale Swedbank

UniCredit SpA

还有很多受访但要求匿名的金融机构。

致　　谢

本报告是委员会金融机构和国际仲裁工作组及其全体工作成员的工作成果：

工作组联席主席：

Georges Affaki

Claudia Salomon

工作组负责人：

Jean-François

Adelle Arnaud de la Cotardière

Whitney Debevoise

Carine Dupeyron

Christian Duve

Julien Fouret

Beata Gessel-Kalinowska

Sara Hall

Grant Hanessian

Samaa Haridi

Duarte Henriques

Henri-Paul Lemaître

Timothy Lindsay

Charles Nairac

Patricia Peterson

Heinz Rindler

Daniel Schimmel

Kenji Tagaya

Daniel Valls Figueras

Fred Vroom

Mohamed S. E. Abdel Wahab

工作组成员：

Cecil W. M. Abraham

Ziya Akinci

Shamlan Al Sawalehi

Mauricio Almeida Prado

Thomas Altenbach
José I. Astigarraga
Howard Beal
Marie Berard
Klaus Peter Berger
Philippe Berta
Damian M. Bisseker
Dominique Borde
Nicolas Brooke
Michael Bühler
Sally Burke
Daniel Busse
Jean Cattaruzza
Thomas Carl Christoph Childs
Monica Chow
Bernardo M. Cremades
Adolfo Diaz-Ambrona Moreno
Hagit Elul
Fabrice Fages
José Rafael Fernández Quesada
François Funck-Brentano
Diego Brian Gosis
Anne-Karin Grill
Gaby El Hakim
Arwen Handley Johnson
Bernard Hanotiau
Walid Hassouna
Thomas Heather
Thomas Heintzman
Kevin J. Heiser

Marc Henry
Yves Herinckx
Bernard Ten Hove Jansen
Robert Hunter
Elaine Hyland
Shadi Karam
Marcus Keane
David Kreider
Herbert Kronke
Michael Kutschera
Christoph Liebscher
Philip Linton
Anthony Lo Surdo
Gerardo Lozano Alarcón
Ian Mahoney
Roman V. Marchenko
John Lorn McDougall
Wendy Miles
Albert Monichino
Christopher Moore
Simon Morgan
Susan Munro
Patricia Nacimiento
Aisha Nadar
Toshiaki Nakahara
John L. Oberdorfer
Hiroshi Oda
Jorge Ogarrio Kalb
Eduardo Ortega Martin
Stephanie Pagni

Alice Pezard
Hélène Piet
Lorenzo Prats Albentosa
Francisco G. Prol Perez
John D. Roesser
Anibál M. Sabater
Anke Sessler
E. M. Snijders
Thomas Shiu Tsung So
Albert So
Christophe Soulard
Xiuming Tao
Andrew Tetley
Hiroyuki Tezuka
Wilson Thorburn
Edward Turan
Job van Heemskerck van Beest
Miguel Angel Virgós Soriano
Fabian von Schlabrendorff
Abdelgadir Warsama Ghalib
Stefan Weber
Thomas H. Webster
Henry Weisburg
Marius Welling
Peter M. Werner
Andrew White

下列工作组高管也参与了工作组的工作：

Christopher Newmark，主席
Annet van Hooft，副主席
Hélène van Lith，秘书

Anne Secomb，前秘书

国际商会在此向 Daria Astakhova 实习期间的贡献，以及 Johanne Brocas 在参考书目方面的贡献表示感谢。

参考文献

一、中文文献

[1][英]艾伦·雷德芬、马丁·亨特著:《国际商事仲裁法律与实践》(第四版),林一飞、宋连斌译,北京大学出版社2005年版。

[2]白映福、毛玉光主编:《金融争议多元化解决机制理论与实务》,法律出版社2011年版。

[3]北京仲裁委员会编:《中国商事争议解决年度观察2015》,中国法制出版社2015年版。

[4]陈岱松、魏华文:《论中国证券纠纷仲裁法律制度之构建》,载《财贸研究》2009年第4期。

[5]陈福勇著:《未竟的转型——中国仲裁机构现状与发展趋势实证研究》,法律出版社2010年版。

[6]陈艳:《论国际金融仲裁的运用和发展》,载《国际商务研究》2003年第4期。

[7]崔海洋:《我国金融仲裁制度的发展困境与解决对策》,载《经济视角(上旬刊)》2015年第2期。

[8]崔起凡:《国际商事仲裁中的证据问题研究》,华东政法大学2011年博士学位论文。

[9]董猛孟:《论我国证券仲裁制度的问题与应对》,载《前沿》2012年第23期。

[10]杜新丽:《国际商事仲裁理论与实践专题研究》,中国政法大学出版社2009年版。

[11]风笑天:《社会学研究方法》,中国人民大学出版社2001年版。

[12]高圣平、钱晓晨著:《中国融资租赁现状与发展战略》,中信出版社 2012 年版。

[13]郭锋著:《中国资本市场若干重大法律问题研究:以投资者权益为中心》,法律出版社 2008 年版。

[14]郭锋著:《金融发展中的证券法问题研究:以金融创新中的法律制度构建为路径》,法律出版社 2010 年版。

[15]郭锋、陈夏著:《证券投资基金法导论》,法律出版社 2008 年版。

[16]郭峰主编:《金融服务法评论》(第三卷),法律出版社 2012 年版。

[17]胡晓媛:《中德融资租赁法律制度比较研究》,中国法制出版 2011 年版。

[18]黄爱学:《美国证券交易仲裁制度及其立法借鉴》,载《河南科技大学学报(社会科学版)》2012 年第 3 期。

[19]韩健著:《涉外仲裁司法审查》,法律出版社 2006 年版。

[20]何震、方菲:《关于美国证券仲裁发展的几个重要判例之评析》,载《河北法学》2003 年第 6 期。

[21]胡彬:《DSU 仲裁机制与国际商事仲裁机制的比较分析》,复旦大学 2009 年硕士学位论文。

[22]黄国昌:《纷争解决机制之旧挑战与新视野——以英国 Private Ombudsman 对台湾地区“金融消费者保护法”之影响为例》,载《北大法律评论》2012 年第 13 期。

[23]黄荣楠:《中国(上海)自由贸易试验区仲裁规则评述》,载《上海对外经贸大学学报》2014 年第 6 期。

[24]黄韬:《中国法院受理金融争议案件的筛选机制评析》,载《法学家》2011 年第 1 期。

[25]霍洪涛:《金融仲裁的独立化》,载《人民法院报》2005 年 7 月 18 日,B03 版。

[26]黎晓光:《论“入世”后我国金融仲裁的新发展》,载《国家经济法学刊》2004 年第 1 期。

[27][美]理查德 · A. 波斯纳著:《反托拉斯法:Antitrust law》,孙秋宁译,中国政法大学出版社 2003 年版。

[28][美]理查德·A.波斯纳著:《法官如何思考》,苏力译,北京大学出版社2009年版。

[29]李伯侨、杨梅华:《论证券仲裁中对公众投资者的特殊保护》,载《商场现代化》2005年第19期。

[30]李金泽著:《银行业法国际比较》,中国金融出版社2008年版。

[31]李广辉、张晓明:《国际商事仲裁与WTO仲裁之比较》,载《汕头大学学报》2009年第25期。

[32]李俊慧著:《经济学讲义(上):颠覆传统经济学26讲》,中信出版社2012年版。

[33]李俊慧著:《经济学讲义(下):颠覆传统经济学26讲》,中信出版社2012年版。

[34]李睿鉴、陈若英:《对私募投资中"对赌协议"的法经济学思考——兼评我国首例司法判决》,载《广东商学院学报》2012年第6期。

[35]李艳:《仲裁与银行业务纠纷的防范、化解》,载《河南财经政法大学学报》2013年第1期。

[36]李扬、胡滨著:《金融危机背景下的全球金融监管改革》,社会科学文献出版社2010年版。

[37]梁玲玲:《金融仲裁法律制度初探》,载《法治论坛》2014年第1期。

[38]梁堃著:《英国1996年仲裁法与中国仲裁法的修改:与仲裁协议有关的问题》,法律出版社2006年版。

[39]林一飞著:《中国国际商事仲裁裁决的执行》,对外经济贸易大学出版社2006年版。

[40]刘如翔:《香港金融纠纷解决机制的最新发展及其启示》,载《金融与经济》2014年第4期。

[41]刘洋、黄旭:《麦格理集团国际化案例研究》,载《金融论坛》2012年第11期。

[42]罗楚湘著:《英国仲裁法研究》,武汉大学出版社2012年版。

[43]马其家:《美国证券纠纷仲裁制度研究》,对外经济贸易大学2002年博士学位论文。

[44]马志华:《浅谈国际商事仲裁中的程序令及将其引入我国仲裁实践的必要性》,载《北京仲裁》2014年第88期。

[45]欧明生:《民商事纠纷可仲裁性问题研究》,浙江大学出版社2013年版。

[46][美]理查德·A.波斯纳著:《法律的经济分析》,蒋兆康译,法律出版社2012年版。

[47]彭冰著:《中国证券法学》,高等教育出版社2007年版。

[48]彭进:《论金融仲裁》,载《法制与社会》2007年第5期。

[49]黄孟复主编:《中国民营经济发展形势分析报告(2011～2012)》,社会科学文献出版社2013年版。

[50]全国人民代表大会常务委员会法制工作委员会编,信春鹰主编:《中华人民共和国仲裁法释义》,法律出版社1997年版。

[51]融资租赁法律制度的完善与争议解决会议资料:《第一届中国(上海)自由贸易实验区法治论》,2014年版。

[52]芮安牟、陈星楠著:《浅谈香港仲裁法》,三联书店(香港)有限公司2013年版。

[53]沈四宝、王晓川、沈建中:《关于推进证券仲裁的若干问题》,载《法制日报》2002年11月21日。

[54]石仁坪、刘铮:《近亿元起重机所有权陷迷阵融资租赁登记制度受考验》,载《第一财经日报》2012年11月16日。

[55]谭兵著:《中国仲裁制度的改革与完善》,人民出版社2005年版。

[56]唐英茂著:《法院的表现:外部条件和法官的能动性》,法律出版社2009年版。

[57]陶修明著:《国际金融衍生交易终止净额结算法律制度研究》,对外经济贸易大学2007年博士学位论文。

[58]王芳著:《英国承认与执行外国仲裁裁决制度研究》,中国政法大学出版社2012年版。

[59]王红松著:《铸造公信力——王红松文集》,法律出版社2010年版。

[60]王津成:《金融仲裁:解决金融纠纷的有效方式》,载《经济导刊》2004 年第 5 期。

[61]王莹丽:《试析我国金融仲裁机制的发展与完善》,载《金融与法律》2011 年第 9 期。

[62]王莹丽:《临时仲裁在我国金融仲裁机制中的引入分析》,载《商业研究》2011 年第 6 期。

[63]邢会强著:《金融消费纠纷的多元化解决机制研究》,中国金融出版社 2012 年版。

[64]文海兴、张志:《仲裁与银行金融纠纷风险防范》,载《中国金融》2010 年第 23 期。

[65]邢会强:《首都国际金融仲裁发展现状与建设研究》,北京市金融工作局课题组课题,2015 年。

[66]邢会强:《政策增长与法律空洞化——以经济法为例的观察》,载《法制与社会发展》2012 年第 3 期。

[67]邢会强、詹昊著:《上市公司投资者关系》,法律出版社 2007 年版。

[68]许海峰、孟祥刚编著:《证券诉讼指南》,经济日报出版社 2002 年版。

[69]胥洪擎:《金融仲裁制度研究》,华东政法大学 2008 年硕士学位论文。

[70]杨峰:《我国证券强制仲裁若干问题研究》,载《河南省政法管理干部学院学报》2002 年第 73 期。

[71]杨崇森、黄正宗、范光群等:《仲裁法新论》,台北中华仲裁协会 1999 年版。

[72]杨良宜、莫世杰、杨大明著:《仲裁法:从 1996 年英国仲裁法到国际商务仲裁》,法律出版社 2006 年版。

[73]杨良宜著:《损失赔偿与救济》,法律出版社 2013 年版。

[74]杨良宜:《关于可仲裁性(一)》,载《北京仲裁》2005 年第 3 期。

[75]杨良宜:《关于可仲裁性(二)》,载《北京仲裁》2005 年第 4 期。

[76]杨良宜:《关于可仲裁性(三)》,载《北京仲裁》2005 年第 5 期。

[77]饶常林、常健:《论证券争议仲裁制度的立法完善——以投资者合法权益的保护为中心》,载《上海大学学报(社会科学版)》2006年第2期。

[78]于湛旻:《论国际投资仲裁中仲裁员的身份冲突及克服》,载《河北法学》2014年第7期,第133~147页。

[79]袁达松、丁孝文:《论金融消费者保护视角下金融ADR机制的完善》,载《北京师范大学学报(社会科学版)》2013年第1期。

[80]曾青:《我国金融仲裁机制的运行情况及发展趋势研究——以金融仲裁院仲裁实务为样本》,载《四川文理学院学报》2014年第3期,第54~59页。

[81]曾筱清著:《金融全球化与金融监管立法研究》,北京大学出版社2005年版。

[82][英]詹宁斯·奥本海、瓦茨修订:《奥本海国际法》(第一卷第一分册),王铁崖等译,中国大百科全书出版社1995年版。

[83]张艾清:《国际商事仲裁的可仲裁性问题研究》,载《贵州民族学院学报(哲学社会科学版)》2004年第6期,第44~49页。

[84]张虎:《关于〈自贸区仲裁规则〉适用的几个问题》,载《上海商学院学报》2015年第6期。

[85]张庆舟:《保险消费者权益内涵及其保护对策研究》,载《时代金融》2013年第6期。

[86]张晓玲:《发展我国证券仲裁的必要性与对策分析》,载《特区经济》2006年第4期。

[87]赵晓文著:《国际商事仲裁及其使用法律研究》,北京大学出版社2002年版。

[88]周艳波、庞玉石:《论外资争议事项的不可仲裁性与我国仲裁管辖权制度的完善——以娃哈哈与达能公司强购案为例证》,载《商业研究》2013年第3期。

[89]周仲飞著:《银行法研究》,上海财经大学出版社2010年版。

[90]朱榄叶主编:《国际经济法学》(第二版),北京大学出版社2012年版。

[91]朱伟一:《关于金融纠纷仲裁的若干问题》,载《北京仲裁》2012年第79辑。

[92]朱希嘉:《以金融仲裁的方式解决金融纠纷之浅析》,载《仲裁研究》2008年第4期。

[93]朱玉璋:《国际商事仲裁中临时保全措施的决定与执行》,载《安徽教育学院学报》2006年第4期。

二、英文文献

[1] Alan Redfern, J. Martin Hunter, *Redfern & Hunter on International Arbitration*, Oxford, Oxford University Press, 2009.

[2] Agasha Mugasha, "International Financial Law: Is the Law Really 'International' and Is It 'Law' Anyway?", 26 *Banking & Finance Law Review*, 2011, pp. 381 – 450.

[3] Alastair Hudson, *The Law on Financial Derivatives* (3rd *ed.*), London, Sweet & Maxwell, 2002.

[4] American Arbitration Association, *Resolving Commercial Financial Disputes: A Practical Guide*, American Arbitration Association, 2000.

[5] Christopher Koch. "Standards and Procedures for Disqualifying Arbitrators", *Journal of International Arbitration*, Vol. 20, No. 4, 2003, pp. 325 – 353.

[6] Edward Brunet. *Arbitration Law in America: A Critical Assessment*, Cambridge, Cambridge University Press, 2006.

[7] Frances Kellor, *American Arbitration: Its History, Functions and Achievements*, New York, Harper & Brothers Publishers, 1948.

[8] Frank Partnoy, "The Shifting Contours of Global Derivatives Regulation", 22 *University of Pennsylvania Journal of International Economic Law*, Vol. 22 Issue 3, 2001, pp. 421 – 495.

[9] Fan K., "Arbitration in China: Practice, Legal Obstacles, and Reforms", *ICC International Court of Arbitration Bulletin*, Vol. 19, No. 2, 2008, pp. 25 – 40.

[10] Georges Affaki, *A Banker's Approach to Arbitration*, G. Kaufmann-Kohler & V. Frossard, *Arbitration in Banking and Financial Matters*, ASA Special Series No. 20(2003),63(67).

[11] Green S. China's Stockmarket, *A Guide to its Progress, Players and Prospects*, London, Profile Books, 2003.

[12] Hal S. Scott, Anna Gelpern, *International Finance: Transactions, Policy and Regulation* (19th *ed.*), Saint Paul, Foundation Press, 2012.

[13] Huai Huang, "Institutional Structure of Financial Regulation in China: Lessons form the Global Financial Crisis", *Journal of Corporate Law Studies*, Vol. 10, 2010, pp. 219 - 254.

[14] Inka Hanefeld. "Arbitration in Banking and Finance", *NYU Journal of Law & Business*. 917, 2012 - 2013.

[15] Jeffery Golden, Carolyn Lamm, *International Financial Disputes: Arbitration and Mediation*. Oxford, Oxford University Press, 2015.

[16] John Biggins, "Targeted Touchdown and Partial Liftoff: Post-Crisis Dispute Resolution in the OTC Derivatives Markets and the Challenges for ISDA", *German Law Journal*, Vol. 13, Issue 12, 2012, pp. 1297 - 1328.

[17] Jonathan Ross, "The Case for P. R. I. M. E. Finance: P. R. I. M. E. Finance Cases", *Capital Markets Law Journal*, 2012, 7 (3), pp. 221 - 270.

[18] Joseph R. Brubaker, "The Judge Who Knew Too Much: Issue Conflicts in International Adjudication", *Berkeley Journal of International Law*. Vol. 26, 2008, pp. 111 - 152.

[19] Julie Kline, Don Kinsley, *Arbitration Clauses in Consumer Financial Services: Samples, Strategies and cases*. Florida: LRP Publications, 1999.

[20] Klausegger et al. (ed.), *Austrian Yearbook on International Arbitration*, Manz'sche Verlags-und Universitätsbuchhandlung, 2011.

[21] Lew J D M, Mistelis L A, Kröll S., *Comparative International*

Commercial Arbitration, Netherlands, Kluwer Law International, 2003.

[22] M Kantor, "OTC Derivatives and Arbitration: Should Counterparties Embrace the Alternative", *Banking Law Journal*, 177(2000), pp. 408 -421.

[23] Maita, Aida, "Arbitration of Islamic Financial Disputes", *Annual Survey of International and Comparative Law*, Vol. 20, pp. 35 -72.

[24] Nikolaos Davrados, "OTC Derivatives and the Conflict of Laws", *Revue Hellenique de Droit International* 65 *RHDI*, 2012, 65: pp. 181 -214.

[25] Niclas Rockbom Charlotta Falkman and Johannees Lundblad, "The New SCC Emergency Arbitrator Rules: Some features worth considering", *Arbitration in Beijing*, 2010(74), pp. 126 -128.

[26] Park, William W, "Arbitration in Banking and Finance", *Annual Review of Banking Law*, 1998(17), pp. 213 -286.

[27] Philip Wood. *Conflict of Laws and International Finance* (2nd ed.), London, Sweet & Maxwell, 2007.

[28] Philip Wood. *Set-Off and Netting, Derivatives, Clearing Systems* (2nd *ed.*), London, Sweet & Maxwell, 2007.

[29] S. D. Grannum, "The Faith and Face of Securities: Arbitration: After the 2008 Crash", *D. E. Robbins ed.*, Securities Arbitration in the Market Meltdown Era, Practising Law Institute, 2009.

[30] Schuyler K. Henderson. *Henderson on Derivatives* (2nd Rev. ed.) Butterworths Law, 2009.

[31] Shahla F. Ali, "Lessons for the US System of Financial Arbitration: A Responsive Empirical Exploration of Arbitration and Ombudsman Services", *Frontiers of Law in China*, Vol. 8, No. 4, 2013, pp. 651 -688.

[32] W. Michael Tupman, "Challenge and Disqualification of Arbitrators in International Commercial Arbitration", *International and Comparative Law Quarterly*, Vol. 38, No. 1, 1989, pp. 26 -52.

致　谢

时光仿若白驹跃隙，从开始准备报考到2011年9月正式入学，转瞬间对中央财经大学从长久地仰慕到身临其境，从再次走进课堂的新奇和到考试的慌张，从宿舍秋日的落叶到食堂的午餐饭香，惬意而徜徉。

然而博士论文的写作却给了我当头一棒，很少有人经历四次预答辩及两次正式答辩，写作场由车水马龙的金融街甲15号到新文化街安静的居室，从东北热乎乎的炕头到大上海霞飞路的气派写字楼，几易寒暑，其折磨远超十年考博路的艰辛。

我要感谢法学院曾筱清教授、甘功仁教授、陈华彬教授、邢会强教授对论文的写作和修改提出的尖锐但宝贵的意见；感谢清华大学施天涛教授、人民大学肖建国教授以及北京大学甘培忠教授、蒋大兴教授参加了论文预答辩及答辩；感谢吴韬副院长、尹飞教授、高秦伟教授对论文的进展给予的关注；还有那么多亦师亦友的名字：黄震、王克玉、史树林、李岩、刘双舟、郭华、曹富国、蒋劲松、董新义、曹晓燕、陈飞、肖芳、杜晶、林剑锋、张旗坤、张小平、缪因知、历咏、沈健，他们或授课解惑，或共同筹建金融仲裁与调解研究中心或一起参加中国证券法学研究会及北京市金融服务法学研究会的学术活动；同时感谢蒙广平、马安静、初宽老师以及杜一华师妹为学业完成及论文答辩工作做出的贡献。

郭锋教授作为我的博士生导师，给我的启迪和引领已经远远超越这篇论文。他把我从自足而狭窄的银行法领域带到证券法的开阔天空，再到金融服务法的广袤世界；他从学术界到实务派再回到理论界，进而又到最高司法机关去实践他的法律梦想；我试图模仿却深知无法超越，他的人格魅力始终吸引着我，鞭策着我，让我逾越坎坷与波折，找回工作、生活乃至人生的真谛。

本书的构思、写作及修改的过程离不开下列人员的支持:郑皓天、裴誉、余守登、梁雯雯、沈迪、卞蓉竹、孙赟嘉、陈静,在此一并致谢!

虽然农民出身的父母和哥哥看不懂论文的内容,但他们知道我一直在拼搏,是他们的骄傲;妻子显然已经是半个行业专家,时时刻刻提醒和鼓励着我;女儿已经在初中课堂上以仲裁为题进行演讲,儿子可以把大部分的文字读出来;虽然他们都不介意我是否获得博士这一头衔,但我还是要做最大的努力,因为他们是我最忠实的同行者。

2019 年 8 月 17 日

图书在版编目(CIP)数据

中国金融仲裁制度的构建 / 陈胜著. -- 北京 : 法律出版社, 2020
ISBN 978 -7 -5197 -4681 -0

Ⅰ. ①中… Ⅱ. ①陈… Ⅲ. ①金融法－仲裁法－研究－中国 Ⅳ. ①D922.280.4

中国版本图书馆 CIP 数据核字(2020)第 108258 号

中国金融仲裁制度的构建
ZHONGGUO JINRONG ZHONGCAI ZHIDU DE GOUJIAN

陈 胜 著

策划编辑 郑 导
责任编辑 郑 导
装帧设计 汪奇峰

出版 法律出版社
总发行 中国法律图书有限公司
经销 新华书店
印刷 北京虎彩文化传播有限公司
责任校对 王沁陶
责任印制 张建伟

编辑统筹 独立项目策划部
开本 710 毫米×1000 毫米 1/16
印张 15.5
字数 218 千
版本 2020 年 6 月第 1 版
印次 2020 年 6 月第 1 次印刷

法律出版社/北京市丰台区莲花池西里 7 号(100073)
网址/www.lawpress.com.cn
投稿邮箱/info@lawpress.com.cn
举报维权邮箱/jbwq@lawpress.com.cn
销售热线/400 -660 -8393
咨询电话/010 -63939796

中国法律图书有限公司/北京市丰台区莲花池西里 7 号(100073)
全国各地中法图分、子公司销售电话:
统一销售客服/400 -660 -8393/6393
第一法律书店/010 -83938432/8433　西安分公司/029 -85330678　重庆分公司/023 -67453036
上海分公司/021 -62071639/1636　深圳分公司/0755 -83072995

书号:ISBN 978 -7 -5197 -4681 -0　**定价**:68.00 元